Que Nome Darei ao meu Filho?

Pandiá Pându & Ana Pându

Que Nome Darei ao meu Filho?

Influência do Nome • Data do Santo
Diminutivos • Etimologia
Significado • Variantes • História

Mais de 5.000 nomes, desde o aramaico ao céltico, do latim ao russo, do grego ao anglo-saxão, do francês ao hebraico, do teutônico ao português, do árabe ao espanhol, do italiano ao tupi.

AGIR

Gerência de PCP
Luciene Baptista

Produção Gráfica
Jaqueline Lavôr

Assistente de Produção
Gilmar Mirândola

CIP-Brasil. Catalogação-na-fonte
Sindicato Nacional dos Editores de Livros, RJ

P218q Pându, Pandiá
30ª ed. Que nome darei ao meu filho?: influência do nome, data do santo, diminutivos, etimologia, significado, variantes, história / Pândia Pându & Ana Pându. — 30ª ed. — Rio de Janeiro: Agir, 2013

"Mais de 5.000 nomes, desde o aramaico ao cético, ... do italiano ao tupi"
ISBN 978.85.220.3014-9

1. Nomes pessoais — Dicionários. 2. Nomes pessoais — Etimologia. I. Pându, Ana. II. Título.

96-0825 CDD - 929.403
CDU - 801.313

Agir é um selo da Editora Nova
Fronteira Participações S.A., uma empresa
do Grupo Ediouro Publicações.

Rua Nova Jerusalém, 345 – Bonsucesso
Rio de Janeiro – RJ – CEP 21042-235
Tel.: (21) 3882-8200 Fax: (21) 3882-8212 / 3882-8313
www.ediouro.com.br

ESTE LIVRO PÕE À SUA DISPOSIÇÃO MAIS DE 5.000 NOMES ENCONTRADOS NOS MAIS DIVERSOS IDIOMAS, DO ARAMAICO AO TUPI, E JÁ INCORPORADOS À LÍNGUA PORTUGUESA. ACOMPANHAM-NOS AMPLAS EXPLICAÇÕES ETIMOLÓGICAS, MITOLÓGICAS E TOPONÍMICAS.

Todo o homem depende de seu espírito solar. Quando este espírito desaparece, o homem morre, e o homem torna a viver quando aquele retorna. Se eu, corpo dotado de espírito, vou ao encontro do fim, mas sem a transmutação eternamente renovadora; se me abandono como mera coisa ao desgaste eterno dos dias e das noites; se não conheço o eterno morrer, se, apesar deste corpo dotado de espírito que carrego, sei apenas que ninguém me salvará da sepultura, então consumo a vida, até que ao chegar a morte parecerá como se tu e eu tivéssemos viajado uma única vez ombro a ombro, antes de sermos separados para sempre. Será que isto não valerá a pena? Tu, por tua vez, levas o olhar pousado em algo meu, que, quando olhas, já desapareceu. Não obstante, o buscas como se ainda devesse existir. Buscas como aquele que, no mercado, procura cavalos vendidos. Olha: o que eu admiro em ti é variável. O que tu admiras em mim é variável. Por quê, então, te preocupares? Se bem que o meu eu morre a cada instante, na transmutação se revela o eterno.

Chuan-Tsé

A ACENTUAÇÃO E A ORTOGRAFIA NOS NOMES PRÓPRIOS PERSONATIVOS

Acentuação Gráfica

1. Os nomes próprios personativos, sendo portugueses ou aportuguesados, estão sujeitos às mesmas regras estabelecidas para os nomes comuns.

PROPAROXÍTONOS

Acentuam-se todos os nomes proparoxítonos:

Alcântara, Alcebíades, Álvaro, Américo, Ângela, Aristóteles, Calógeras, Cândido, Cleômenes, Crisóstomo, Demócrito, Diógenes, Eurípedes, Heráclito, Hermógenes, Hipólito, Jéferson, Jerônimo, Leônidas, Nóbrega, Péricles, Píndaro, Távora, Teófilo.

Observação 1. Incluem-se entre os *proparoxítonos* os nomes próprios terminados em encontros vocálicos que podem ser pronunciados como ditongos crescentes.

IA — *Amélia, Anísia, Antônia, Carmélia, Emília, Eugênia, Eulália, Fábia, Genésia, Letícia, Lídia, Márcia, Marília, Otacília, Otília, Virgínia, Zélia*, etc.

IO — *Adélio, Afrânio, Antônio, Apolônio, Aurélio, Basílio, Benício, Cecílio, Célio, Décio, Dulcídio, Epifânio, Eugênio, Flávio, Florêncio, Gervásio, Getúlio, Idálio, Júlio, Mário, Olegário, Osório, Otacílio, Pompílio, Sílvio, Tenório, Túlio, Virgílio, Zenóbio*, etc.

Como o leitor pode observar, acentuam-se os nomes próprios de qualquer natureza acabados em ditongos crescentes. É como se fossem nomes comuns. A regra é a mesma.

2. Coloca-se o acento agudo no *i* e no *u* tônicos que não formam ditongo com a vogal anterior:

Í — *Aída, Alaíde, Aluísio, Ataíde, Cucuí, Duílio, Luísa*, etc.
Ú — *Araújo, Carnaúba, Crisciúma, Fiúza, Grajaú*, etc.

Observação 2. Não mais se mantém o acento do primeiro elemento nos nomes próprios em que figuram sufixos precedidos do infixo *z*.

Iberezinho (de Iberê); Josezito (de José); Nazarezinha (de Nazaré), etc. A acentuação dos elementos de origem, como se vê, não foi transmitida às formas em *zinho, zinha, zito*. O til (˜) não sofre alteração: Joãozinho (de *João*), etc.

PAROXÍTONOS

3. Acentuam-se os nomes *paroxítonos* finalizados em *ÃO, I, L, N, R, U, X:*

ÃO — *Cristóvão, Estêvão*, etc.
I — (seguido ou não de *s*): *Aléxi, Clóvis, Fidélis, Mênfis, Osíris*, etc.
L — *Aníbal, Asdrúbal, Setúbal*, etc.
N — *Ábdon, Cármen, Dálton, Gérson, Nélson, Nílson*, etc.
R — *Amílcar, César, Cléber, Guálter, Júnior, Válter, Vítor*, etc.
U — (seguido ou não de *s*): *Vênus*, etc.
X — *Félix*, etc.

4. Põe-se o acento agudo na base dos ditongos abertos *ÉI, ÉU, ÓI*, seguidos ou não de *s*:

ÉI — *Arimatéia, Cananéia, Coréia, Diléia, Dionéia, Hiléia, Oséias, Pompéia*, etc.
ÉU — *Bornéu, Léu*, etc.
ÓI — *Araribóia, Góis, Lindóia, Lóide, Sabóia, Tróia*, etc.

OXÍTONOS

5. Acentuam-se os nomes próprios oxítonos acabados em *Á, É, Ó,* seguidos ou não de *s*:

Á — *Corumbá, Irajá, Mariá*, etc.
É — *José, Moisés, Nazaré*, etc.
Ó — *Arigó, Facó, Tigipió*, etc.

6. Acentuam-se os oxítonos finalizados por *em*: *Araquém, Matusalém, Santarém*, etc.

7. Já vimos que os nomes próprios de qualquer natureza estão sujeitos às mesmas normas que orientam a acentuação gráfica dos nomes comuns. Deste modo, não se acentuam os nomes *paroxítonos* acabados em *A, E, O*:

A — *Anchieta, Borba, Carmela, Costa, Eva, Flora, Iara, Jarbas, Lacerda, Marieta, Mota, Pedrosa*, etc.
E — *Alcides, Alegrete, Bonaparte, Borges, Eurides, Neves, Orestes, Resende, Valadares*, etc.
O — *Apolo, Celso, Fausto, Homero, Melo, Nero, Otelo, Severo, Sotero*, etc.

8. Não se acentuam os nomes *paroxítonos* finalizados por *em* ou *ens*: *Rubem, Rubens*, etc.

9. Não se acentuam os nomes *oxítonos* acabados em *I, L, N, R, U, Z*:

I — *Adauri, Ari, Davi, Jaci*, etc.
L — *Carol, Ezequiel, Joel, Manoel, Nobel*, etc.
N — *Odilon, Rondon, Solon*, etc.
R — *Ademar, Aldenor, Avelar, Oscar, Osmar, Salvador, Valmir*, etc.
U — *Caramuru, Dudu, Marilu*, etc.
Z — *Garcez, Juarez, Queiroz*, etc.

10. Não se acentuam os nomes terminados nos ditongos *AU, EU, OA*:

AU — *Agesilau, Aquelau, Estanislau, Menelau*, etc.
EU — *Abreu, Alceu, Dirceu, Galileu, Mateus, Romeu*, etc.
OA — *Lisboa, Seroa, Uchoa*, etc.

Uso das Letras *K*, *W*, *Y*

USO DA LETRA K

1. O uso do *k* está restrito a derivados vernáculos de nomes próprios estrangeiros: de *Bismarck*, temos *bismarckismo*; de *Franklin*, temos *frankliniano*; de *Kant*, temos *kantismo, kantiano, kantista*; de *Kepler*, temos *kepleriano*; de *Perkin*, temos *perkinismo*, etc.

USO DA LETRA W

1. O uso do *w* está restrito a derivados vernáculos de nomes próprios estrangeiros: de *Darwin*, temos *darwinismo, darwinista, darwiniano*; de *Wagner*, temos *wagneriano*; de *Zwinglio*, temos *zwingliano, zwinglianista*, etc.

USO DA LETRA Y

1. O uso do *y* está restrito a derivados vernáculos de nomes próprios estrangeiros: de *Byron*, temos *byroniano*; de *Taylor*, temos *taylorismo*, etc.

AS ORIGENS DOS NOMES

Constituição

Que importância ou significação tem o nome de uma pessoa? O nome é a expressão de um direito de propriedade, um atributo da personalidade, uma obrigação que toca a todos, que, ao nascer, o indivíduo recebe. Por isso, os pais estão obrigados a dar nomes a seus filhos, registrando-lhes os nascimentos dentro de prazo determinado, caso contrário estão passíveis de multa.

Uma das primeiras obrigações do novo indivíduo, é, pelo menos, a de se alfabetizar. Depois, outras obrigações vão surgindo como: serviço militar, que já se estende às mulheres em alguns países, declaração de ganhos, salários para efeito de tributação, título de eleitor, etc.

Os pais estão sujeitos a sanções se não registram os filhos dentro do prazo legal, se não os mandam à escola, se não lhes dão assistência, etc.

O nome é constituído de dois elementos: o *prenome* ou *nome próprio* e o *patronímico* ou *nome de família*, a que se dá também a denominação de *cognome*. Os prenomes ou nomes próprios são livremente escolhidos pelos pais, o que, no Brasil, é assegurado pelo Art. 65, do Dec. n.º 4.857, de 9 de novembro de 1939. É livremente até certo ponto, pois o parágrafo único do citado artigo proíbe que os oficiais de registro civil lancem nas folhas de seus livros prenomes passíveis de fazer cair no ridículo os seus portadores.

Ao prenome, junta-se o nome de família ou patronímico, e os dois formam o nome por inteiro. Tanto o prenome, como o cognome, podem ser *simples* ou *compostos*. São exemplos de prenomes compostos: *Venceslau Brás* Pereira Gomes, *Joaquim Maria* Machado de Assis, *Manuel Deodoro* da Fonseca, *Afonso Celso* de Assis Figueiredo, *Olavo Brás* dos Guimarães Bilac.

Na filiação legítima, o sobrenome ou cognome pode ficar restrito ao pai, mas é lícito incluir também, antes deste, o cognome materno. Na filiação ilegítima, figura apenas o da mãe. Esses cognomes podem ser acrescidos de outros, quando a mulher se casa, passando a adotar o do marido, em seguida o seu, ou quando uma criança é adotada, passando a usar os apelidos de família daqueles que a adotaram após o dos pais de sangue. O acréscimo pelo casamento é regulado pelo Art. 420 do Código Civil. E o acréscimo por adoção pela Lei 3.133, de 8 de maio de 1957.

Nomes Próprios — Acordo Ortográfico de 1943 (Lei n.º 5.765 de 18/12/71)

Muitos nomes próprios foram registrados incorretamente. Os portadores deles, em obediência à Certidão de Idade, conservam o erro quando os escrevem, mas podem fazê-lo unicamente em documentos em que a identidade é exigida; fora esses casos, prevalecem as regras ortográficas em vigor.

- PROPAROXÍTONOS: *Álvaro, Demóstenes, Glória, Mário, Otávio, Sócrates*, etc.
- PAROXÍTONOS: *Açores, Cármen, Dóris, Esteves, Íris, Nélson, Vítor*, etc.
- OXÍTONOS: *Bauru, Garcês, Inês, Jesus, Tomás, Tatuí*, etc.

Substantivos Próprios Personativos

Entre os nomes próprios de pessoas, há os que lhes pertencem como uma propriedade individual, tais os de batismos: *Jacira, Pedro,*

Leônidas, Mário, Jessé; mas há também os que lhes pertencem em conjugação com outros membros de família: *Araújo, Vargas, Alves, Oliveira, Botelho*, etc.

Os nomes de batismo são de introdução eclesiástica uns, outros resultantes das invasões. A literatura tem sido também outro veículo poderoso na introdução de nomes próprios. A maioria deles origina-se do *latim, grego, hebraico, germânico* e *tupi*.

1. **Do latim:** *Augusto, Antônio, Lúcio, Juvenal, Paulo, Cícero, Mário, Júlio, Cláudio, Vergílio, Marcos, Benedito, Luciano, Clemente, Constâncio*, etc.

2. **Do grego:** *Alexandre, Hipócrates, Jerônimo, Teodoro, Timóteo, Ambrósio, Estêvão, Atanásio, Felipe, Cristóvão, André, Jorge*, etc.

3. **Do hebraico:** *Manuel, Miguel, José, João, Jacó, Daniel, Gabriel, Abraão, Mateus, Josué, Sara, Judite, Benjamim, Ester, Maria, Raquel*, etc.

4. **Do germânico:** *Alberto, Bernardo, Carlos, Luís, Guilherme, Henrique, Rodrigo, Eduardo, Roberto, Adolfo, Astolfo, Arnaldo, Teodorico, Fernando*, etc.

5. **Do tupi:** *Jupira, Juraci, Ubirajara, Irajá, Moema, Jupiaçu, Murici, Jurema*, etc.

Observação. Os nomes de procedência *tupi* (há centenas que formam topônimos na maioria das cidades brasileiras) tiveram em sua maior parte origem literária. Lembre-se de que *Iracema* não é verbete tupi como muitos pensam, é apenas um anagrama criado por José de Alencar, da palavra *América*.

Os Nossos Diminutivos (*Hipocorísticos*)

1. Entre os nomes de pessoas, alguns tiveram tratamento especial na boca das crianças e das pessoas que delas cuidam, de que resultou sofrerem, às vezes, profundas modificações. Diz Leite de Vasconcelos que, no primeiro caso, eles se explicam por insuficiência da pronúncia infantil; no segundo, servem para exprimir carinho. São os chamados *hipocorísticos*.

Damos a seguir uma pequena lista dos nomes próprios mais comuns com os seus hipocorísticos ao lado:

Alberto — *Beto, Bebeto, Bebetinho, Betinho*
Alexandre — *Xando, Xandoca, Xandinho*
Antônio — *Nico, Niquinho, Tonho, Totonho, Tônio, Tonico, Totônio, Toninho, Tôni*
Domingos — *Mingote, Minguinho*
Emília — *Miloca, Milinha, Milica*
Fernando — *Nandinho, Nando*
Francisco — *Chico, Chiquito, Chichico, Chichinho*
Helena — *Lelé, Lena, Nena, Leninha*
Isabel — *Bé, Belinha, Belinda*
João — *Janjão, Jonjoca*
Joaquim — *Quim, Quinquim, Quinzinho, Quincas*
José — *Juca, Juquinha, Juquito, Zé, Zezé, Zeca, Zezinho, Zequinha*
Luís — *Lulu*
Manuel — *Mané, Maneca, Manequinha, Manduca, Manduquinha, Neca, Nequinha*
Maria — *Marica, Mariquinhas, Mariquita, Maricota, Marocas*
Pedro — *Pedrinho, Pedrito, Pedroca*
Sebastião — *Bastião, Tão, Tatão, Tãozinho, Tião, Tiãozinho*

2. Na formação dos hipocorísticos, há sempre mutilação do nome originário. Nessa mutilação, vê-se que há, geralmente, conservação da sílaba tônica: *Quim* (Joa*quim*), *Zé* (Jo*sé*); ou das sílabas mais importantes do nome: *Tônio* (An*tônio*), *Tião* (Sebas*tião*), *Nando* (Fer*nando*). Há também casos de manutenção, no hipocorístico, de sílabas átonas do nome: *Guiô* (*Guio*mar), *Filó* (*Filo*mena), *Beá* (*Bea*triz). O redobro é um processo comumente usado na formação dos hipocorísticos: *Lulu, Quinquim, Zezé*.

Fusão de Nomes Paternos e Maternos

Os pais, às vezes, levados pelo gosto da excentricidade dão a seus filhos os nomes mais bizarros possíveis, dificultando, deste modo, aos estudiosos darem uma origem etimológica, significado, etc., de seus nomes, como, por exemplo, Arisni (*Aris*teu+*Ní*cia); Edigênio (*Edi*te+Eu*gênio*); Aguimar (*Agui*naldo + *Mar*ia); Valdimar (*Valdi*r+*Mar*ia);

Joamar (*João*+*Mar*ia); Mariem (*Mari*a+*Em*ílio); Lurci (*Lur*des+ Dar*ci*); Marielsa (*Mariel*+El*sa*); nome da filha do ex-policial *Mariel* Mariscot de Matos com a atriz El*sa* de Castro. Já o nome de Mariel é o resultado da fusão do nome de sua mãe, *Ma*ria, com o de seu pai, *Ariel* de Araújo Matos.

O Nome de Batismo na Idade Média (-*ES* = Filho de...)

1. Na Idade Média, comumente se usava ajuntar ao nome de batismo o nome próprio do pai para distinguir pessoas diferentes, mas que eram possuidores de nome idêntico. Deste modo surgiram os chamados *patronímicos*. Tais nomes se conhecem pela terminação *-ES* (português), outrora *-EZ* (mantido ainda no espanhol), *-ESCU* (romeno), *-IBN* (árabe), *-BEN* (hebraico), etc., sendo que estes dois últimos remontam à Idade Antiga. Assim, José Álvar*es* significa *José*, filho de *Álvaro*; Fernando Fernand*es* significa *Fernando*, filho de *Fernando*. Modernamente os nomes de batismo deixaram de indicar filiação, e são hoje empregados como simples *agnomes*.

Vejamos alguns exemplos de patronímicos portugueses com os nomes de que eles derivaram:

Álvar*es* — Álvaro
Fernand*es* — Fernando
Gonçalv*es* — Gonçalo
Antun*es* — Antônio
Sanch*es* — Sancho
Vasqu*es* — Vasco, Velasco
Per*es* — Pero
Lop*es* — Lopo
Ramir*es* — Ramiro
Soar*es* — Soeiro
Pa*is* — Paio
Mend*es* — Mendo
Henriqu*es* — Henrico
Marti*ns* — Martinho
Nun*es* — Nuno
Rodrigu*es* — Rodrigo

2. Nos textos antigos, aparecem, ao lado do nome de batismo, *cognomes* e *apelidos* de batismo que, tais como os patronímicos, visavam a estabelecer distinção entre as diversas pessoas, portadoras do mesmo nome. Estes apelidos provinham de certas circunstâncias ou características a elas intimamente ligadas que, às vezes, eram simples qualidades físicas ou morais: *Bravo, Louro, Velho, Leal, Gordo, Valente*; outras, nomes de cidades: *Braga, Bragança, Coimbra, Guimarães, Porto*; de árvores ou plantas: *Carvalho, Figueira, Nogueira, Oliveira, Pereira*; de animais: *Carneiro, Coelho, Leitão, Raposo, Rato*; de aves ou pássaros: *Gallo, Ganso, Pardal, Perdigão*; de acidentes geográficos: *Ribeiro, Rio, Lago, Costa, Monte*; de ocupações ou profissões: *Guerreiro, Lavrador, Serrador, Moleiro, Cutileiro, Monteiro*, etc.

3. Entre os romanos constava o nome próprio de pessoa de um *prenome* (depois nome de batismo), do *nome* do *gene* e do *cognome* ou *apelido*, como: *Marco Túlio Cícero*.

Supremacia e Propagação dos Nomes Bíblicos

A supremacia dos nomes bíblicos, de que se queixava Montaigne, teve início pela forte corrente reformista da Igreja pelo estudo da Bíblia, de que um dos principais precursores foi o teólogo inglês do século XIV, John Wycliffe. Sendo autor da primeira tradução completa da Bíblia em língua inglesa, ele influiu muito o tcheco John Huss (João Huss) e, por meio deste, a seu defensor, Martinho Lutero.

Quando começaram a ser impressas as primeiras Bíblias, tal entusiasmo se tornou mais decisivo. Foram os protestantes, mais do que os próprios judeus, os principais responsáveis pela propagação dos nomes bíblicos que, modernamente, estão entrando em decadência, cedendo lugar a outros nomes de procedências as mais diversas e, geralmente, compostos como: Luís Antônio, Frida Mara, Carla Sônia, etc.

Entre os nomes bíblicos mais difundidos pelo mundo cristão estão:

Aarão	Abraão	Ana	Azael
Abdias	Absalão	André	Azor
Abdon	Adão	Antíoco	Balaão
Abel	Ageu	Ariel	Baltazar
Abgail	Amarias	Assuero	Banaías
Abimeleque	Amasias	Assur	Barnabé
Abner	Amós	Atália	Barrabás

Baruc
Baruque
Ben-Hur
Benjamin
Boaz
Dalila
Daniel
Davi
Débora
Dídimo
Diná
Elcana
Elcias
Eleazar
Eliacim
Eliú
Enéias
Enoc
Enoque
Esaú
Esdras
Ester
Estêvão
Eutíquio
Fatuel
Feltias
Finéias
Gedeão
Gediel
Gérson
Golias
Habacuque
Heli
Hiram
Hulda
Isaías
Isaque
Ismael
Itamar
João
Joaquim
Jônatas
Josafá
José
Josias
Judite
Labão
Lázaro
Lemuel
Levi
Lia
Lídia
Lucas
Manassés
Marcos
Maria
Mateus
Matusalém
Melchior
Melquisedeque
Miguel
Misael
Moisés
Nabucodonosor
Naftali
Naomi
Natanael
Nehemias
Noé
Ocozias
Oséias
Osni
Ozias
Oziel
Pedro
Perez
Raquel
Rúbem
Rute
Safira
Salomé
Saul
Sheila
Suzana
Tabita
Tobias
Zacarias
Zebedeu

Nomes que Refletem Uma Imagem Internacional em 8 Línguas

INGLÊS	**FRANCÊS**	**ALEMÃO**	**ITALIANO**
Ann, Anne	*Anne*	*Anna*	*Anna*
Anthony	*Antoine*	*Anton*	*Antonio*
Arnold	*Arnaud*	*Arnold*	*Arnaldo*
Arthur	*Arthur*	*Artur*	*Arturo*
Barbara	*Barbe*	*Barbara*	*Barbara*
Beatrice	*Béatrice*	*Beatrice*	*Beatrice*
Benjamin	*Benjamin*	*Benjamin*	*Beniamino*
Bernard	*Bernard*	*Bernhard*	*Bernardo*

INGLÊS	FRANCÊS	ALEMÃO	ITALIANO
Bertha	*Berthe*	*Berta*	*Berta*
Caroline	*Caroline*	*Karoline*	*Carolina*
Charles	*Charles*	*Karl*	*Carlo*
Charlotte	*Charlotte*	*Charlotte*	*Carlotta*
Christine	*Christine*	*Christine*	*Cristina*
Christopher	*Christophe*	*Christoph*	*Cristoforo*
Clara	*Claire*	*Kläre*	*Clara*
Conrad	*Conrad*	*Konrad*	*Conrado*
Constance	*Constance*	*Konstanze*	*Costanza*
Daniel	*Daniel*	*Daniel*	*Daniele*
David	*David*	*David*	*Davide*
Dorothy	*Dorothée*	*Dorothea*	*Dorotea*
Edith	*Édith*	*Edith*	*Editta*
Edmond	*Edmond*	*Edmund*	*Edmondo*
Edward	*Édouard*	*Eduard*	*Edoardo*
Eleanor	*Éléonore*	*Elenore*	*Eleonora*
Elizabeth	*Élisabeth*	*Elisabeth*	*Ilisabetta*
Emily	*Émilie*	*Emilie*	*Emilia*
Emma	*Emma*	*Emma*	*Emma*
Ernest	*Ernest*	*Ernst*	*Eernesto*
Eugene	*Eugène*	*Eugen*	*Eugenio*
Felix	*Félix*	*Felix*	*Felice*
Ferdinand	*Ferdinand*	*Ferdinand*	*Ferdinando*
Florence	*Florence*	*Flora*	*Florenza*
Frances	*Françoise*	*Franziska*	*Francesca*
Francis	*François*	*Franz*	*Francesco*
Frederick	*Frédéric*	*Friedriech*	*Federico*
George	*Georges*	*Georg*	*Giorgio*
Gertrude	*Gertrude*	*Gertrud*	*Gertrude*
Gustav	*Gustave*	*Gustav*	*Gustavo*
Harold	*Harold*	*Harold*	*Aroldo*
Harry	*Henri*	*Heinrich*	*Arrigo*
Helen	*Hélène*	*Helene*	*Elena*
Henrietta	*Henriette*	*Henriette*	*Enrichetta*
Henry	*Henri*	*Heinrich*	*Enrico*
Herbert	*Herbert*	*Herbert*	*Erberto*
Herman	*Hermann*	*Hermann*	*Ermano*

INGLÊS	FRANCÊS	ALEMÃO	ITALIANO
Horace	*Horace*	*Horaz*	*Orazio*
Hugh	*Hugues*	*Hugo*	*Ugo*
Irene	*Irène*	*Irene*	*Irene*
Isaac	*Isaak*	*Isaak*	*Isacco*
Isabel	*Isabelle*	*Isabella*	*Isabella*
Jacob	*Jacob*	*Jakob*	*Giacobbe*
James	*Jacques*	*Jakob*	*Giacomo*
Jane	*Jeanne*	*Johanna*	*Giovanna*
Jean	*Jeanne*	*Johanna*	*Giovanna*
Joan	*Jeanne*	*Johanna*	*Giovanna*
John	*Jean*	*Johann*	*Giovanni*
Joseph	*Joseph*	*Joseph*	*Giuseppe*
Josephine	*Joséphine*	*Josephine*	*Giuseppina*
Judith	*Judith*	*Judith*	*Giuditta*
Julian	*Julien*	*Julian*	*Giuliano*
Kate	*Catherine*	*Käthe*	*Caterina*
Katharine	*Catherine*	*Katharina*	*Caterina*
Laura	*Laure*	*Laura*	*Laura*
Leo	*Léo*	*Leo*	*Leone*
Leon	*Léon*	*Leo*	*Leone*
Leonard	*Léonard*	*Leonhard*	*Leonardo*
Leonora	*Léonore*	*Leonore*	*Leonora*
Leopold	*Léopold*	*Leopold*	*Leopoldo*
Louis	*Louis*	*Ludwig*	*Luigi*
Margaret	*Marguerite*	*Margarete*	*Margherita*
Marie	*Marie*	*Marie*	*Maria*
Mark	*Marc*	*Markus*	*Marco*
Martha	*Marthe*	*Martha*	*Martha*
Martin	*Martin*	*Martin*	*Martino*
Mary	*Marie*	*Maria*	*Maria*
Matthew	*Mathieu*	*Matthias*	*Matteo*
Michael	*Michel*	*Michael*	*Michele*
Nicholas	*Nicolas*	*Nikolas*	*Nicola*
Olga	*Olga*	*Olga*	*Olga*
Otto	*Othon*	*Otto*	*Ottone*
Patrick	*Patrice*	*Patricius*	*Patrizio*
Paul	*Paul*	*Paul*	*Paolo*

INGLÊS	FRANCÊS	ALEMÃO	ITALIANO
Paula	*Paule*	*Paula*	*Paola*
Peter	*Pierre*	*Peter*	*Pietro*
Philip	*Philippe*	*Philipp*	*Filippo*
Ralph	*Raoul*	*Ralf*	*Raulo*
Raymond	*Raymond*	*Raimund*	*Raimondo*
Rebecca	*Rébecca*	*Rebekka*	*Rebecca*
Richard	*Richard*	*Richard*	*Riccardo*
Robert	*Robert*	*Robert*	*Roberto*
Rosalie	*Rosalie*	*Rosalie*	*Rosalia*
Rose	*Rose*	*Rosa*	*Rosa*
Rosemary	*Rose-Marie*	*Rosemarie*	*Rosamaria*
Rudolph	*Rudolph*	*Rudolf*	*Rodolfo*
Ruth	*Ruth*	*Ruth*	*Ruth*
Samuel	*Samuel*	*Samuel*	*Samuele*
Sarah	*Sarah*	*Sara*	*Sara*
Saul	*Saül*	*Saul*	*Saul*
Stephen	*Étienne*	*Stefan*	*Stefano*
Susan	*Susanne*	*Susanne*	*Susanna*
Sylvia	*Sylvie*	*Sylvia*	*Silvia*
Therea	*Thérèse*	*Therese*	*Teresa*
Thomas	*Thomas*	*Thomas*	*Tomaso*
Victor	*Victor*	*Viktor*	*Vittorio*
Vincent	*Vincent*	*Vinzenz*	*Vicenzo*
Virginia	*Virginie*	*Virginie*	*Virginia*
Walter	*Gautier*	*Walter*	*Gualtiero*
William	*Guillaume*	*Wilhelm*	*Guglielmo*

PORTUGUÊS	ESPANHOL	SUECO	ÍDICHE
Ana	*Ana*	*Anna*	*Anne*
Antônio	*Antonio*	*Anton*	*Anton*
Arnaldo	*Arnaldo*	*Arnold*	*Arnold*
Artur	*Arturo*	*Artur*	*Artur*
Bárbara	*Bárbara*	*Barbara*	*Barbare*
Beatriz	*Beatriz*	— — —	*Beatritse*

— — — *Não há equivalente*

PORTUGUÊS	ESPANHOL	SUECO	ÍDICHE
Benjamim	*Benjamín*	*Benjamin*	*Binyomin*
Bernardo	*Bernardo*	*Bernhard*	*Bernard*
Berta	*Berta*	*Berta*	*Berte*
Carlos	*Carlos*	*Karl*	*Karl*
Carlota	*Carlota*	*Charlotta*	*Sharlote*
Carolina	*Carolina*	*Karolina*	*Karoline*
Catarina	*Catalina*	— — —	*Karin*
Catarina	*Catalina*	— — —	*Keyt*
Clara	*Clara*	*Klara*	*Kleyr*
Conrado	*Conrado*	*Konrad*	*Konrad*
Constância	*Constanza*	— — —	*Konstantsyus*
Cristina	*Cristina*	*Kristina*	*Kristine*
Cristóvão	*Cristóbal*	*Kristofer*	*Kristofer*
Daniel	*Daniel*	*Daniel*	*Doniel*
Davi	*David*	*David*	*Dovid*
Dorotéia	*Dorotea*	*Dorotea*	*Dorotee*
Edite	— — —	*Edit*	*Edit*
Edmundo	*Edmundo*	*Edmund*	*Edmund*
Eduardo	*Eduardo*	*Edvard*	*Eduard*
Eleonora	*Leonor*	*Eleonora*	*Eleonore*
Ema	*Ema*	*Emma*	*Eme*
Emília	*Emilia*	*Emilia*	*Emilye*
Enriqueta	*Enriqueta*	*Henrietta*	*Henriete*
Ernesto	*Ernesto*	*Ernst*	*Ernst*
Estêvão	*Estaban*	*Stefan*	*Stefan*
Eugênio	*Eugenio*	*Eugen*	*Eygenyus*
Felício	*Félix*	*Felix*	*Feliks*
Felipe	*Felipe*	*Filip*	*Filip*
Fernando	*Fernando*	*Ferdinand*	*Ferdinand*
Florência	*Florencia*	— — —	*Florens*
Francisca	*Francisca*	— — —	*Frantsiske*
Francisco	*Francisco*	— — —	*Frants*
Frederico	*Federico*	*Fredik*	*Fridrikh*
Germano	*Germán*	*Herman*	*Herman*
Gertrude	*Gertrudis*	*Gertrud*	*Gertrude*
Guilherme	*Guillermo*	*Vilhelm*	*Vilyam*
Gustavo	*Gustavo*	*Gustav*	*Gustav*
Haroldo	*Haroldo*	*Haral*	*Harold*
Helena	*Elena*	*Helena, Lena*	*Helene*

— — — *Não há equivalente*

PORTUGUÊS	ESPANHOL	SUECO	ÍDICHE
Henrique	*Enrique*	*Harry*	*Hari*
Henrique	*Enrique*	*Henrik*	*Henri*
Herberto	*Heriberto*	*Herbert*	*Herbert*
Horácio	*Horacio*	*Horatius*	*Horatsyus*
Hugo	*Hugo*	*Hugo*	*Hugo*
Irene	*Irene*	— — —	*Irene*
Isabel	*Isabel*	*Elisabet*	*Elizabet*
Isabel	*Isabel*	*Isabella*	*Izabele*
Isaque	*Isaac*	*Isak*	*Ayzik*
Jacó	*Jacobo*	*Jakob*	*Yankev*
Jaime	*Jaime*	*Jakob*	*Dzheymz*
Joana	*Juana*	— — —	*Dzheyn*
Joana	*Juana*	— — —	*Dzhin*
Joana	*Juana*	— — —	*Dzhoun*
João	*Juan*	*Johan, John*	*Yohan*
Jorge	*Jorge*	*Georg*	*Georg*
José	*José*	*Josef*	*Yoysef*
Josefina	*Josefina*	*Josefina*	*Yosefine*
Judite	*Judit*	*Judit*	*Yehudis*
Juliano	*Julián*	— — —	*Yulyan*
Laura	*Laura*	*Laura*	*Laure*
Leão	*León*	*Leo*	*Leyb*
Leão	*León*	*Leon*	*Leon*
Leonardo	*Leonardo*	*Leonard*	*Leonard*
Leonora	*Leonor*	— — —	*Leonore*
Leopoldo	*Leopoldo*	*Leopold*	*Leopold*
Luís	*Luis*	*Ludvig*	*Ludvig*
Marco(s)	*Marcos*	*Markus*	*Markus*
Margarida	*Margarita*	*Greta*	*Margaret*
Maria	*Mariá*	*Maria*	*Marie*
Maria	*María*	*Maria*	*Marie*
Marta	*Marta*	*Marta*	*Marte*
Martim	*Martín*	*Martin*	*Martin*
Mateus	*Mateo*	*Matteus*	*Matias*
Miguel	*Miguel*	*Mikael*	*Mikhoel*
Nicolau	*Nicolás*	*Nicklas*	*Nikolay*
Olga	*Olga*	*Olga*	*Olge*
Oto	*Otón*	*Otto*	*Oto*
Patrício	*Patricius*	*Patricio*	*Patrik*

— — — *Não há equivalente*

PORTUGUÊS	ESPANHOL	SUECO	ÍDICHE
Paula	*Paula*	*Paula*	*Paule*
Paulo	*Pablo*	*Paul*	*Paul*
Pedro	*Pedro*	*Petter*	*Peter*
Raul, Rafael	*Rafael*	*Rolf*	*Ralf*
Raimundo	*Raimundo*	— — —	*Raymund*
Rebeca	*Rebeca*	*Rebecka*	*Rivke*
Ricardo	*Ricardo*	*Rickard*	*Rikhard*
Roberto	*Roberto*	*Robert*	*Robert*
Rodolfo	*Rodolfo*	*Rudolf*	*Rudolf*
Rosa	*Rosa*	*Rosa*	*Roze*
Rosália	*Rosalía*	— — —	*Rozalye*
Rosa-Maria	*Rosa María*	— — —	*Rozmari*
Rute	*Rut*	*Rut*	*Rus*
Samuel	*Samuel*	*Samuel*	*Shmuel*
Sara	*Sara*	*Sara*	*Sore*
Saul	*Saul*	*Saúl*	*Shoul*
Sílvia	*Silvia*	*Sylvia*	*Silvye*
Suzana	*Susana*	*Susanna*	*Suzane*
Teresa	*Teresa*	*Teresia*	*Tereze*
Tomás	*Tomás*	*Tomas*	*Tomas*
Válter	*Gualterio*	*Valter*	*Valter*
Vicente	*Vicente*	*Vincent*	*Vintsent*
Virgínia	*Virginia*	*Virginia*	*Virdzhinye*
Vítor	*Víctor*	*Viktor*	*Viktor*

— — — *Não há equivalente*

* * *

A NOBILIARQUIA BRASILEIRA E OS INDIGENISMOS

A nobiliarquia brasileira está repleta de títulos de origem tupi, que os seus próprios portadores desconhecem os seus verdadeiros significados. Assim temos *barões, viscondes, marqueses, condes, condessas*, etc. que formam um rosário infindável na "nobreza de chinelos", a que tão desdenhosamente se referia José de Alencar numa das *Cartas* de Erasmo.

BARÕES

Barão de Abaeté
Barão de Açu
Barão de Alto Mearim
Barão de Amambaí
Barão de Amaragi
Barão de Anajás
Barão de Andaraí
Barão de Aquirás
Barão de Araçagi
Barão de Aracaju
Barão de Araguari
Barão de Araras
Barão de Araruna
Barão de Atibaia
Barão de Batovi
Barão de Beberibe
Barão de Bertioga
Barão de Bujari
Barão de Bujuru
Barão de Cacequi
Barão de Caitité
Barão de Capanema

BARÕES

Barão de Capivari
Barão de Camanducaia
Barão de Camaquã
Barão de Cametá
Barão de Canindé
Barão de Carapebus
Barão de Cataguazes
Barão de Corumbá
Barão de Cotegipe
Barão de Cruangi
Barão de Cururipe
Barão de Embaré
Barão de Exu
Barão de Goiana
Barão de Goitacazes
Barão de Gravatá
Barão de Gravataí
Barão de Guaiacuí
Barão de Guaíba
Barão de Guajará
Barão de Guamá
Barão de Guanabara
Barão de Guandu
Barão de Guapi
Barão de Guapimirim
Barão de Guaraciaba
Barão de Guararema
Barão de Guaratiba
Barão de Guaraúna
Barão de Guaribu
Barão de Gurupá
Barão de Gurupi
Barão de Ibiapaba
Barão de Ibicuí
Barão de Ibiramirim
Barão de Ibirapuitã
Barão de Ibirocaí
Barão de Ibitinga
Barão de Igarapemirim
Barão de Iguape
Barão de Iguarussu
Barão de Iguatemi
Barão de Ijuí
Barão de Imburi
Barão de Indaiá
Barão de Inhomirim
Barão de Ipacaraí
Barão de Ipanema
Barão de Ipiabas
Barão de Ipojuca
Barão de Itabaiana
Barão de Itaberava
Barão de Itabira
Barão de Itacuruçá
Barão de Itaim
Barão de Itaípe
Barão de Itajubá
Barão de Itamaracá
Barão de Itamarandiba
Barão de Itamarati
Barão de Itambé
Barão de Itambi
Barão de Itaoca
Barão de Itapacorá
Barão de Itapagipe
Barão de Itaparica
Barão de Itapecerica
Barão de Itapema
Barão de Itapemirim
Barão de Itapetininga
Barão de Itapicuru de Cima
Barão de Itapiruma
Barão de Itapissuma
Barão de Itapitocaí
Barão de Itapoã
Barão de Itaporanga
Barão de Itapororoca
Barão de Itapura
Barão de Itaquatiá
Barão de Itaqueri
Barão de Itaqui
Barão de Itatiba

BARÕES

Barão de Itiúba
Barão de Itu
Barão de Ivaí
Barão de Jaboatão
Barão de Jacareí
Barão de Jaceguai
Barão de Jacuí
Barão de Jacuípe
Barão de Jacutinga
Barão de Jaguará
Barão de Jaguarão
Barão de Jaguarari
Barão de Jaguaribe
Barão de Japaratuba
Barão de Japi
Barão de Japurá
Barão de Jaraguá
Barão de Jauru
Barão de Javari
Barão de Jequiá
Barão de Jeremoabo
Barão de Joatinga
Barão de Jundiá
Barão de Jundiaí
Barão de Juparanã
Barão de Juqueri
Barão de Juruá
Barão de Macabu
Barão de Macaúbas
Barão de Maceió
Barão de Mambucaba
Barão de Mamorá
Barão de Mananguape
Barão de Maracanã
Barão de Maragogipe
Barão de Marajó
Barão de Maraú
Barão de Maruiá
Barão de Mauá
Barão de Mearim
Barão de Merepi
Barão de Meriti
Barão de Mipibu
Barão de Miracema
Barão de Mogiguaçu
Barão de Moribeca
Barão de Muanã
Barão de Mucuri
Barão de Mundaú
Barão de Muriaé
Barão de Ouricuri
Barão de Pajeú
Barão de Paquequer
Barão de Paquetá
Barão de Paraguaçu
Barão de Paraibuna
Barão de Paraim
Barão de Paraitinga
Barão de Paranamirim
Barão de Paranapanema
Barão de Paranapiacaba
Barão de Parangaba
Barão de Paraopeba
Barão de Paraúna
Barão de Parima
Barão de Piabanha
Barão de Piassabuçu
Barão de Pindamonhangaba
Barão de Pindaré
Barão de Piracicaba
Barão de Piracicamirim
Barão de Piraí
Barão de Pirajá
Barão de Pirangi
Barão de Pirapama
Barão de Pirapetingui
Barão de Piraquara
Barão de Piratininga
Barão de Pitangui
Barão de Piuí
Barão de Poconé
Barão de Pojuca

BARÕES

Barão de Potengi
Barão de Sabará
Barão de Saí
Barão de Saicã
Barão de Sapucaia
Barão de Saquarema
Barão de Sauípe
Barão de Sergi
Barão de Sincorá
Barão de Sirinhaém
Barão de Sorocaba
Barão de Suassuna
Barão de Suruí
Barão de Tacaruna
Barão de Taitinga
Barão de Tapajós
Barão de Taquara
Barão de Taquari
Barão de Taripu
Barão de Tatuí
Barão de Taubaté
Barão de Tibagi
Barão de Tietê
Barão de Timbaúba
Barão de Timbó
Barão de Timboí
Barão de Tinguá
Barão de Toropi
Barão de Tracunhaém
Barão de Tramandaí
Barão de Traripe
Barão de Tromaí
Barão de Turiaçu
Barão de Ubá
Barão de Upacaraí
Barão de Uruçuí
Barão de Ururaí
Barão de Utinga

VISCONDES

Visconde de Andaraí
Visconde de Araguaia
Visconde de Aramaré
Visconde de Arari
Visconde de Araruama
Visconde de Araxá
Visconde de Arinos
Visconde de Ariró
Visconde de Caeté
Visconde de Camamu
Visconde de Cananéia
Visconde de Gericinó
Visconde de Goiana
Visconde de Guaí
Visconde de Guarapuava
Visconde de Guararapes
Visconde de Guaratinguetá
Visconde de Ibituruna
Visconde de Icó
Visconde de Imbé
Visconde de Indaiatuba
Visconde de Inhaúma
Visconde de Inhomirim
Visconde de Ipiabas
Visconde de Itabaiana
Visconde de Itabapoana
Visconde de Itajubá
Visconde de Itaparica
Visconde de Itatiaia
Visconde de Itaúna
Visconde de Jaguari
Visconde de Jaguaribe

VISCONDES

Visconde de Jari
Visconde de Jequitinhonha
Visconde de Jerumirim
Visconde de Magé
Visconde de Maracaju
Visconde de Maranguape
Visconde de Mauá
Visconde de Meriti
Visconde de Mossoró
Visconde de Ourém
Visconde de Paraguaçu
Visconde de Paranaíba
Visconde de Passé
Visconde de Pirassununga
Visconde de Quissamã
Visconde de Sabará
Visconde de Sepetiba
Visconde de Sinimbu
Visconde de Suassuna
Visconde de Tremembé
Visconde de Uruguaia
Visconde de Ururaí
Visconde de Utinga

CONDESSAS

Condessa de Andaraí
Condessa de Itapagipe, etc.

CONDES

Conde de Araruama
Conde de Baependi
Conde de Carapebus
Conde de Iguaçu
Conde de Ipanema
Conde de Irajá
Conde de Itaguaí
Conde de Itamarati
Conde de Nioca
Conde de Parnaíba
Conde de Piratinim
Conde de Sarapuí
Conde de Subaé
Conde de Tocantins, etc.

MARQUESES

Marquês de Aracati
Marquês de Inhambupe
Marquês de Itanhaém
Marquês de Itu
Marquês de Maricá
Marquês de Paraná, etc.

NOMENCLATURA DE PARENTESCOS E NOMES PRÓPRIOS DOS TUPIS

1. Para os povos naturais, o parentesco baseia-se não apenas nos laços de sangue, mas também na função social. A nomenclatura reflete essa maneira de ver. Levam o mesmo nome todos os parentes que ocupam a mesma posição relativa. É o que se chama parentesco classificatório. A nomenclatura depende, em grande parte, da organização social de cada povo.

Os tupis observavam a descendência patrilinear. O seu sistema de parentesco era bilateral, i. é, implicava relações simétricas de ambos os lados, paterno e materno. De acordo com o esquema de Lowie, era um sistema bifurcado misto, pois identificava metade da linha colateral com a linha reta: o irmão do pai tem o mesmo nome (e função social) que o pai; enquanto que o irmão da mãe tem o nome (e função) diverso. A irmã da mãe tem o mesmo nome que a mãe, diverso do nome do irmão do pai. O irmão do pai chama a seus sobrinhos "filhos" (como o pai). A irmã da mãe chama a seus sobrinhos "filhos" (como a mãe), etc.

Lowie distingue quatro sistemas de parentesco, conforme os nomes que se dão ao pai, ao irmão do pai e ao irmão da mãe:

1.º) *Sistema de geração*: os três têm o mesmo nome de "pai";
2.º) *Sistema bifurcado misto*: os dois primeiros têm o nome de "pai"; o terceiro tem nome diferente;

3.º) *Sistema bifurcado colateral:* cada um dos três tem nome diferente;
4.º) *Sistema linear*: os dois últimos têm o mesmo nome, diferente do de "pai".

2. Em geral, têm igual classificação os parentes da mesma geração e sexo, que desempenham ou possam vir a desempenhar igual função.

3. Apenas nascida uma criança, o pai lhe dava o nome, ouvindo para isso o conselho da tribo.

Aos homens davam-se, amiúde, nomes de animais ferozes; às mulheres, nomes de pássaros, peixes ou frutas. Mas não era norma rigorosa: para ambos os sexos se escolhiam nomes de antepassados, e sobretudo alcunhas, tiradas de defeitos ou particularidades da criança.

NOMES DE HOMENS	**NOMES DE MULHERES**
Pindobuçu	*Pirakaiuba*
Iaguanharo	*Teberebé*
Taiaoba	*Kunhãguaçutenhé*
Iaguaraba	*Mairatá*

4. Cada inimigo que matassem, em batalha ou prisioneiro, os índios tomavam o nome, à própria escolha.

Também os que ajudassem a matar ou a capturar em guerra. Condição principal: quebrar a cabeça do inimigo. *Assim, tomavam nome, mesmo quando quebravam a cabeça de algum contrário que desenterrassem ao se apossarem de aldeia inimiga. A mulher só adquiria novo nome, se o marido matasse algum escravo.*

5. Há que destacar um fenômeno interessante (para os lingüistas) entre as línguas indígenas da América (quase todas), principalmente o *tupi* e o *guarani* com o *japonês*. Nem o tupi, nem o guarani e tampouco o japonês têm os sons de *f* e *l*, enquanto que o som de *k* é predominante nessas línguas, como também não há grupos consonantais em japonês e (muito raro) em tupi. Veja que o Brasil possui mais de 3.000 topônimos e nenhum deles tem a consoante *l*.

Araci, Bagé, Bambuí, Bariri, Bauru, Botucatu, Cabuçu, Caçapava, Cairu, Cajuru, Capivari, Cariri, Curitiba, Guaíba, Guaíra, Guaxupé, Ibiá, Ijuí, Indaía, Ipanema, Itaú, Itaúna, Ivaí, Jacuí, Jacuípe, Maceió, Maricá, Maruí, Pará, Parati, Pianco, Pium-í, Poá, Sepetiba, Suaçuna, Tabajara, Tambaú, Tatuí, Tijuca, Tupã, Ubá, Uruçanga, etc.

6. À guisa de ilustração para o leitor, apresento algumas palavras para efeito comparativo do que foi tratado no item 5.

TUPI:

Moema (mentira), *koema* (manhã), *karaiba* (homem branco), *pindoba* (palmeira), *akanga* (cabeça), *poranga* (bonito), *oka* (casa), *potira* (flor), *guanumbi* (beija-flor), *mena* (marido), *kunhã* (mulher), *tinga* (branco), *pereba* (ferida), *una* (preto), *peba* (chato), *araçatuba* (araçá doce), *tininga* (seco), *pinima* (pintado), *aba* (cabelo), *kyrá* (gordo), *kyá* (sujo), *itu* (cachoeira), *kurumi* (menino), *pitanga* (criança), *tapiti* (coelho), *kibira* (irmão), *andirá* (morcego), *karuma* (tarde), *iké* (aqui), *kira* (verde), *ipeka* (pato), *potiá* (peito), *okã* (galho), *kupé* (costas), *pitanga* (avermelhado), *puba* (mole), *penga* (sobrinho), *koromó* (logo mais), *pira* (cru), *iuba* (amarelo), *oby* (azul, verde), *ikó katu* (viver bem), *ikó poxy* (viver mal), *kori* (hoje), *puku* (longo), *anga* (alma), *peró* (português), *kasiana* (castelhano), *embé* (lábios), *ira* (mel), *cema* (saída). Veja que IRACEMA (*ira+cema*) = *doce saída*, não passa de uma coincidência do anagrama criado por José de Alencar da palavra AMÉRICA.

Ixé sera-só-remebé eputuú — Enquanto o levo, você descansa.
Kone aé xe rembi-ekara — É isto que eu procuro.
Nda soó ruã endé — Você não é bicho.
Abá rê-porakasa pukuî, kunhã kópiri — Enquanto o homem pescava, a mulher roçava.

JAPONÊS:

Papaia (mamão), *kikú* (chicória), *sakana* (peixe), *sambá* (parteira), *tamagó* (ovo), *yubí* (dedo), *mishin* (máquina de costura), *obutá* (porco), *budô* (uva), *nashi* (pêra), *aburamushii* (barata), *kamí* (papel), *denwa* (telefone), *nikuya* (açougue), *empitsu* (lápis), *tebúkuro* (luvas), *burashi* (escova), *gozá* (esteira), *rekishi* (história), *yashi no mi* (coco).

Ikaga desu ka? — Como vai você?
Arigatô, genki desu — Vou bem, obrigado
Tabáko wo kudasai — Dê-me um cigarro
Gomen nasai — Perdoe-me. Perdão
Kokô e irashai — Venha aqui
Subarashii desu — É formidável
Nanto kirei na kotô — Que bonito!
Yoi wo tenki desu — O tempo está bom.

O autor não pôde estender mais este assunto por se tratar de nomes próprios de pessoas e foi dentro deste princípio que se baseou.

NOMES BIZARROS E EXTRAVAGANTES

Podemos contar com os nomes mais extravagantes, bizarros, pitorescos ou excêntricos de *cores, animais, plantas, anatomia humana, partes do corpo humano, meses, flores, mares, países, Estados do Brasil, minerais, vegetais, termos religiosos, instrumentos musicais, sabores, patentes militares, comidas, sexo, números, moedas, laticínios, veículos, peixes, aves, pássaros, nomes em latim, literatura*, etc., dados a seus filhos por pais que apreciam excentricidades, como: Maria *Pestanas*, Nazareno *Salgado*, Rodo *Metálico, Dourado Gallo, Publius Cornelius Scipio*, Fernando Rodrigues *Testa*, Florindo *Tambor*, Inácio José *Corneta*, Vítor Manuel *Bacalhau*, Adélia *Azedo*, Raul Lúcio *Coito*, José *Casou de Calças Curtas*, José Cruz *Toucinho*, Antônio Joaquim *Peru*, Américo G. Silva *Arroz*, Ezequiel *Caldeira Melão*, Domingos M. *Pinto Bigode*, Joaquim Maria *Torneiro, Janeiro Fevereiro* da Silva *Março*, Antero Campos *Azeitona*, Antônio Rodrigues *Pataca*, Alberto Neves *Barriga*, João Marques *Marmelo*, Teotônio *Pepino Amarelo, Efrem* Esdras Eustáquio *Embiruçu*, João B. Guedes *Camisa*, João *Cara de Jesus*, Cipriano *Tomate, Holofotina Bezerra*, José A. M. *Cutileiro*, Maria da Conceição *Pêssego*, Antônio de *Jesus Tremoço*, Francisco *Abelha Mansa, Quod Vult*, N. *Janicas Patas*, Antônio *Fevereiro*, Adelaide M. Lopes *Besouro*, Antônio Neves *Canário, Veneza Americana* de *Recife*, Ubirajara *Índio* do *Ceará*, Vicente *Celbola* Cortes, Alberto Martins *Carrapato*, Amália Brito de *Deus*, Antônio José *Pau-Preto*, Amália *Marreca*, Pedro *Orelhas* Viegas, Manuel

Sezão Maleitas, Alberto *Coronel, Sansão Vagina*, Antônio V. *Rosa Garoupa*, Antônio G. *Cutelo*, José Lopes *Manteiga*, Augusto *Queijo*, Manuel *Raposo Bicho*, Edmundo *Caboclo Branco*, Antônio *Granjo China*, Clemente *Bexiga*, Antônio Moura *Trinta*, Virgílio *Neves Janeiro*, Soraide Mendes *Ameixa*, José M. Del *Negro Abril*, Linda *Flor do Vale* do *Sapucaí, Safira Azul Esverdeada*, João B. de Oliveira *Peste*, Vitória da Conceição *Gago*, Joaquim de Oliveira *Pardo*, Antônio *Laranjeiras Lima*, José Carlos *Bochecha*, Hipólito *Pernas*, Manuel Rodrigues *Trezentos*, Armandino *Camarão* Costa, *Açucena* Vieira *Melância, Oceano Pacífico*, Elisiário Manuel *Caruncho*, Raquel *Sacramento de Deus*, Alonzo *Panza y Panza*, José M. G. Silva *Coentro*, Pedro *Bonde*, Maria de Lourdes *Giló*, Laurinda Corrêa *Gallinha*, Ângelo M. *Menino de Ouro*, Manuel *Rosário Corvina*, João *Cólica*, José *Pardalino Pardal*, etc.

A lista de nomes abaixo foi coletada de fontes as mais diversas como catálogos de telefones, recenseamentos, publicações diversas, jornais, revistas e livros especializados no assunto; por exemplo, o nome de "légua e meia" mais extravagante que já apareceu no Brasil, é citado por Garcia Redondo, na conferência *Nomes e Sobrenomes*: BENEDITO FRÓSCOLO JOVINO DE ALMEIDA AIMBIRÊ MILITÃO DE SOUZA BARUEL DE ITAPARICA BORÉ FOMI DE TUCUNDUVA.

Abc Lopes
Abel Mendes Ginja
Abigail Boa-Fala do Nascimento
Abílio Negrão de Lima
Abril Alves
Abrilina Décima Nona Caçapava Piratininga
Adão Kodak
Adelaide Cuoco Cucaracha
Adelina Madeira Bolina
Adival Vale
Adolfo Hitler de Oliveira
Adriano Costa Vaso Veludo
Adriano Pereira Órfão
Afrânio Camorim Jacaúna de Otingi
Aires Abreu Preguiça
Alaúde da Costa Serro
Albano de Sousa Queixada
Alberto Farcu
Alberto José Bicha
Alcino José Xavante
Alda A. Costa Cabaço
Alexandre Porreca
Alfredo Pereira Mau
Alfredo Prazeres Alegre
Alfredo Prazeroso Texugueiro
Alice Céu Garimpo
Alice J. Canuto Catatau
Álvaro Pereira Bonito
Amadeu Marrecas
Amélia de Jesus Gago
Ametista do Ouro Branco
Amílcar Feiteiro Pingo
Amílcar Jorge Fundinho
Amim Amou Amado
Amor Divina
Ana Enes Cancela

Ana Lança Marinheiro
Aníbal Espinha
Aníbal Simões Ganância
Anis Mattar
Antero Dias Vintém
Antonina Roxa
Antônio Abreu Pezinho
Antônio Camisão
Antônio Carnaval Quaresma
Antônio Costa Sereno
Antônio da Silva Parteira
Antônio Dodói
Antônio Felisberto Pica
Antônio Fernandes Pechincha
Antônio Ferreira Coronha
Antônio Folgado Guerra
Antônio Fonseca Bem-Haja
Antônio Francisco Preto
Antônio G. Dinis Triste
Antônio Joaquim Calado
Antônio Joaquim Vacas
Antônio José Pisabarro
Antônio Manuel Farto
Antônio Manuel Porém
Antônio Maria Tomás Canhestro
Antônio Melhorança
Antônio Mendes Calçona
Antônio Monteiro Barriga
Antônio Nina Banheiro
Antônio Nunes Chibante
Antônio Oliveira Trilho
Antônio Paraíso Tacanho
Antônio Pedaço Júnior
Antônio Pelicano
Antônio Peralta
Antônio Peres Caroço
Antônio Pimpão
Antônio Prazeres Lança
Antônio Rodolfo Catarro
Antônio Rodrigues Pandeiro
Antônio Rodrigues Pau-Branco
Antônio Rogochi Fustiriqui
Antônio Silva Tubarão
Antônio Silveira Picão
Antônio Traça Pano
Antônio Valente Perfeito
Antônio Valentim Zerebento
Apolônio de Perga
Aricléia Café Chá
Arlete Cardoso Brinco
Armando Jerônimo Charuto
Armando Kagueyama
Armando Pefeira Ênio
Armando Petisco
Armindo Careta
Arnaldo Augusto Queijo
Arquimedes de Siracusa
Ataulpa Atabalipa Inca Vidigal
Augusto Bodiaça Penca
Azarias Califrouchon Borges Neuplides
Bandeirante Brasileiro Paulistano
Bemvindo o Dia do Meu Nascimento Cardoso
Benedito Camurça Aveludado
Benedito Churupinga
Benigna Jarra
Benigno Jesus
Bensaude Antunes Barbaças
Berilo Neves
Berisal Cardoso Treme
Bernardino Antunes Perdigoto
Bernardino Cerejo Balaban
Bertolino da Rocha Russo
Bertolino de Oliveira Tarrafa
Bispo das Neves
Bizarro Assada
Bom Filho Persegonha
Boulevard Ribeiro da Silva
Brandamente Brasil
Brilhantina Muratori
Cafiaspirina Cruz
Caius Marcius Africanus
Caius Marcius Coriolanus

Calicanto Querido
Camila Moreira Tapadinhas
Camilo Camela Calado Guião
Cândida Cristina Merenda
Carlos Antônio Fogoso
Carolina Notário Razões
Castor Cobra
César Borracho
César Persiani
César Romano
Cesário Verde
Céu Azul do Céu Poente
Clarcinda Tavares Nabinho
Clarice Rotta
Clemente Madeira Mole
Clemente Oliveira Gorgulho
Comigo É Nove da Garrucha Trouxada
Comte Vaux
Cristina Pedreira Fartura
Daniel Dias Coroa
Danilo de Cadê Negócio
Delfina Rodeio do Curral
Denisard Almeida Asneiro
Deus Dedit
Deusarina Vênus de Milo
Dezecêncio Feverêncio Delegas
Dignatário de Ordem Imperial do Cruzeiro
Dileusa Francescute Frica
Domingos Freira Carioca
Domingos J. Pedras Pagou
Domingos Ramalho Aresta
Édison Tomás Sábio
Edith Joana *Hell* (*inferno*)
Eduardo de Sousa Arriscado
Eduardo Lembrança do Aliás
Elvira de Castro Guerra
Elvira de Castro Mineira da Campanha
Emil Fatyga
Epílogo de Campos
Ernesto Avelino Poeta
Ernesto Quelônio Mirandelo
Eronildo Zueig
Errata de Campos
Esdras Esdron Eustáquio Obirapitanga
Esparadrapo Clemente de Sá
Estela Rodrigues Bicheira
Estrofe de Campos
Eudoro Heackel
Eugênia de Almeida Tapadas
Eugênio Euridina Barba
Eugênio Madeira Pica
Eva Breu
Evon Kendó Casadinho
Expedito Jeová Monte
Ezequiel Luís Palhaça
Felício Roxo
Felipe Brabo
Fernanda Nunes Saco
Fernãodiense Paeslemista
Filonila Pranlina Lopes
Fologênio Lopes Utiguaçu
Francisco Alves Gaiola
Francisco Andorinha Aves
Francisco Carneiro Furtado
Francisco de Jesus Catarro
Francisco Dias Bem-Bom
Francisco Gê Acaiaba de Montezuma
Francisco Gomes Brandão Montezuma
Francisco J. Baia Giro
Francisco José Corte Imperial
Francisco José dos Santos Murici
Francisco José Sacadura Moleza
Francisco José Santos Cornivel
Francisco José Santos Nacional
Francisco L. Murteira Nabo
Francisco Léria Furão
Francisco Rocheta Tasca
Francisco Sargento de Cavalaria

Francisco Zebedeu Sanguessuga
Francisoréia Dorotéia Dorida
Fulgêncio Fulvo Pólvora
Garcia Redondo da Paz
Gascoal Mário Papelão
Geógrafo Augusta Vira
Geraldina Luísa Roxo
Geraldo Moreno
Germana Cheque Vale
Germana de Jesus Roxo
Gertrudes da Silva Vigário
Graciosa Rodela d'Alho
Grato Ladilau Bus Caramuru
Guaraci Tapajós Xerente
Guilhermina Ferreira Nabiça
Gustavo Cruz Picão
Gustavo Gustavski Kiriuga
Haroldo Canberra Curaçao
Haroldo Canes Ruivo
Henrique Resto Sobral
Henry British
Himalaia Virgolino
Himineu Casamentício das Dores Conjugais
Hortense Santos Fatias
Idílio Amoroso Lima
Idílio Melado
Inácia Bocheta Paganini
Inácio Ferreira Coitanho Sossegado
Ipiranga Independente
Isaura Vieira Barbadinho
Ita Missa Est
Ivan Fodor Fodorovich
Ivan Fudash Vostoreviski
Ivo Ivanovitch Kudá
Ivo José Cativo
Jacareaçu Pindorama Guedes
Jaci Jaciaba Manta
Jaci Yupiatinga Andiririva Jaboatá
Jacinto Diarama Farinha
Jacinto Dores Peta
Jacinto Fadigas Arranhado
Jacinto Farinha
Jacinto Fortuna
Jacinto Fronteira
Jacinto Leite Aquino Rego
Jaime Neves Cidra
Jaime Toscano Barril
Janeiro Fevereiro de Março Abril
Jean Pierre Chemisette
Jefferson Mirabeau dos Mercês Gordo
Jesus Canela
Jesus Corvo Barbadinho
João Alves Tremura
João Amado Noivo Júnior
João Antônio Avó
João Ataulpa Americano do Brasil
João da Mesma Data
João Dantas dos Imperiais
João Guimarães Assédio
João J. Fazenda Gíria
João José Marques Tição
João Malagueta
João Pipiriguaçu Oiapoque Mendonça
João Plucas Tacanho
João Ramalho
João Rodopiano Rodela
João Rodrigues Paratudo
Joaquim Antônio Coronha
Joaquim Antunes Queixinhas
Joaquim Carvoeiro Tocha
Joaquim Couve-Flor Malvas
Joaquim Gorgulho Melão
Joaquim Marujo Serebo
Joaquim Pacífico Cavaleiro
Joaquim Pedro Gaivota
Joaquim Santos Cambalacho
Joaquim Valério Caramujo
Jocelin Fiúza Pentecostal
Jorge Flamino Consciência
José Azevedo Trem

José Barata Forte
José Barrada Consolado
José Caramuru Imbiara
José Corona Christi Paraíba
José da Silva Rachado
José Dias Batoque
José Encarnação Bigodinho
José Farias Bichinho
José G. Ameixa Perna
José Júlio Moringa
José Jurado
José Lopes Rabito
José Luís Braço-Forte
José Luís Pires Penny
José Luiz Barriga
José M. Conserva
José M. Olho Azul
José Machuca
José Manso Bravo
José Matos Catarrinho
José Raimundo Pagará
José Rocha Calhorda
José Ruas
José Ruibarbo Rócio
José Ruiz Vaca
José Santos Paredão
José Simões Chuva
Jovelina Rosário das Contas
Jovelina Toleda-o Rosa Cheirosa
Juarez Porras y Porras
Juca Acaiaba Dendém Paraguaçu
Juca Papua y Papua
Judite Correa Asseado
Julieta Roda
Júlio A. Santos Pé-Curto
Júlio Julião Jaqueira
Kurimau Korungodé
Kuriku Kuruma Kastaiash
Lança-Perfume Rodometálico de Andrade
Laurentino Antônio Caralinda
Lealdino Moacir Atualpa Bororó
Leandro Tocantins Rios
Lenir Lenira Lemes
Leopoldina Railway de Azevedo
Libânio Boa-Vida Forte
Lígia Coleta
Lígia Sabatt Sábaa
Lindulfo Celidônio Calafange de Tefé
Luciferino Barrabás
Luís Bronzeado
Luís de Jesus Tocha
Luís Fulvo Blanco Ñoño
Madna Maldonado Danas
Manganês Manganésfero Nacional
Manoel da Silva Caraí
Manoel Dendê Bus
Manoel José Olandim
Manolo Porra y Porras
Manuel Antônio Conveniente
Manuel Boeiro
Manuel Casimiro Forrtea
Manuel Costa Cacais
Manuel Cunha Bico
Manuel da Hora Nacional
Manuel Damário Ganso
Manuel Dias Careca
Manuel Domingos Melancia
Manuel Ferreira Varalonga
Manuel Francisco Penetra
Manuel Frosto Capillé
Manuel Jesus Chouriço
Manuel Maria Pica
Manuel Marques Esgalhado
Manuel Pereira Trabuco
Manuel Pires Grosso
Manuel Rodovalho Pinto
Manuel Roseta Fino
Manuel V. Verdades
Manuel Vale Naoque
Manuelina Terebentina Capitulina de Jesus
Maravalho Belo

Marco Tamoyo
Margarida Sacadura Bote
Maria Alice Oliveira Garoto
Maria Amélia Oliveira Patacão
Maria Bovino
Maria Brandão Familiar
Maria Celeste Patrício Ceboleiro
Maria Constança Dores Pança
Maria da Candelária Moreno de Sousa
Maria da Conceição Vieira Hortelão
Maria da Cruz Rachadinho
Maria da Glória Midão
Maria de Lourdes Carapuça
Maria de Seu Pereira
Maria dos Prazeres Fortes
Maria Emília Perna
Maria Ferreira Gota Pequena
Maria Flor de Maio
Maria Helena Gamelas
Maria Homem
Maria Leão Bendava
Maria Manuela Novas Bate
Maria Olímpia Freirinha
Maria Olinda Madeira Forte
Maria Panela
Maria Panetone Papas
Maria Passa Cantando
Maria Pereira Rachão
Maria Vila-Verde da Serra
Maria-Você-Me-Mata
Marina Truburina Prostituta Cataerva
Mar Índico Vivo
Mário Alves Fortiça
Mário Augusto Cachorreiro
Mário Claro Roxo
Mário Manera
Mário Pisamansinho
Mário Telêmetro Engenhoca
Martins Trecolé Pirietas
Martins Tremendo
Mauricéia de Recife
Mercedes Rodella
Miguel Augusto Barriguilha
Miguel Peta Biscoito
Mijaki Kirikiki
Modesto Cangussu Arrogado
Nascente Nascido Puro
Natal Tremeterra
Natal Uziago Urias
Natércia Santos Chororsa
Newton Santos Lago Ilha Fortes
Nilo Niloca Pipa
Nilo Penetra
Nilo Salgado
Nipon Ikaga Okaggué
Nipon Karakaga Yama
Noé Assim Amando
Novembrina da Costa Martins Ferreira
Oceano Atlântico Linhares
Ocidentina de Fontoura Nunes
Odete Caniço Coelho
Odete Destemida Correta
O'Ferro Cunha d'Aço
Olindo Barbas de Jesus
Optato Nehemias Cajuru
Orlando Barbalarga
Ostatlich Bazain de Melo
Osvaldo Rossim
Osvaldo Rozanes Pastariegas
Oswaldo Trigueiro
Otacílio Caiubi Camarande Camará
Pardoval de Rego Barros
Paulo Nakama
Pedro Tupinambás
Pedro Turiassu Timbó
Pedrosa Prato Pires
Pedrosa Torres Preto
Poesia de Campos
Possidônio Toucas Mira

Potiguara Poti Sacipan
Presbítero Secular Barboza
Primo Sacco
Príncipe Alberto Antônio
Prodamor Conjugal de Marichá e Marimel
Prólogo de Campos
Públio Cornélio Cipião
Quod Eternus Quibus
Raimundo Antônio Bulhão Pato
Raimundo Pessegueiro Arrouet
Raimundo Pessimista Pestelo
Reinaldo Rodante
Restos Mortais de Catarina
Revoltina Casa
Rigoleto Mattei
Risette Magalhães Banha
Roberto Sacerdote
Rolando de Alto a Baixo da Estrada
Rolando Emídio da Torre da Igreja
Rômulo Fegato
Rômulo Reme Remido Rodó
Rosa Kagan
Rosa Santos Embirra
Rosa Seresteira do Orvalho
Rosa Simone Cavalo de Brito
Rosalvo Pombo
Rosalvo Pubo Porreca
Rudá de Andrade
Rui Calado
Rui Dado Branco
Rute Toledo Ministério
Salvatore Macarroni
Sandália de Oliveira Silva
Santo Arcângelo
Saturnino Salões
Sebastião Privado
Sebastião Ramos Frio
Sebastião Salgado Doce
Serafim Regadas Valetúdine
Serafim Regateiro Barão
Serpentina Rodo Metálico
Sete Chagas de Jesus e Salve Pátria
Sherlock Holmes da Silva
Sindalfo Calafange Catolé
Teodorico Franco Capitão
Terebintina Terepênis
Terêncio Tomás Caminha
Tetsuro Kagava
Thalita de Oliveira Casadel
Tibiriçá Piratininga
Toledo Paraguassu da Imaginação
Toledo Passos Dias Aguiar
Topázio Azul Nasdegashi
Tranqüilo Serafim
Turmalina Cristal Paes
Último Vaqueiro
Umbelina Mulatinho
Um Dois Três de Oliveira Quatro
Valentim Fudéris Peretis
Valentino Guerreiro Chalaça
Venceslau Arco e Flexa
Vercebúcio de Albuquerque Melo
Verso Campos
Vicente da Encarnação Barrigas
Vicente Neoteros
Vicente Pica-Pau Veludo
Vicentina Calciolária
Violeta Flor do Brasil
Virgílio F. Cação Filho
Vital Brasil Mineiro da Campanha
Vital Cunegundes Satisfeito
Vitimado José de Araújo
Vítor Bovino
Vítor Hugo Tocagaita
Vítor M. Fitas de Ouro
Vítor Manuel Conde
Vítor Menelau Menescal Chocho
Vitória Carne e Osso
Vivelinda Cabrita
Voltaire do Coração de Jesus
Voltaire Rebelado de França

Washington Bolívar de Brito
Washington British Pengas
Washington Luisila
Waterloo da Silva Landim
Waterloo Napoleão Serafim
Wostão Vinte
Zero Fonseca

* * *

O PROJETO (DO DEPUTADO FEDERAL) ÁUREO MELO

Após a reconstitucionalização do país, em 1946, começaram a aparecer na imprensa oficial as listas de eleitores de todo o Território Nacional. Passaram então a ser comentados, na imprensa, os nomes curiosos, bizarros e extravagantes de centenas de brasileiros, inclusive de estudiosos interessados no assunto. Devemos observar que muitos nomes bizarros e extravagantes não são apenas de pessoas com índice baixo de instrução, mas, na maioria, de pessoas de alto nível intelectual.

Levado pela preocupação de tais nomes, o deputado federal Áureo Melo apresentou o projeto (1965) que visa a "proibir" o registro de nomes ridículos ou humilhantes. Eis o inteiro teor desse projeto.

O Congresso Nacional decreta: Artigo 1º Fica proibido, em todo o Território Nacional, o registro, pelas autoridades, de nomes próprios que venham a se constituir, por serem ridículos ou humilhantes, motivo de prejuízo moral àqueles a quem forem dados. Artigo 2.º Ficam passíveis de multa, que será arbitrada em um mínimo de Cr$ 1.000,00 (hum milhão de cruzeiros), na época, *todos aqueles que infringirem o disposto no artigo anterior. Parágrafo único. As pessoas passíveis da multa a que se refere o presente artigo se constituem: a pessoa que solicitar o registro; o escrivão que o fizer. Artigo 3.º A fiscalização do assunto de que trata o artigo anterior será feita pelos juízes a que estiverem jurisdicionados os cartórios de registro, cumprindo ao corre-*

gedor por parte dos juízes fiscalizar o cumprimento da lei, cabendo recurso do caso aos tribunais, provocado por qualquer pessoa. Artigo 4.º Esta lei entrará em vigor na data de sua publicação, revogadas as disposições em contrário.

O projeto do deputado Áureo Melo era acompanhado por esta breve justificação: "Sandália de Oliveira Silva; Maria dos Prazeres Fortes; Prodamor Conjugal de Marichá e Marimel; Sherlock Holmes da Silva; Adolfo Hitler de Oliveira", etc.

CALENDÁRIO ROMANO

1. O Calendário Romano constava de 12 meses: *Martius — Aprilis — Maius — Junius — Quintilis — Sextilis — September — October — November — December — Januarius — Februarius.*
2. O primeiro mês do ano era *Martius* e o último *Februarius.*
3. Os meses *Martius, Maius, Quintilis* e *October* eram de 31 dias, *Februarius*, de 28 dias e os outros de 29 dias.
4. O primeiro dia do mês era chamado *kalendae* (calendas). Os dias do começo da *lua cheia* eram chamados de *idus* (idos). Era o 15.º dia nos quatro meses longos (31 dias) e o 13.º, nos outros. As *nonae* (nonas) eram os nonos dias antes dos *idus*, ou seja, os quintos ou os sétimos dos meses, conforme se tratasse de meses longos ou não.
5. Os outros dias eram calculados como tantos dias (dois, três,...) antes das *calendas*, *idos* ou *nonas*.
6. O 6.º (ou 8.º) e o 14.º (ou 16.º) eram muitas vezes chamados *pestridiae kalendae, nonae, idus.*

OBSERVAÇÕES IMPORTANTES

1º) *Não* ***havia*** *calendas no Calendário Grego. Por isso é costume dizer-se* ***com*** *o significado de* nunca, *a locução adverbial:* para as calendas gregas.

2.º) *É comum pessoas, supostamente cultas, dizerem nos* idos *de 1970 em referência aos fins de 1970 o que é total incongruência.*

Ao nascer... ao morrer as gerações se abraçam.

Pandiá Pându

ÁRIES

Nascidos entre 21 de março e 20 de abril.
Signo de **Fogo** — Regente: **Marte**, 0º a 30º
Pedra de Nascimento: **Diamante**
Flor: **Margarida**
Cor: **Vermelho** (Carmesim)

A Criança de Áries

ÁRIES

Trata-se de modalidade ativa, masculina ou cardeal de Fogo. A Criança de Áries encontra-se submetida, por toda a vida, ao poder de um imperativo interior que a impulsiona a ir avante, sem voltar o olhar nem os olhos para a direita ou para a esquerda: é a lei de sua própria vontade, vencendo todos os obstáculos e impondo-se a seu antagonista. E como esta vontade não reconhece obstáculos exteriores — nem mesmo a barreira da vontade alheia — a primeira e fundamental característica da Criança de Áries é sua libertação de toda consideração com respeito à natureza de tais obstáculos, sejam de tipo físico, mental ou moral. À semelhança do instrumento bélico que os romanos usavam, chamado *áries* (aríete), a Criança de Áries quer *atravessar a parede com a cabeça*. É assim que, à característica de desconsideração e irreflexão, acrescenta-se, no atinente à direção, que a todo custo tem que seguir, a qualidade de temeridade, que não avalia o obstáculo antes de enfrentá-lo.

Todos os meios são válidos, contanto que levem ao objetivo, sem compromissos morosos nem rodeios. Aqui aparece, então, uma diferença fundamental entre a Criança de Áries e a Criança de Capricórnio, que também procura vencer todos os obstáculos que se oponham a um determinado fim. A Criança de Capricórnio, considerando que o principal é a realização do objetivo concreto, dedica-se, com arte diplomática, a selar toda a classe de compromissos para consegui-lo. A Criança de Áries porém é absolutamente antidiplomática, pois não dá importância à conquista de um objetivo material de caráter limitado, que poria um fim à sua vontade, mas luta para impor ao mundo uma lei contínua, de cuja validez só ela pode decidir.

ÁRIES, O CARNEIRO

Áries é a primeira constelação zodiacal e o primeiro signo astrológico, ocupando o período que vai de 21 de março a 20 de abril. Tem como símbolo um carneiro e sua palavra-chave é AÇÃO. Misticamente, representa o primeiro estágio de Adão, o homem recém-nascido, animado pelo sopro divino. Segundo a Cabala Mística, seu regente divino é Malquidiel e, na Teologia, a ordem dos anjos a ele correspondente é a dos Serafins. De acordo com a interpretação Rosa-Cruz, as iniciais I.N.R.I., inscritas na cruz onde Jesus Cristo foi crucificado, indicam os quatro elementos, em língua hebraica: *Iam* (água), *Nour* (fogo), *Ruach* (ar vital, espírito), *Iabeshab* (terra).

A CRIANÇA DE ÁRIES

As crianças de Áries são absorventes, mas como não têm ainda personalidade formada, retratam quase sempre suas debilidades e qualidades existentes nos nove ou dez signos do Zodíaco que se sucederam durante o período de sua vida uterina. Quando ainda crianças são turbulentas, mandonas e despóticas, exigindo todas as atenções das pessoas que as cercam. Gostam de quebrar as coisas para ver o que têm dentro, assim como estragar com rapidez os brinquedos que lhes são dados. As meninas possuem, de forma mais ou menos igual, as mesmas tendências que os meninos. As crianças de Áries devem ser tratadas com amor, mesmo a despeito de suas travessuras, pois elas gostam de ser amadas.

O ARIANO

O ariano almeja sempre ser o líder, o chefe, o dirigente na idealização, enquanto que os outros obedecem e realizam e este fato se dá porque os que nascem sob o signo de Áries são seres destinados às grandes realizações e responsabilidades. Pelo fato dos nascidos sob este signo serem realistas, dificilmente surgem os idealistas, os heróis ou os dirigentes desinteressados. Mas são bastante comuns os arianos audaciosos, torcedores esportistas, fundadores de empresas, exibidores de força física e rixentos.

ASTRONOMIA

O planeta Marte, que tanta curiosidade nos desperta, é quase duas vezes menor que a Terra, tendo um diâmetro de 6.700 km. Quando se acha bem próximo, a distância que dele nos separa é de 56 milhões de km, o que corresponde a uma distância 150 vezes maior da que separa a Terra da Lua. Sua temperatura à noite atinge cerca de 170 graus abaixo de 0. A atmosfera é tão rarefeita que corresponde somente a 1 ou 2% da atmosfera da Terra, ao nível do mar. O ano em

Marte tem 687 dias e sua superfície, cheia de gigantescas crateras, mais se assemelha à da Lua do que à da Terra.

Os grandes nomes rebaixam, em vez de elevar, aqueles que não sabem mantê-los.

Rochefoucauld

ARIANOS FAMOSOS NA HISTÓRIA

Nome	Data de Nascimento
JOHANN SEBASTIAN BACH	21 de março de 1685
VAN DYCK	22 de março de 1599
SANTA TEREZA D'ÁVILA	28 de março de 1515
MÁXIMO GORKI	28 de março de 1868
GOYA	30 de março de 1746
PAUL VERLAINE	30 de março de 1884
RENÉ DESCARTES	31 de março de 1596
GOGOL (escritor russo)	31 de março de 1809
FRANZ JOSEPH HAYDN	1.º de abril de 1732
BISMARK	1.º de abril de 1815
ÉMILE ZOLA	2 de abril de 1840
LESLIE HOWARD (ator de cinema)	3 de abril de 1893
CASANOVA (conquistador amoroso)	5 de abril de 1725
RAFAEL (pintor espanhol)	6 de abril de 1483
SÃO FRANCISCO XAVIER	7 de abril de 1506
GABRIELA MISTRAL	7 de abril de 1889
LEONARDO DA VINCI	15 de abril de 1452
ANATOLE FRANCE	16 de abril de 1884
CHARLES CHAPLIN	16 de abril de 1889
HERBERT SPENCER (filósofo)	17 de abril de 1820
NIKITA KHRUSCHEV (prócer soviético)	17 de abril de 1894
ANTHERO DE QUENTAL	18 de abril de 1842
ADOLPH HITLER (ditador alemão)	20 de abril de 1889

Astros, gotas de luz, da etérea curvatura
pingavam, marchetando o céu calmo e profundo...

Medeiros e Albuquerque

TOURO

Nascidos entre 21 de abril e 20 de maio.
Signo de **Terra** — Regente: **Vênus**, 30º a 60º
Pedra de Nascimento: **Esmeralda**
Flor: **Lírio-do-vale**
Cor: **Amarelo-escuro**

A Criança de Touro

TOURO

A Criança de Touro é a pessoa que nasceu com a predisposição inconsciente de conservar e defender como próprio, e a qualquer preço, tudo aquilo que trouxe como herança, sejam suas próprias aptidões ou a propriedade material que lhe pode ter sido legada, sejam os conhecimentos ou defeitos que adquiriu dos pais e mestres em sua infância. A Criança de Touro, entretanto, nasce com tendência à dependência que aceita para não ter que atuar por responsabilidade própria. A fidelidade da Criança de Touro é como a do cão, é dependência, e provém da submissão de todo o seu ser à imposição de uma tradição que, instituída por ela mesma, se converte na medida de tudo o que ela se permite pensar e fazer. A seu lado, constantemente invisível, anda o fantasma de uma "autoridade" que para ela se tornou em última instância e inapelável, sobre cuja palavra a Criança de Touro poderia prestar juramento. E a palavra governa o sentido, e a letra governa a mente!

TAURO, O TOURO

É a segunda constelação zodiacal e corresponde ao segundo signo astrológico, governando o período que vai de 21 de abril a 20 de maio. Tem como figura simbólica um touro e a sua palavra-chave é PRODUTIVIDADE. De acordo com a Cabala Mística, o regente divino de Tauro é Asmodel e na Magia Teológica a ordem dos anjos que lhe corresponde é a dos Querubins.

O TAURIANO

O signo de Tauro representa a força natural de resistência, coesão e repressão que proporciona o aperfeiçoamento da forma e da estrutura, assim como o prolongamento da vida. A Criança de Touro é possuída de fortes instintos que determinam, social e fisiologicamente, a conservação e reprodução da espécie: sexualidade, ordem, defesa, trabalho e facilidade em adquirir coisas. A Criança de Touro detesta inovações, revoluções e transformações porque ela julga que tais fatores concorrem para a instabilidade do meio ambiente e da sociedade.

A CRIANÇA DE TOURO

É muito sensível às influências dos pais, parentes e amigos e de todos aqueles com quem ela tem oportunidade de conviver. Goza sempre de boa saúde, é alegre, brincalhona e aprecia todas as coisas fascinantes que sempre existem além dos limites de sua casa. A Criança de Touro é dócil e fácil de conduzir. Atende sempre aos conselhos dos pais e das pessoas amigas. É vaidosa e cuida de sua aparência física, mas, às vezes, a timidez está presente em muitos nativos do signo de Touro.

ASTRONOMIA

Tauro é uma constelação linda, fácil de ser identificada na abóbada celeste, pois suas três estrelas principais formam um grande V, que corresponde à cabeça do Touro.

Que há num nome? Se chamássemos uma rosa por qualquer outro nome, ela teria o mesmo doce aroma.

Shakespeare

TAURIANOS FAMOSOS NA HISTÓRIA

Nome	Data do Nascimento
MACHIAVELLI	24 de abril de 1581
SÃO VICENTE DE PAULA	24 de abril de 1581
OLIVER CROMWELL	25 de abril de 1599
MARCONI (cientista)	25 de abril de 1874
SHAKESPEARE	26 de abril de 1564
ANTÔNIO DE OLIVEIRA SALAZAR	28 de abril de 1889
HIROHITO (imperador do Japão)	29 de abril de 1893
WELLINGTON (vencedor de Waterloo)	1.º de maio de 1769
OTTO LARA RESENDE (escritor)	1.º de maio de 1922
ROBESPIERRE	6 de maio de 1758
RABINDRANAT TAGORE	6 de maio de 1861

JOHANNES BRAHMS (músico)	7 de maio de 1833
TCHAIKOWSKY (compositor russo)	7 de maio de 1840
HARRY TRUMAN (presidente dos EUA)	8 de maio de 1884
ROUGET DE LISLE (autor da Marselhesa)	10 de maio de 1760
MASSENET	12 de maio de 1842
LIMA BARRETO (escritor)	13 de maio de 1881
PIERRE CURIE (pesquisador)	15 de maio de 1859
BERTRAND RUSSEL	18 de maio de 1872
HO-CHI-MIN (presidente do Vietnã)	19 de maio de 1890
HONORÉ DE BALZAC	20 de maio de 1799

Os astros morrem pelo céu pressago:
são como círios a tombar num lago.

Alfonsus Guimarães

GÊMEOS

Nascidos entre 21 de maio e 20 de junho.
Signo de **Ar** — Regente: **Mercúrio**, 60° a 90°
Pedra de Nascimento: **Pérola**
Flor: **Rosa**
Cor: **Cinza e tons mesclados**

A Criança de Gêmeos

GÊMEOS

É o signo de modalidade neutralizadora, gênero *Sattwa* do elemento Ar. As características da Criança de Gêmeos, no estado puro, são as seguintes: inquietude interior, sentimento de tensão, impulso mental de pensar em termos antitéticos, opostos. Uma espécie de necessidade espiritual de simetria, que leva a Criança de Gêmeos a opor a todo pensamento o seu próprio pensamento, a fim de seguir continuamente caminhos antitéticos, contrários, por não poder confiar, exclusivamente, em nenhum caminho isolado. Eis por que não há, para a Criança de Gêmeos, caminhos "em linha reta", caminhos colocados no meio de dois termos antitéticos.

O planeta que serve de transmissor de forças ao signo de Gêmeos é Mercúrio, que já conhecemos como senhor do signo de Virgem.

GEMINI, OS GÊMEOS

É a terceira constelação zodiacal e corresponde ao terceiro signo astrológico e domina sobre os dias que vão de 21 de maio a 20 de junho. Tem como figura simbólica os adolescentes e sua palavra-chave é INTELIGÊNCIA. De acordo com a Cabala Mística, o regente celestial de Gemini é Ambriel e na Magia Teúrgica a ordem dos anjos que lhe corresponde é a dos Tronos ou seres que têm o poder de conservar a forma da matéria.

O GEMINIANO

O signo de Gemini possui uma irradiação inquieta e contagiante que torna o Geminiano insatisfeito. A Criança de Gemini se sente, às vezes, assaltada por dúvidas que não consegue definir ou justificar.

A CRIANÇA DE GEMINI

Já nasce portadora de armas que lhe facilitam alcançar rapidamente fama, posição e sucesso. A Criança de Gemini tem sensibilidade excessiva e deve ser tratada com todo o carinho, a fim de que possa se desenvolver equilibrada emocionalmente, apesar de que o Geminiano é, geralmente, uma criança normal de berço. A inteligência é o dote mais valioso da Criança de Gemini.

ASTRONOMIA

Olhando o céu em noite limpa, é fácil descobrir a constelação de Gemini, por causa de suas lindas estrelas de grandeza quase igual. Mercúrio gira com rapidez em torno de seu eixo e sua revolução orbital tem igual rapidez, o que provoca um fenômeno curioso: 37% de sua superfície estão permanentemente expostos ao Sol e sua temperatura é de cerca de 34°. Outros 37% estão sempre na sombra e sua temperatura é de 253° abaixo de zero. Os restantes 26% estão mergulhados alternadamente nas trevas e expostos ao Sol, o que implica em colossais alterações de temperatura.

Não há peso que tanto pese quanto o de um nome por demais famoso.

Voltaire

GEMINIANOS FAMOSOS NA HISTÓRIA

Nome	Data de Nascimento
RICHARD WAGNER	22 de maio de 1813
CONAN DOYLE (ficcionista policial)	22 de maio de 1859
JEAN-PAUL MARAT (revolucionário)	24 de maio de 1743
VITÓRIA (rainha da Inglaterra)	24 de maio de 1819
ANTÔNIO DE ALCÂNTARA MACHADO (escritor)	25 de maio de 1901
ISADORA DUNCAN	27 de maio de 1878
ISAAC ALBENIZ (compositor)	29 de maio de 1860
JOHN KENNEDY (presidente dos EUA)	29 de maio de 1917
MARQUÊS DE SADE	2 de junho de 1740
JOSÉ LINS DO REGO (escritor)	3 de junho de 1901
PANCHO VILLA (revolucionário)	5 de junho de 1878

VELASQUEZ —————— 6 de junho de 1599
CORNEILLE (dramaturgo) —————— 6 de junho de 1606
GEORGE BRIAN BRUMMEL —————— 7 de junho de 1778
GAUGUIN (pintor) —————— 7 de junho de 1848
SCHUMANN —————— 8 de junho de 1810
DALTON TREVISAN (escritor) —————— 14 de junho de 1925
GOUNOD (compositor) —————— 18 de junho de 1818
OFFENBACH (compositor) —————— 20 de junho de 1819

A celeste africana, a virgem noite
cobria as faces... Gota a gota os astros
caíam-lhe das mãos no peito seu...

Castro Alves

CÂNCER

Nascidos entre 21 de junho e 21 de julho.
Signo de **Água** — Regente: **Lua**, 90° a 120°
Pedra de Nascimento: **Rubi**
Flor: **Lírio-d'água**
Cor: **Verde-claro**

* * *

A Criança de Câncer

CÂNCER

É um signo ativo, cardeal ou móvel da qualidade aquática.

As energias psíquicas que partem da irradiação deste signo são imediatamente refletidas pela criança que as recebe, uma vez que não podem ser recebidas pelo corpo físico, como é o caso nos signos terrestres. A criança colocada sob a irradiação exclusiva de Câncer carece de defesa corporal; seu psiquismo está exposto, indefeso e nu. É por isso que nela aparecerá, bem cedo, o sentimento de nudez psíquica e de desamparo. A Criança de Câncer nasce com este sentimento, que logo toma a forma de medo da vida. O medo é a primeira característica que permite reconhecer o caráter de Câncer.

Que pode ser mais sugestivo do que o fato de a Criança de Câncer começar logo a buscar toda a classe de ajudas, que a protejam de sua nudez e abandono, e lhe supram o que a Criança de Terra possui por natureza, o corpo protetor? A mãe é o ser de quem incondicionalmente sentiu proteção desde o nascimento. Se bem que isto é válido para todo o ser humano, sem distinção de origem, é na memória da Criança de Câncer que tal fato permanece de maneira especial, a ponto de sentir-se por toda a vida ligada à mãe.

A Criança de Câncer deixa que os outros venham ao seu encontro mas só conserva aqueles aos quais tenha algo para dar, procurando mantê-los unidos à sua pessoa pela gratidão.

Pode-se, assim, compreender por que a Criança de Câncer procura, preferentemente, o trato de pessoas colocadas em plano inferior a ela e necessitadas de ajuda. São pessoas a quem a Criança de Câncer não teme, por sentir-se superior.

Pela mesma razão, a Criança de Câncer foge da companhia de quem possa vir a superá-la.

A Criança de Câncer teme a crítica e, enquanto pode, foge dela. Este medo da crítica ou da superioridade dos outros pode ir tão longe, que a Criança de Câncer chega a esconder seus méritos para não dar aos outros ocasião de fazer-lhe "sombra". Não há coisa que ela mais receie do que fazer "papelão".

O planeta correspondente ao signo de Câncer é, em qualidade de transmissor de energias, a Lua. Corresponde dentro de nós àquilo que se dispõe segundo a face noturna de nosso ser, nosso lado feminino, nossa inclinação receptiva. E na tríade de PAI, MÃE, FILHO, corresponde ao princípio materno.

CÂNCER, O CARANGUEJO

É a quarta constelação zodiacal, corresponde ao quarto signo astrológico e seu domínio se estende sobre os dias que vão de 21 de junho a 21 de julho. A 0° (zero grau) deste signo tem início o inverno, com suas tardes sombrias e noites longas e geladas o que dá ao canceriano o temor da solidão e aguça sua principal característica que é a imaginação. Câncer tem como figura simbólica o Caranguejo e sua palavra-chave é IMPRESSIONABILIDADE. De acordo com a Cabala Mística, o regente cósmico de Câncer é Muriel e a ordem dos anjos que lhe é atribuída na Magia Teúrgica é a das Dominações ou seres celestiais que dominam sobre a forma.

O CANCERIANO

O conforto espiritual do canceriano é Deus e tem em seus antepassados o seu modelo de conduta. O canceriano é do tipo religioso e familiar. Vive cheio de esperanças e não se deixa vencer pelas vicissitudes da vida. A Criança de Câncer detesta rixas e brigas, prefere resolver os problemas usando os recursos da palavra.

A CRIANÇA DE CÂNCER

É muito agarrada aos pais. O medo é muito comum na Criança de Câncer. Este fato se dá porque ela já sente, desde cedo, o seu mundo fantástico, por isso teme as coisas que não consegue entender. O futuro é sempre promissor ao canceriano.

ASTRONOMIA

Câncer é a quarta constelação zodiacal, e o Sol entra em seus limites a 21 de junho, quando se dá o solstício de verão. A Lua é o corpo celeste mais próximo da Terra. É o nosso satélite natural e sempre foi a musa inspiradora dos poetas. A Lua é um corpo opaco e brilha porque reflete a luz do Sol. Está repleta de crateras imensas que chegam a ter 200 km de diâmetro e suas paredes circulares atingem cerca de 7 km de altura. Sua temperatura sofre uma queda incrível do dia para a noite: no dia lunar chega a 134°C e de noite baixa para 153°C abaixo de 0.

Qualquer que seja a diversidade das ervas, tudo acaba sendo abrangido pelo nome de salada.

Shakespeare

CANCERIANOS FAMOSOS NA HISTÓRIA

Nome	Data de Nascimento
MACHADO DE ASSIS (escritor)	21 de junho de 1839
JEAN-PAUL SARTRE	21 de junho de 1905
FRANÇOISE SAGAN	21 de junho de 1935
RIDER HAGGARD	22 de junho de 1856
JOÃO GUIMARÃES ROSA (escritor)	27 de junho de 1909
JEAN-JACQUES ROUSSEAU	28 de junho de 1712
PIRANDELO	28 de junho de 1867
GARIBALDI	4 de julho de 1807
JEAN COCTEAU	5 de julho de 1889
OSMAN LINS (escritor)	5 de julho de 1924
LA FONTAINE	8 de julho de 1621
CALVINO	10 de julho de 1509
MARCEL PROUST	10 de julho de 1871
REMBRANDT	15 de julho de 1606
ERNEST HEMINGWAY	21 de julho de 1899

⁂

Somos mil, somos uma
num infinito só;
pois, da matéria universal, em suma
cada planeta é um átomo de pó!

Augusto de Lima

LEÃO

Nascidos entre 22 de julho e 22 de agosto.
Signo de **Fogo** — Regente: **Sol**, 120° a 150°
Pedra de Nascimento: **Crisólita**
Flor: **Acácia**
Cor: **Laranja e Amarelo**

A Criança de Leão

LEÃO

É o signo de modalidade fixa, de *Tamas*. Da qualidade de Fogo.

Neste signo impera a força de vontade e cresce até alcançar o grau máximo de concentração. Cresce até a potência máxima de consciência do "eu", chegando a revestir o caráter de vontade consciente de viver que através dessa mesma vontade, afirma-se na vida. Esta auto-afirmação, entretanto, não deve ser entendida como processo corporal, psíquico, ou mental, e sim como experiência imediata de vida intemporal, que está arraigada no eu, referida ao ser sempre presente.

É próprio da Criança de Leão uma vitalidade extraordinariamente forte, inteiramente otimista, quase diríamos elemental, que, no sentido da natureza de *Tamas*, do signo de Leão, alcança um grau tão alto que reflete suas irradiações sobre o mundo circundante, como a força mágica da natureza da Criança de Escorpião. Também a Criança de Leão gosta de estar rodeada de seres humanos sobre os quais possa refletir sua alegria de viver e de amar. Na realidade, a Criança de Leão não necessita do meio ambiente, mas ama-o porque pode comunicar-lhe parte de sua alegria de viver, a qual se reflete logo e retorna a ela, de modo que se intensifica no reflexo de sua própria força vital: "Viver e deixar viver".

LEO, O LEÃO

É a quinta constelação zodiacal, corresponde ao quinto signo astrológico e domina sobre os dias que vão de 22 de julho a 22 de agosto. Sua palavra-chave é GENEROSIDADE.

O LEONINO

Leo é o signo que expressa soberania e força, assim o leonino detesta viver em condições medíocres e luta com afinco para obter melhores condições de vida. Geralmente, o leonino é muito pródigo e, na medida do possível, gosta de viver nababescamente. O que marca muito o caráter do leonino é sua coragem e audácia. Napoleão Bonaparte e Simón Bolívar são nativos de Leão.

A CRIANÇA DE LEÃO

É quase sempre alegre, amorosa e buliçosa. É dotada de personalidade atraente e dominadora, e gosta que satisfaçam seus desejos. A Criança de Leão tem um forte impulso para mandar, portanto deve-se ter muito cuidado com respeito à sua educação.

ASTRONOMIA

Quem possui um ligeiro conhecimento do panorama celeste, descobre facilmente a constelação de Leão, pois ela forma um ponto de interrogação em posição invertida. É intenso o brilho de suas estrelas, principalmente a de Régulo, a alfa Leonis. Régulo, a alfa de Leão, é um dos quatro corpos celestes denominados "estrelas reais" do Zodíaco.

O mais belo patrimônio é um nome reverenciado.

Victor Hugo

LEONINOS FAMOSOS NA HISTÓRIA

Nome	Data de Nascimento
SIMÓN BOLÍVAR	24 de julho de 1783
ALEXANDRE DUMAS (pai)	24 de julho de 1802
GUILHERME DE ALMEIDA	24 de julho de 1890
BERNARD SHAW	26 de julho de 1856
PEARL S. BUCK (escritora)	26 de julho de 1892
ALDOUS HUXLEY	26 de julho de 1894
NAPOLEÃO BONAPARTE	27 de julho de 1768
ALEXANDRE DUMAS (filho)	27 de julho de 1824
BENITO MUSSOLINI	29 de julho de 1883
HENRI FORD	30 de julho de 1863
MARECHAL DEODORO DA FONSECA	5 de agosto de 1827

GUY DE MAUPASSANT	5 de agosto de 1850
OSWALDO CRUZ	5 de agosto de 1872
MATA-HARI (espiã e bailarina)	7 de agosto de 1876
JOHN ROCKEFELLER	8 de agosto de 1839
JORGE AMADO (escritor brasileiro)	10 de agosto de 1912
FIDEL CASTRO	13 de agosto de 1927
WALTER SCOTT	15 de agosto de 1771
MADAME DU BARRY	19 de agosto de 1743

...Os astros,
por sobre as nuvens revoltas,
rolam como pedras soltas
do teu desfeito colar...

Fagundes Varela

VIRGEM

Nascidos entre 23 de agosto e 22 de setembro.
Signo de **Terra** — Regente: **Lua**, 150º a 180º
Pedra de Nascimento: **Safira**
Flor: **Áster, Azálea**
Cor: **Violeta, Cinzento e tons mesclados**

A Criança de Virgem

VIRGEM

O signo de Virgem é de gênero neutralizador. Em princípio, a irradiação de Virgem também opera no mundo da realidade, da materialidade terrestre. O útil e o inútil convertem-se, pois, no conteúdo fundamental de tudo aquilo que configura a vida do tipo de Virgem.

A Criança de Virgem entregue totalmente e a qualquer preço ao útil e conveniente, precavida até a mais extrema desconfiança, jamais chega a alcançar seus objetivos de tanto preparar-se e tomar medidas para alcançá-los "melhor". Toda a sua vida se converte em uma cadeia de pressuposições de toda a espécie, de preocupações mesquinhas, de elaboração interminável de sistemas, classificações, estatísticas, exercícios, preparativos e provas. Somente quando acredita estar totalmente segura, quando crê assegurada a sua existência física, volta seu interesse para seus semelhantes. Mas o "principal" continuará sendo ela mesma.

VIRGO, A VIRGEM

É a sexta constelação zodiacal e corresponde ao sexto signo astrológico, governando o período que vai de 23 de agosto a 22 de setembro. Sua palavra-chave é PRODUTIVIDADE.

O VIRGINIANO

Geralmente é impelido pelos parentes de sangue, depois passa a agir sozinho, adquire personalidade apurada e granjeia fortuna com facilidade. O Virginiano não teme as coisas do mundo, pois é dotado de grande audácia e sorte para levar avante seus intentos. São poucos os casos de timidez e indecisão.

A CRIANÇA DE VIRGEM

Possui uma personalidade delicada e, às vezes, difícil de ser entendida. Ela sente necessidade de companhia, mas detesta castigo. Geralmente não tem coragem ou energia para enfrentar situações críticas, apesar da audácia que possui. Está sujeita a doenças, por causa da delicadeza de seu organismo. Muitos virginianos têm problemas de natureza sexual, na idade adulta.

ASTRONOMIA

A constelação de Virgo é difícil de ser localizada, a não ser por aqueles que já tenham uma certa intimidade com os estudos da astronomia. A Lua é o corpo celeste mais próximo da Terra. É o nosso satélite natural e sempre foi a musa inspiradora dos poetas. A Lua é um corpo opaco e brilha porque reflete a luz do Sol. Está repleta de crateras imensas que chegam a ter 200 km de diâmetro e suas paredes circulares atingem cerca de 7 km de altura. Sua temperatura sofre uma queda incrível do dia para a noite: no dia lunar chega a 134ºC e de noite baixa para 153ºC abaixo de 0.

Um nome é quase sempre tudo o que nos resta de um ser, vivo ou morto.

Marcel Proust

VIRGINIANOS FAMOSOS NA HISTÓRIA

Nome	Data de Nascimento
DUQUE DE CAXIAS	25 de agosto de 1803
LAVOISIER	26 de agosto de 1743
HEGEL (filósofo)	27 de agosto de 1770
GOETHE	28 de agosto de 1873
CHATEAUBRIAND	4 de setembro de 1768
ELIZABETH (Inglaterra)	7 de setembro de 1533
ANTONIN DVORAK (compositor)	8 de setembro de 1841
CARDEAL RICHELIEU	9 de setembro de 1585
MÁRIO DE ANDRADE (escritor)	9 de setembro de 1893
JUSCELINO KUBITSCHEK DE OLIVEIRA	12 de setembro de 1902
GUERRA JUNQUEIRO	15 de setembro de 1850
QUEVEDO (poeta espanhol)	17 de setembro de 1873
GRETA GARBO (atriz de cinema)	18 de setembro de 1905
MARECHAL CASTELO BRANCO	20 de setembro de 1900
HERBERTO SALES (escritor)	21 de setembro de 1917

Os astros sacudiam no vôo violento
a poeira que dormia no chão do firmamento.

Castro Alves

LIBRA

Nascidos entre 23 de setembro e 22 de outubro.
Signo de **Ar** — Regente: **Vênus**, 180° a 210°
Pedra de Nascimento: **Opala**
Flor: **Cosmo**
Cor: **Amarelo**

A Criança de Libra

LIBRA

O signo de Ar, cardeal, ativo, corresponde à modalidade de Rajas, está, como Áries, no começo do espectro zodiacal, na metade deste, o que vale dizer, em posição diametralmente oposta ao signo de Áries.

A Criança situada na esfera de irradiação deste signo, em sua qualidade de expressão exclusiva, pura, da energia de Libra — chamaremos Criança de Libra — terá que aparecer de modo adequadamente ativo ante esta irradiação, deverá tratar de atuar sobre o mundo circundante. Mas, enquanto a Criança de Terra possui em seu corpo material o instrumento adequado a este mundo circundante, por cujo instrumento pode comunicar-se com a matéria do meio que o rodeia, a Criança de Libra carece — em sua qualidade de Criança de Ar — de tal órgão; carece de "mão" para atuar neste mundo, para "penetrar" nele. Antes de toda atuação tem que providenciar no sentido de criar tal "agente" de penetração. Para isto, interpõe entre ela e o mundo circundante um órgão regulador que, como a mão da Criança de Terra, capacite-lhe trabalhar, para atuar mentalmente. E este instrumento de penetração mental é, nem mais nem menos, aquilo que chamamos de "conceito", de índole mental. Pelo conceito a Criança de Libra capta este mundo, toma posse dele, falando mentalmente. Pela criação de conceitos cria, por assim dizer, o terreno para o estranho e o intransitável mundo de realidade material, com todo um sistema de ruas principais e laterais. Pela força do pensamento organizador, a Criança de Libra cria para si um caminho através da maldade do material. Se se pudesse contemplar esta atividade de Criança de Libra com os olhos da mente, veríamos que se parece com os trabalhos dos pioneiros, dos que dedicam toda a sua vida em abrir caminhos e construir vias de trânsito para, deste modo, conseguir o domínio de um terreno anteriormente inacessível. Este processo de abertura de caminhos é o que chamamos de "reflexão", ponderação. A linguagem constitui o instrumental da Criança, instrumental que serve para a preparação de caminhos. A linguagem constitui a correspondência mental daquilo que significa a mão para a Criança de Terra.

A obsessão de decidir é para a Criança de Libra a fonte principal de todos os males. Mas estes males, estes sofrimentos, têm uma forma muito curiosa, dificilmente acessível à compreensão da Criança de Terra. Consistem em uma espécie de necessidade interior de contradizer, na fantasia, o fato previamente encontrado, continuando, deste modo, a ponderação inútil, como se o fato não tivesse ocorrido.

LIBRA, A BALANÇA

É a sétima constelação zodiacal, corresponde ao sétimo signo astrológico e domina sobre os dias que vão de 23 de setembro a 22 de outubro. Sua palavra-chave é HUMANISMO, sua figura simbólica é a de uma balança e sua imagem mitológica é a de Têmis, a filha do Céu e da Terra que personifica a Justiça.

Segundo a Cabala Mística, o regente divino de Libra é Zuriel e na Magia Teúrgica a ordem dos anjos que lhe corresponde é a dos Principados ou Enviados de Deus.

O LIBRIANO

O signo de Libra dá aos seus nativos uma natureza assaz complexa. O Libriano que sofre influências impulsivas de Balança, teria que ser dotado de um temperamento ardente, impetuoso, apaixonado e audacioso. Mas, em virtude das vibrações femininas de Vênus e da exaltação de Saturno, que confere prudência e lentidão, os impulsos das paixões se abrandam, o entusiasmo é refreado pelo raciocínio e a audácia cede lugar à reflexão.

A CRIANÇA DE LIBRA

A criança nascida sob os auspícios benéficos das estrelas de Libra tem, geralmente, bom gênio e conduta e é fácil de ser educada, conduzida e orientada. A Criança de Libra é dotada de mente muito atenta, temperamento alegre e comunicativo. Geralmente, tem infância sadia, sem problemas. A vaidade é uma das grandes fraquezas de Libra, assim como o egoísmo.

ASTRONOMIA

O planeta Vênus que tanto excita a curiosidade humana, apresenta uma visão desalentadora visto pelo telescópio, pois se acha constantemente envolto em nuvens espessas. A temperatura exterior de Vênus é, geralmente, de 40° abaixo de zero e a temperatura interior é extremamente alta, atingindo cerca de 427°C. O Sol, fonte de calor do nosso sistema planetário, está a 107.632.000 km de Vênus. Este calor intenso deve-se às nuvens que o envolvem e que funcionam como uma grande cortina abafadora.

Um lindo nome ajuda muito o homem a atingir o sucesso. Quem não crê nesta assertiva, que traga, como bagagem, um nome medíocre.

Pandiá Pându

LIBRIANOS FAMOSOS NA HISTÓRIA

Nome	Data de Nascimento
JOEL SILVEIRA	23 de setembro de 1918
SHOSTAKOVITCH (compositor)	25 de setembro de 1906
ALMIRANTE NÉLSON	29 de setembro de 1758
MARECHAL VON HINDENBURG	2 de outubro de 1847
MAHATMA GANDHI (filósofo da não-violência)	2 de outubro de 1869
ELEONORA DUSE	3 de outubro de 1859
CYRO DOS ANJOS (escritor)	5 de outubro de 1906
JUAN PERÓN (ditador argentino)	8 de outubro de 1895
DINAH SILVEIRA DE QUEIROZ (escritora)	9 de outubro de 1911
WATTEAU (pintor famoso)	10 de outubro de 1684
VERDI (compositor)	10 de outubro de 1813
DOM PEDRO I (imperador do Brasil)	12 de outubro de 1798
EISENHOWER (presidente americano)	14 de outubro de 1890
NIETZSCHE (filósofo)	15 de outubro de 1844
JOHN SULLIVAN (pugilista famoso)	15 de outubro de 1858
OTÁVIO DE FARIA (escritor)	15 de outubro de 1908
DAVID BEN GURION (presidente de Israel)	16 de outubro de 1886
RACHEL DE QUEIROZ (escritora)	17 de outubro de 1910
ALFRED DREYFUS	19 de outubro de 1859
LAMARTINE (poeta)	21 de outubro de 1790
FRANZ LISZT (compositor)	22 de outubro de 1811

No alto, os astros miúdos
reduziam os céus sérios e rudes
a uma epiderme cheia de sarampos.

Augusto dos Anjos

ESCORPIÃO

Nascidos entre 23 de outubro e 21 de novembro.
Signo de **Água** — Regente: **Marte**, 210º a 240º
Pedra de Nascimento: **Topázio**
Flor: **Crisântemo**
Cor: **Vermelho**

A Criança de Escorpião

ESCORPIÃO

É o signo que tem a modalidade fixa de triplicidade de Água.

A característica fundamental da Criança de Escorpião não consiste em refletir, mas em recolher as irradiações provenientes desta região do Zodíaco.

A Criança de Escorpião é insaciável na absorção de energias psíquicas que, tomadas por ela, não encontram, de imediato, nenhum emprego no mundo exterior.

Em sua qualidade de Criança de Água, a Criança de Escorpião tampouco tem um corpo físico que possa receber em si, imediatamente, aquela irradiação. Também ela é, em princípio, estranha ao mundo da realidade. Tem que procurar para si uma vestimenta protetora para a nudez de seu corpo psíquico.

A Criança de Escorpião possui, em alto grau, a capacidade de imprimir a sua marca característica no círculo onde exerce o seu domínio.

O planeta correspondente a Escorpião é Marte.

ESCÓRPIO, O ESCORPIÃO

É a oitava constelação zodiacal, corresponde ao oitavo signo astrológico e domina os dias que vão de 23 de outubro a 21 de novembro. Sua palavra-chave é RENOVAÇÃO. De acordo com a Cabala Mística, o regente celestial de Escórpio é Barbiel e na Magia Teúrgica a ordem dos anjos a ele correspondente é a dos Arcanjos ou os Filhos de Deus.

O ESCORPIANO

De modo geral, todo nativo de Escórpio tem muita consciência e responsabilidade de suas ações e só age quando realmente está interessado, pois sabe perfeitamente o que está fazendo. O Escorpiano é dotado de gênio colérico que, muitas vezes, o leva a tomar atitudes perigosas mas, como o seu raciocínio é muito rápido, ele toma a devida decisão antes de dar o segundo passo. Quando isto não acontece, o Escorpiano costuma sofrer fortes conseqüências. O nativo deste signo deve procurar controlar seus impulsos violentos, a fim de evitar graves conseqüências. .Todo Escorpiano é grande lutador e é dotado de muita coragem física e fortaleza moral. Dotado de independência, caprichos e capacidade para dominar, deixa-se conduzir docilmente por amor. Prefere fazer as coisas a ter que pedir, pois detesta pedir favores devido a seu orgulho e vontade forte.

A CRIANÇA DE ESCORPIÃO

A Criança de Escorpião, com exceções, é tímida, comportada, boa e obediente e ao contrário, quando cresce, se transforma em tipo dominador e agressivo. Mas, geralmente, a Criança de Escorpião costuma dèfinir e mostrar sua verdadeira natureza e personalidade desde tenra idade.

ASTRONOMIA

Escórpio é uma das mais belas constelações do Zodíaco. Sua extraordinária alfa rubra, Antares, é uma das maiores estrelas conhecidas. Seu diâmetro é de 425.600.000 km o que a torna 308 vezes maior do que o nosso Sol. Nesta seqüência, temos o planeta Marte, que nos causa tanta curiosidade. É quase duas vezes menor que a Terra, tendo um diâmetro de 6.720 km. Quando está próximo da Terra, sua distância é de 56 milhões de quilômetros. A temperatura de Marte, à noite, atinge cerca de 170º abaixo de 0. O ano em Marte tem 687 dias.

A virtude é o primeiro título de nobreza; num homem, eu não vejo o nome, mas as ações.

Molière

ESCORPIANOS FAMOSOS NA HISTÓRIA

Nome	Data de Nascimento
ENEIDA MORAES (escritora)	23 de outubro de 1903
ÉDSON ARANTES DO NASCIMENTO (Pelé)	23 de outubro de 1940

PICASSO ———	25 de outubro de 1881
WASHINGTON LUÍS (presidente do Brasil)	26 de outubro de 1869
PAGANINI ———	27 de outubro de 1782
GRACILIANO RAMOS (escritor) ———	27 de outubro de 1892
MARIA ANTONIETA (rainha da França) —	2 de novembro de 1791
BENEVENUTO CELLINI ———	3 de novembro de 1500
MARIE CURIE ———	7 de novembro de 1867
LUTERO ———	10 de novembro de 1483
DOSTOIEWSKY ———	11 de novembro de 1819
JÚLIO DINIS ———	14 de novembro de 1839
NEHRU ———	14 de novembro de 1889
MARECHAL VON ROMMEL ———	15 de novembro de 1891
PADEREWSKY ———	18 de novembro de 1860
MAO TSÉ-TUNG ———	19 de novembro de 1893
VOLTAIRE ———	21 de novembro de 1694

A noite a côncava fruteira
para a festa nupcial de frutos de ouro encheu.

Luís Murat

SAGITÁRIO

Nascidos entre 22 de novembro e 21 de dezembro.
Signo de **Fogo** — Regente: **Júpiter**, 240º a 270º
Pedra de Nascimento: **Turquesa**
Flor: **Narciso**
Cor: **Púrpura**

A Criança de Sagitário

SAGITÁRIO

Trata-se de modalidade neutralizadora da qualidade de Fogo. O que deve ser neutralizado, neste caso, é a força de vontade, tendente ao infinito, continuamente tensa, expansiva, e a força do vencedor, serena, concentrada em si mesma, a força triunfal da vontade afirmativa de viver.

Na órbita de Água, vimos a luta pelo predomínio, travada por dois termos opostos, que, em sua inconciliabilidade, criaram, como patrimônio hereditário terrestre e celeste da natureza humana, a "dúvida", cujo sentido era o de redimir a insegurança e o desdobramento mentais e antítese de todo o tipo, por meio da obtenção de um centro de gravidade "aéreo", por meio da fé, a única que assinala a verdadeira direção, essa direção inequívoca de todo o conhecimento verdadeiramente espiritual. Na órbita de Fogo as coisas se passam de modo semelhante. Se nesta esfera mais alta da natureza humana, na qual se vive a função do eu de forma imediata, também tem de ocorrer uma neutralização, um equilíbrio entre as duas polaridades, a de expansão e a de vontade concêntrica — Áries e Leão — tal equilíbrio só poderá ter lugar, como nas três esferas restantes, por uma lei em virtude da qual a vontade se refreie a si mesma, uma lei que a vontade se dê a si própria.

SAGITÁRIO, O CENTAURO

É a nona constelação zodiacal, corresponde ao nono signo astrológico e domina sobre os dias que vão de 22 de novembro a 21 de dezembro. Sua figura simbólica é a de um Centauro, estranho ser, meio homem, meio animal, que aponta seu arco e flecha para o céu. É um signo de inteligência superior e está identificado com o ser que, apesar de preso à Terra por seu corpo físico, apesar de atado às necessidades materiais, procura os espaços infinitos pela mente. Sua palavra-chave é INTELECTUALIDADE e ele pertence ao último quaternário do Zodíaco.

O SAGITARIANO

O que mais se destaca na criança sagitariana é sua curiosa mescla de espiritualidade e materialismo e, sobretudo, sua poderosa vibração mental e intelectual. Por isto, está bem representada por sua figura simbólica, meio homem, meio animal.

A CRIANÇA DE SAGITÁRIO

A infância de alguns sagitarianos poderá não ser muito normal, por causa da separação dos pais, vida conjugal irregular, condições financeiras, às vezes, desfavoráveis.

ASTRONOMIA

Júpiter é o maior de todos os planetas. A Terra, comparada com ele, é apenas um minúsculo corpo celeste. O nosso vizinho planeta é um gigantesco corpo celeste com um volume 1.300 vezes superior ao da Terra. Sua massa é 320 vezes maior. Acha-se a uma considerável distância do Sol, cerca de 772.800.000 km, o que corresponde a uma distância cinco vezes superior àquela que nos separa do nosso astro central. Para completar um ano terrestre, levamos 365 dias, mas um ano jupiteriano tem exatamente 4.333 dias, ou seja 11 anos e 86 dias terrestres. Sua temperatura de superfície equivale a 138º abaixo de 0.

Os grandes nomes são sempre grandes razões para as pessoas humildes.

Cardeal de Retz

SAGITARIANOS FAMOSOS NA HISTÓRIA

Nome	Data de Nascimento
GEORGE ELLIOT (escritora)	22 de novembro de 1819
ANDRÉ GIDE (escritor)	22 de novembro de 1869
CHARLES DE GAULLE (general e presidente da França)	22 de novembro de 1890
ADONIAS FILHO (escritor)	27 de novembro de 1915

FAUSTO CUNHA (escritor)	27 de novembro de 1923
JONATHAN SWIFT	30 de novembro de 1667
MARK TWAIN (escritor)	30 de novembro de 1835
DOM PEDRO II (imperador do Brasil)	2 de dezembro de 1825
WALT DISNEY (cineasta)	5 de dezembro de 1901
SIBELIUS (compositor)	8 de dezembro de 1865
MILTON (poeta)	9 de dezembro de 1608
ANÍBAL MONTEIRO MACHADO (escritor)	9 de dezembro de 1894
CLARICE LISPECTOR (escritora)	10 de dezembro de 1925
HECTOR BERLIOZ (compositor)	11 de dezembro de 1803
ALFRED MUSSET	11 de dezembro de 1810
GUSTAVE FLAUBERT	12 de dezembro de 1821
NOSTRADAMUS (astrólogo)	14 de dezembro de 1503
TYCHO BRAHE (astrônomo)	14 de dezembro de 1546
ALEXANDRE GUSTAVE EIFFEL (engenheiro)	15 de dezembro de 1832
GEORGE SANTAYANA (poeta, filósofo, novelista)	16 de dezembro de 1863
BEETHOVEN (compositor)	17 de dezembro de 1770
DISRAELI	21 de dezembro de 1804

Semelha o vasto céu, de extremo a extremo,
chão juncado de flores chamejantes
para a passagem de algum deus supremo.

Medeiros e Albuquerque

CAPRICÓRNIO

Nascidos entre 22 de dezembro e 20 de janeiro.
Signo de **Terra** — Regente: **Saturno**, 270° a 300°
Pedra de Nascimento: **Granada**
Flor: **Cravo**
Cor: **Azul-claro**

A Criança de Capricórnio

CAPRICÓRNIO

Entre os signos terrestres Capricórnio é o signo cardeal, ativo, que impele à ação e à meta firmemente delimitada e clara. No sentido do cumprimento de um dever, supera todo o obstáculo que lhe imponha a resistência da matéria. Disto surge o que podemos considerar uma característica essencial da disposição de Capricórnio: a tenacidade, a incansabilidade rumo à meta previamente proposta.

O caminho reto raramente, é o caminho "mais curto" para a Criança de Terra. Do mesmo modo que a formiga está sempre disposta a dar as maiores voltas, fugindo aos obstáculos que não pode superar, para retornar à direção original que a levará à meta, assim também vemos a Criança de Capricórnio tomar, após sagaz ponderação de suas próprias forças, os rodeios que, entre todos os caminhos, lhe parecem os mais "curtos". Extrai assim aquela qualidade de astúcia na vida prática, de inteligência para atingir seus objetivos e de "diplomacia", que é a arte de alcançar por rodeios, cedo ou tarde, aquilo que para ela constitui a missão mais importante a cumprir no mundo.

A Criança de Capricórnio procura evitar a influência de impulsos malignos que, às vezes, afetam seu modo de atuar. Não se mostra disposta a permitir que lhe sejam impostas obrigações que não possam ser claramente expressas em forma de convênio jurídico. Para ela, é doloroso não poder alcançar uma coisa por seus próprios meios, para não ter que sentir-se constantemente em dívida insolúvel. É por isso que um dos sinais infalíveis do caráter da Criança de Capricórnio é o de preferir agradecer a si mesma tudo o que tenha alcançado. É precisamente por isto que deseja assumir sozinha, sem compartilhar com ninguém, a responsabilidade de seus atos. Esta consciência de sua responsabilidade fortalece sua auto-estima e a consciência de seu próprio valor e deste modo quer ser apreciada por seus semelhantes.

CAPRICÓRNIO, A CABRA MARINHA

É a décima constelação zodiacal, corresponde ao décimo signo astrológico e domina sobre os dias que vão de 22 de dezembro a 20 de janeiro. Sua palavra-chave é CONSTRUTIVIDADE. De acordo com a Cabala Mística, o regente celestial de Capricórnio é Anael, e na Teúrgica a ordem dos anjos a ele correspondente é a dos Inocentes ou Almas Gloriosas.

O CAPRICORNIANO

O nativo deste signo possui persistência e firmeza para realizar seus desejos. Sua força de vontade e tenacidade causa admiração a todos. O Capricorniano é de natureza modesta e não aprecia a ostentação e o luxo, portanto, tem grandes possibilidades de vencer porque é moderado em seus gastos.

A CRIANÇA DE CAPRICÓRNIO

É objetiva, ambiciosa e reservada. Tem muita curiosidade e gosta de prestar atenção no que se diz.

ASTRONOMIA

Capricórnio é uma constelação de difícil visibilidade, pois suas estrelas aparecem muito apagadas no Céu. Nesta seqüência, temos o planeta Saturno, o sexto do nosso sistema solar e o segundo em tamanho, sendo Júpiter o primeiro. Saturno possui um volume 750 vezes maior que o volume da Terra e acha-se distante do Sol 1.417.340.000 km e seu ano tem 11.375 dias terrestres. Possui três anéis identificados pelas letras A, B, C. O anel mais estreito tem 180.800 km de diâmetro e o central, que é o mais largo, tem 272.000 km. A largura do anel central é de 25.600 km, enquanto que os outros dois têm respectivamente 17.600 km e 16.000 km. A espessura dos três anéis é de apenas 16 km.

Ide e fazei discípulos em todas as nações, batizando-os em nome do Pai, do Filho e do Espírito Santo.

Mateus, XXVIII, 19

CAPRICORNIANOS FAMOSOS NA HISTÓRIA

Nome	Data de Nascimento
PUCCINI	22 de dezembro de 1858
JEAN FRANÇOISE CHAMPOLLION (arqueólogo)	23 de dezembro de 1790
ISSAC NEWTON	25 de dezembro de 1642
PASTEUR	27 de dezembro de 1822
MADAME POMPADOUR	29 de dezembro de 1721
RUDYARD KIPLING	30 de dezembro de 1865
KONRAD ADENAUER	5 de janeiro de 1876
MARQUES REBELO (escritor)	6 de janeiro de 1907
GIOVANNI PAPINI	9 de janeiro de 1881
DALCÍDIO JURANDIR (escritor)	10 de janeiro de 1909
SÉRGIO PORTO	11 de janeiro de 1923
JACK LONDON	12 de janeiro de 1876
GAMAL ABDEL NASSER	15 de janeiro de 1918
MARTIN LUTHER KING (pastor negro)	15 de janeiro de 1929
BENJAMIN FRANKLIN	17 de janeiro de 1706
AUTRAN DOURADO (escritor)	18 de janeiro de 1926
JAMES WATT (inventor das máquinas a vapor)	19 de janeiro de 1736
AUGUSTO COMTE (fundador do Positivismo)	19 de janeiro de 1798
EDGARD ALLAN POE	19 de janeiro de 1809
PAUL CEZANNE (pintor)	19 de janeiro de 1838

* * *

De leste a oeste, a noite, em passo grave e lento,
mergulhando na luz um hissope, seus rastros
marcava, a desparzir fulvo chuveiro de astros...

Medeiros e Albuquerque

AQUÁRIO

Nascidos entre 21 de janeiro e 19 de fevereiro.
Signo de **Ar** — Regente: **Urano**, 300° a 330°
Pedra de Nascimento: **Ametista**
Flor: **Violeta**
Cor: **Azul-claro**

A Criança de Aquário

AQUÁRIO

É a modalidade fixa, feminina ou de *Tamas*, da região de Ar. Reúne as forças do conhecimento criador e eleva-as à potência máxima. Mas esta potência permanece totalmente em estado de repouso, conservando-se, como dizem os físicos, em estado potencial, encerrada em si mesma, sem buscar saída para fora. A Criança de Aquário tem a sua própria visão cósmica, a sua própria ciência, a sua lógica e psicologia próprias. E por isso sente que, para conservar estas propriedades, não só deve evitar expor-se a influências estranhas, como até deve procurar não falar aos outros acerca do seu próprio mundo utópico, para não profaná-lo, para não sofrer a comoção deste mundo por obra alheia. Mais ainda, terá que afastar-se, o mais possível, dos outros.

O transmissor da força de Aquário é o planeta Saturno, o mesmo planeta que é o senhor do signo de Capricórnio, o deus do tempo e da semeadura, senhor de toda a semente.

AQUÁRIO, O AGUADEIRO

Aquário é a undécima constelação zodiacal, corresponde ao undécimo signo astrológico e domina sobre os dias que vão de 21 de janeiro a 19 de fevereiro. Sua palavra-chave é UNIVERSALISMO. De acordo com a Cabala Mística, o regente divino de Aquário é Gabriel, e na Magia Teúrgica a ordem dos anjos a ele correspondente é a dos Mártires.

O AQUARIANO

O fator básico do Aquariano é a visão do futuro. Está sempre cem anos à frente dos outros, o que, às vezes, provoca choques no seu meio ambiente por pensar de modo mais evoluído do que os contemporâneos.

A CRIANÇA DE AQUÁRIO

É muito sensível e muito afetada pelo ambiente que a rodeia. Geralmente é alegre e travessa e muito curiosa, quando ouvindo pessoas adultas. Gosta de fazer tudo o que uma pessoa adulta faz.

ASTRONOMIA

Aquário é uma constelação de forma irregular e suas estrelas não são possuidoras de grande brilho o que torna difícil sua visibilidade no firmamento. Nesta seqüência, vemos Urano que nada tem de gigante, pois é quase do tamanho da Terra. Sua temperatura é cerca de 200º abaixo de zero e acha-se a 2.940.320.000 km de distância do Sol.

Eu fiz ilustre um grande nome que me transmitiram sem glória.

Alfred de Bigny

AQUARIANOS FAMOSOS NA HISTÓRIA

Nome	Data de Nascimento
LORD BYRON	22 de janeiro de 1788
STENDHAL	23 de janeiro de 1783
EMIL LUDWIG	25 de janeiro de 1881
GENERAL DOUGLAS MAC ARTHUR	26 de janeiro de 1880
MOZART (compositor)	27 de janeiro de 1756
JOÃO ANTÔNIO (escritor)	27 de janeiro de 1937
FRANKLIN DELANO ROOSEVELT	30 de janeiro de 1882
FRANZ SCHUBERT	31 de janeiro de 1797
ANA PAVLOVA	31 de janeiro de 1881
JOSÉ J. VEIGA (escritor)	2 de fevereiro de 1915
PADRE ANTÔNIO VIEIRA	6 de fevereiro de 1608
CHARLES DICKENS	7 de fevereiro de 1812
JÚLIO VERNE	8 de fevereiro de 1828
THOMAS EDISON (cientista)	11 de fevereiro de 1847
ABRAHAM LINCOLN	12 de fevereiro de 1809
GALILEU GALILEI (astrônomo)	15 de fevereiro de 1504
JOHN BARRYMORE (ator de cinema)	15 de fevereiro de 1882
LEDO IVO (escritor)	18 de fevereiro de 1924

Astro — és um grão de areia, escalada na altura.

Hermes Pontes

PEIXES

Nascidos entre 20 de fevereiro e 20 de março.
Signo de **Água** — Regente: **Júpiter**, 330° a 360°
Pedra de Nascimento: **Crisólita, Água-marinha**
Flor: **Narciso**
Cor: **Verde-malva, Azul**

A Criança de Peixes

PEIXES

É um signo neutralizador, da qualidade de Água.

Entre as três modalidades da qualidade aquática, podemos considerar o signo de Peixes como o mais desvalido. Sabemos que os três signos de Água — CÂNCER, ESCORPIÃO, PEIXES — carecem da proteção que, no mundo material, significa o corpo. Mas, enquanto Câncer e Escorpião conseguiram angariar auxílio para o desvalimento do corpo físico, recorrendo ao meio humano que o rodeia, à natureza de Peixes faltam as energias adequadas para a obtenção de tal auxílio.

PISCES, OS PEIXES

É a duodécima constelação zodiacal, corresponde ao duodécimo signo astrológico e domina sobre os dias que vão de 20 de fevereiro a 20 de março. Sua palavra-chave é INSPIRAÇÃO. De acordo com a Cabala Mística, o regente divino de Pisces é Barquiel, e na Magia Teúrgica a ordem dos seres celestiais que lhe corresponde é a dos Confessores.

O PISCIANO

É dotado de uma natureza sublime, portanto deve merecer especial atenção por parte dos pais para evitar que ele caia em erro, fato muito comum para quem pensa com pureza de alma.

A CRIANÇA DE PEIXES

Tem dentro de si o germe de tudo o que é sublime e elevado, daí merecer todo o cuidado por parte dos pais. A timidez deve ser combatida devido à boa natureza de que é dotada a Criança de Peixes. Ama a música e os esportes. Os pais devem deixar que a Criança de Peixes resolva seus próprios problemas, só intervindo em casos especiais. Ela tem sede de adquirir vivência nas coisas desde a idade escolar.

ASTRONOMIA

Pisces é uma das constelações mais evidentes em nosso firmamento. Nesta seqüência, vemos que Netuno se acha a 4.474.720.000 km de distância do Sol.

Um apelido é a mais dura pedrada que o diabo pode atirar numa pessoa.

William Hazlitt

PISCIANOS FAMOSOS NA HISTÓRIA

Nome	Data de Nascimento
CORNELIO PENNA (escritor)	20 de fevereiro de 1890
GEORGE WASHINGTON	22 de fevereiro de 1732
SCHOPENHAUER (filósofo)	22 de fevereiro de 1788
BADEN POWEL (fundador do escotismo)	22 de fevereiro de 1857
BENEDETTO CROCE (filósofo)	25 de fevereiro de 1846
ENRICO CARUSO	25 de fevereiro de 1873
VICTOR HUGO	26 de fevereiro de 1802
WILLIAM CODY (Buffalo Bill)	26 de fevereiro de 1846
LONGFELLOW (poeta)	27 de fevereiro de 1807
NIJINSKY (bailarino)	28 de fevereiro de 1890
ROSSINI	29 de fevereiro de 1792
FRÉDÉRIC CHOPIN (compositor)	1.º de março de 1810
GRAHAM BELL (inventor do telefone)	3 de março de 1847
MICHELANGELO	6 de março de 1475
CYRANO DE BERGERAC	6 de março de 1609
MIRABEAU	9 de março de 1749
SIMÕES LOPES NETO (escritor)	9 de março de 1865
YURI GAGARIN	9 de março de 1934
RIBEIRO COUTO (escritor)	12 de março de 1898
GABRIELE D'ANNUNZIO	13 de março de 1863
ALBERT EINSTEIN	14 de março de 1879
CARLOS HEITOR CONY (escritor)	14 de março de 1926
CAMILO CASTELO BRANCO (escritor)	16 de março de 1825
DAVID LIVINGSTONE (explorador)	19 de março de 1813

Que Nome Darei ao meu Filho?

* * *

Quanto maior o nome, maior o afluxo de sedimentos ignóbeis, que cuidam poluí-lo, e se afundam, borbotando, no esgoto.

Rui Barbosa

ADÃO

A

AARÃO — *hebraico*: **Aharon** (o elevado, o sublime). Aarão, irmão de Moisés, foi elevado à categoria de sumo sacerdote dos Hebreus.
VAR.: *ARÃO*, como se acha nas obras do Padre Antônio Vieira.

ABADE — *hebraico*: **Abba** (pai), daí o guia ou o chefe de um mosteiro, abadia. O pai pela grandeza de alma.

ABAETÉ — *tupi*: **Abá-etê** (homem de respeito).

ABDALA — *árabe*: **Abdallah** (servo de Deus). Nome de muitas famílias radicadas no Brasil.

ABDELCRIM — *árabe*, cujo significado é: servo de Deus. Abdelcrim foi um famoso guerreiro marroquino.

ABDIAS — *hebraico*: **Obadiah** (servo de Deus).

ABDIR — *hebraico*, cujo significado é: poderoso.

ABDON — *hebraico*: **Abdon** (aquele que serve).

ABEL — *hebraico*: **Heb-hel** (sopro, esvanecimento). O sopro de vida é transitório em duração. Abel foi o segundo filho de Adão e Eva. Foi chamado de Abel (**Heb-hel**) pela sua efemeridade de vida.

ABELARDO — *teutônico*: **Adelhard** (nobre resoluto). Há autores que admitem que o nome Abelardo tenha vindo do francês **Abeillard**, derivado de **abeille** (abelha).

ABIGAIL — *hebraico*: **Abigayil** (fonte de prazer). Literalmente: "pai" do contentamento, mas "pai" em hebraico é equivalente a "fonte".

ABÍLIO — *latim*: **Abiliu** (aquele que não é vingativo).

ABNER — *hebraico*: **Abhner** (pai da luz). O que é a luz senão a sabedoria? O que é a luz a não ser o amor?

ABRA — *hebraico*: **Abraham** (mãe das multidões). Mulher que é personificada como a "mãe do Universo". Abra foi a favorita de Salomão, na Bíblia.

ABRAÃO — *hebraico*: **Abraham** (pai da multidão). O verdadeiro fundador do povo hebreu.
VAR.: *ABRÃO*.
Abraham Lincoln, 16.º Presidente dos Estados Unidos.
Santo Abraão, festejado no dia 20 de março.

ABRAM — *hebraico*: **Abram** (sublime é o pai). Aquele que obteve a realização do infinito incomensurável de Deus. Este é o nome original de **Abraham** (Abraão). Há autores que derivam Abraão de **Abraham** e Abrão de **Abram**.

ABSALÃO — *hebraico*: **Ab-salom** (pai da paz.)
VAR.: *ABSALOM*.

ABSIRTO — príncipe da Cólchida, irmão de Medéia. Personalidades algo fabulosas.

ABSTÊMIO — que não faz uso de bebidas alcoólicas. Lourenço **Abstêmio** (Astêmio, em italiano), fabulista, natural de Ancona.

ACÁCIA — *grego*: **Akakia** (penoso, espinhoso). A Acácia representa a imortalidade e a ressurreição.

ACANTO — planta de folhas vistosas, conhecida vulgarmente por erva gigante; é o símbolo das belas-artes.

ACEMIRA — anagrama da palavra América. Título de um poemeto do saudoso poeta Matos Espósito, no qual o principal personagem tem esse nome. Veja *IRACEMA*, que é também um anagrama de América.

ACI — *tupi*, cujo significado é: mãe. Tem ainda outra significação.

ACIDÁLIA — da mitologia *greco-romana*, cujo significado é: que dá cuidados.

ACILINO — nome derivado de Aquilino, relativo à Águia.
Veja *AQUILINO*.
São Acilino, festejado a 17 de junho.

ACINDINO — foi santo mártir.
São Acindino, festejado a 20 de abril.

ACLIMA — de origem *hebraica*, foi irmã gêmea e mulher de Caim. Dos mitos hebraicos.

ACRÍSIO — *grego*, cujo significado é: aquele que não discerne, não distingue.

AÇUCENA — variante de Susana. Planta cujas flores são de um branco muito puro.
Veja *SUSANA*.

ACÚRCIO — foi santo mártir.
Santo Acúrcio, festejado a 16 de janeiro.

ADA — *teutônico*: **Eada** (feliz, próspero), ou do *hebraico*: **Adah** (tiara, ornamento, coroa). Uma mulher considerada tão preciosa quanto uma jóia.
OBS.: A mãe ao dar nome à sua filha, deve observar se deseja dar origem ao nome Ada, do teutônico **Eada**, ou do hebraico **Adah**, em virtude de não haver diferença gráfica em português.
VAR.: *ADA, AÍDA*, de *EADA* e não de *ADAH*.
Santa Ada, abadessa francesa, do século VII.

ADAIR — *celta*: **Athadara** (passagem a vau sobre carvalhos). Nome de uma residência céltica.

ADALBERTO — *teutônico*: **Adelbehrt**, de **Adel** (nobre) e **behrt** (ilustre).

ADALGISA — *teutônico*, cujo significado é: lança de nobreza.

ADÁLIA — *teutônico* que, por sua vez, vem de **Adal** (o nobre).

ADAMANTINA — forma feminina de Adamantino.
Veja *ADAMANTINO*.

ADAMANTINO — *grego*: **adamas, adamantos** (indomável; diamantino, de diamante). O mesmo que Diamantino.
Veja *DIAMANTINO*.

ADAMASTOR — talvez seja de origem *grega*: **adamas** (diamante; indomável).

ADAMINA — **Adamina** (da terra vermelha). Forma feminina de Adão.
DIM.: *ADA, MINA*.

ADAMS — forma abreviada de **Adam's son** (filho de Adão).

ADÃO — *hebraico*: **Adham** (homem de terra vermelha). Assim chamado por causa do solo vermelho da Palestina no qual ele, o primeiro homem, foi criado. Daí alguns autores admitirem que Adão tenha sido mulato.
"*E o Senhor Deus fez o homem do pó da Terra, e soprou-lhe nas narinas o fôlego de vida, e o homem passou a ser alma vivente.*" Gen. II, v. 7.
VAR.: *ADAM*.

ADAUTO — *latim*, cujo significado é: aumentado.
Santo Adauto, festejado a 30 de agosto.

ADELAIDE — *teutônico*: **Adal-heit** (de linhagem nobre). Do masculino: **Adalheida** (nobre divertido). Princesa da terra.
DIM.: *ADELA, ALICE, ELSA*.
Santa Adelaide, do século X, chamada: "Mãe dos Reinados".

ADELBAR — *fenício*: **Ader+Baal** (adorador+deus fenício), adorador de Baal.

ADELFO — *grego*, cujo significado é: fraternal.

ADÉLIA — *teutônico*: **Adal** (nobre).
DIM.: *ADELA, LINA*.
VAR.: *ADELINA, ADELINO, ADELINE, EDELEINA*. Todos derivados de *ADELAIDE*.

ADELINO — forma diminutiva de Adélia que, por sua vez, deriva de Adelaide (**Adal-heit**) de linhagem nobre.
Veja *ADELAIDE*.

ADELMAR — *germânico*: **Adal+mari** (nobreza+célebre), de nobreza célebre.

ADEMAR — *teutônico*: **Adhe-mar** (guerreiro glorioso). De **Adhe** (guerreiro) e **mar** (glória).

ADEODATO — variante de Deodato, Deusdedit, nome latino que significa: dado por Deus.

ADERBAL — *fenício*: **Athar Ball** (cultor do deus Baal).

ADIGÊNIO — nome inventado, que é a fusão de **Edite+Eugênio**.

ÁDILA — Foi santa.
Santa Ádila, festejada a 30 de junho.

ADINA — *hebraico*: **Adni** (voluptuosa). Mulher estimada pela sua linda figura.
DIM.: *DINA*.
VAR.: *ADENA, ADINE*.

ADLAI — *hebraico*: **Adlai** (meu testemunho, meu ornamento). Um homem que vive a palavra de Deus.

ADLER — *teutônico*: **Adlar** (águia). Vivo de mente e visão. Alfredo Adler (1870-1937), psiquiatra e psicólogo austríaco.

ADOLFO — *teutônico*: **Adalwolf** (nobre, lobo herói). Um bravo guerreiro.
DIM.: *AD, DOLF, DOLFINHO*.
VAR.: *ADOLPHO*.

ADONIAS — Palavra de origem *hebraica*. Foi um príncipe hebreu, filho do Rei Davi.

ADONIRAM — *hebraico*: **Adon+ram** (senhor+elevado). O Senhor é excelso.

ADÔNIS — *fenício*: **Adon** (Senhor). Adônis na mitologia clássica foi o formoso jovem amado de Vênus, daí o nome que veio a significar "elegante", "simpático".

ADORABELA — *franco-latino*: **Adoria-belle** (dádiva formosa).

ADORINDA — *esperanto*: **Adorinda** (adorável, estimável).

ADOSINDA — personagem do conto: *Orelha de Gênio*, de Gondim da Fonseca.

ADRIANO — *latim*: **Ater** (aquele que é escuro). Pessoa morena. Apelido entre os povos de tez aveludada ou peluda. Há autores que derivam Adriano do latim Hadrianus, outros de Adria, na Itália, daí o nome Mar Adriático.

ADROALDO — *teutônico*: **Uodal+wald** (aquele que governa as riquezas).

AÉCIO — *grego*: **Aetos** (águia).
Veja *ÉZIO*.

AÉLIA — nome de várias damas ilustres da Roma Antiga.

AFONSO — variante de Alfonso (**Adalfuns**).
Veja *ALFONSO*.

AFRÂNIO — *latim*: **AFRANIU** que, por sua vez, vem de uma língua africana. *Afranius*, famoso poeta cômico latino.

AGAPANTO — Liliáceas de flores azuis. É uma planta original da África.

AGÁPIO — *grego*, cujo significado é: afeição, caridade.

AGAPITO — *grego*, cujo significado é: amável, querido.

AGAR — *hebraico*, cujo significado é: estrangeira. Agar foi concubina de Abraão.

ÁGATA — *grego*: **Agathé**, cujo significado é: boa, bondosa.
VAR.: *ÁGUEDA*.

AGENOR — *grego*: **Agenor**, cujo significado é: bravo, soberbo, viril.

AGEU — *hebraico*, cujo significado é: alegria. Há dois santos com esse nome. São Ageu, festejado pela Igreja Católica.

AGILDO — *teutônico*, cujo significado é: oferta dos deuses.

AGLAIA — *grego*, cujo significado é: bela, gloriosa.
Santa Aglaia, festejada a 8 de maio.

AGNATA — *latim*, cujo significado é: parente por linha paterna.
Veja *AGNATO.*

AGNATO — *latim*, cujo significado é: parente por linha paterna.
Veja *AGNATA.*

AGNELO — *latim*: **Agnellus**, cujo significado é: cordeirinho.

AGNÊS — *grego*: **Hagne** (pura).

AGNODICE — a primeira mulher que, fingindo ser homem, estudou e exerceu a Medicina.

AGOSTINHO — forma diminutiva de Augusto.
Veja *AUGUSTO.*

AGRÍCOLA — *latim*, cujo significado é: agricultor.
Veja *JORGE.*
São Agrícola, festejado a 4 de novembro.

AGRIPA — que foi dado à luz com dificuldade. Nome de um grande general romano.

AGRIPINA — nome de origem latina, cujo significado é: que foi dado à luz com dificuldade. Nome de famosa dama romana.
Veja *AGRIPA.*

AGRIPINO — *grego*, derivado de Agripa: **Agra+pous (pegar+pé)**, cujo significado é: o que nasceu com os pés para a frente, isto é, o parto foi feito pelos pés.
Veja *AGRIPA.*
São Agripino, festejado a 9 de novembro.

ÁGUEDA — **variante de Ágata que,** por sua vez, vem do grego **Agathé** (boa, bondosa). Santa Águeda, festejada a 5 de fevereiro.

AGUIMAR — nome inventado, que é a fusão de **Aguinaldo+Maria.**
Veja *AGUINALDO* e *MARIA.*

AGUINALDO — *teutônico*: **Aginald** (aquele que governa com a espada). Aguinaldo popularizou-se no Brasil pelo nome do herói filipino na Guerra da Espanha com os Estados Unidos.

AGUSTINE — *latim*: **Augustine** (que pertence a Augusto).
VAR.: *AGOSTINHO, AUSTIN.*
Santo Agostinho, doutor da Igreja, festejado a 28 de agosto.

AÍDA — *etíope*, cujo significado é: raça. **Há autores que derivam Aída, do** anglo-saxão **Eada** (próspera, feliz).

AÍLTON — grafia errada do nome **Ayrton.**
Veja *AIRTON.*

AIMBERÊ — *tupi*, cujo significado é: duro, inflexível. Segundo outros: flauta imprestável ou lagartixa.

AIMÉE — *francês*, cujo significado é: amada, querida. É o particípio passado na forma feminina do verbo *aimer* (amar), em francês.

AIMONE — *germânico*, provindo do gótico: **Haims**; **home**, em inglês, casa.

AIMORÉ — *tupi*: **Hai+mbo'ré** (o mordedor), do verbo *mbor* (ter).

AIRES — da raiz *germânica*: **Ar** (águia), cujo significado é: príncipe, senhor.

AIRTON, AYRTON — nome de homem, que alguns escrevem erradamente Ailton e que deriva da literatura francesa, do romance de Júlio Verne: *A Ilha Misteriosa.*

AJAX — *grego*, cujo significado é: que geme ou lamenta. Foi personagem mitológico.

AJURICABA — famoso índio amazonense que, depois de preso e algemado pelos portugueses, se jogou às águas do rio para ver-se livre de seus algozes.

ALAÍDE — variante do nome Adelaide, em francês.
Veja *ADELAIDE*.

ALARICE — *teutônico*: **Alhric** (que governa todas as coisas, todo-poderoso).
VAR.: *ALARICO*.

ALARICO — *teutônico*: **Alhric** (todo-poderoso, o que governa tudo).
Veja *ALARICE*.

ALAÚDE — instrumento musical de cordas, de feição de viola.

ALBA — nome de mulher. Do *latim*: **Alba** (alva, muito branca).

ALBANO — variante masculina de Albino.
Veja *ALBINO*.

ALBERICO — *teutônico*, cujo significado é: rei dos montes.

ALBERTINA — forma diminutiva feminina, derivada de Alberto.
Veja *ALBERTO*.

ALBERTINO — forma diminutiva e variante de Alberto.
Veja *ALBERTO*.

ALBERTO — *teutônico*: **Aethel-berht** (nobre e brilhante ou ilustre). Tem a mesma significação de Adalberto (brilhante, ilustre).
Veja *ADALBERTO*.
VAR.: *ALBERTINO, ALBERTINA*.

ALBÍLIO — deturpação gráfica de Abílio.
Veja *ABÍLIO*.

ALBINA — variante feminina de Albino.
Veja *ALBINO*.

ALBINO — *latim*: **Albinus** que, por sua vez, vem de Albus (alvo, branco).

ALBION — *latim*, cujo significado é: alvo. Nome pelo qual também se conhece a Inglaterra.

ALBOINO — *germânico*: **Alf+win** (elfo+amigo), ou seja, amigo dos Elfos. Elfos são os espíritos do ar.

ALBUQUERQUE — *latim*: **Alba +quercus** (carvalho branco). Sobrenome muito difundido no Brasil.

ALCÂNTARA — *árabe*: **al+kantara** (a ponte).

ALCEBÍADES — *grego*: **Alkibiades** (violento e generoso).

ALCESTE — *grego*: **Alk** (forte, vigoroso). Indivíduo ressuscitado por Quiron. Mitológico.
Veja *ALCEU*.

ALCEU — *grego*: **Alkaios** (forte).
VAR.: *ALCIDES*.

ALCIDES — variante de Alceu que, por sua vez, vem do grego **Alkaios** (forte).
Veja *ALCEU*.

ALCINA — *grego*: **Alkinoé** (de mente forte). Aquela que é capaz de transformar poeira em ouro pelo seu poder de persuasão.

ALCINDO — variante masculina de Alcino que, por sua vez, vem de Alcina, do grego **Alkinoé** (de mente forte).
Veja *ALCINA*.

ALCINO — variante masculina de Alcina que, por sua vez, vem do grego **Alkinoé** (de mente forte).
Veja *ALCINA*.
VAR.: *ALCINDO*.

ALDA — *teutônico*: **Eada** (velha, sábia, rica).
Santa Alda do Sena, italiana (1249-1309).

ALDO — *teutônico*: **Ald** (velho e sábio).
Veja *ALDA*.

ALÉA (ALÉIA) — tem o significado de: ala de árvores.

ALEGRIA — palavra de significação literal.

ALEIXO — variante de Aléxis e este de Alexandre.
Veja *ALEXANDRE*.
Santo Aleixo, festejado a 17 de junho.

ALELUIA — *hebraico*, cujo significado é: louva ao Senhor.

ALEX — variante de Alexandre.
Veja *ALEXANDRE*.

ALEXANDRE — *grego*: **Alexandros** (defensor da espécie humana).
VAR.: *ALEX, ALÉXIS, ALEIXO*.
DIM.: *ALEX, ALEXANDRINO*.

ALEXANDRINO — forma diminutiva de Alexandre.
Veja *ALEXANDRE*.

ALÉXIS — variante de Alexandre.
Veja *ALEXANDRE*.

ALFA — primeira letra do albafeto grego. Alfa e Ômega: o Princípio e o Fim (das coisas).

ALFENA — planta parecida com o jasmim, mas de flores brancas.

ALFEU — *grego*: **Alphéios**, cujo significado é: branco.
VAR.: *ÁLFIO*.

ÁLFIO — variante de Alfeu.

ALFONSO — *teutônico*: **Adal-funs** (de espírito combativo, inclinado ao combate).
VAR.: *AFONSO, ALONSO*.

ALFREDO — *anglo-saxão*: **Aelfraed** (bom ou pequeno duende conselheiro). Há autores que admitem origem teutônica **adal+frido** (nobre paz).

ALI — *árabe*, cuja raiz é: **Al** ou **el** (senhor), sublime, excelso.

ALICE — *grego*: **Alethia** (a verdadeira). Uma grega que não conhece a mentira.
DIM.: *ELSIE, ELCI, ELSA, ELZA, CILÉIA, CILÉA*.
VAR.: *ALÍCIA, CÉLIA, CILÉA* (estes dois últimos por anagrama).

ALÍCIA — variante feminina de Alice que, por sua vez, vem do grego **Alethia** (a verdadeira).

ALINA — *latim*, cujo significado é: agulha. Há autores que admitem ser diminutivo de Adelina.
Santa Alina, festejada a 19 de junho.

ALÍPIO — *grego*, sujo significado é: alegre, sem tristezas.
Veja *CAIO* e *HILÁRIO*.
Santo Alípio, festejado a 15 de agosto.

ALÍRIO — é santo da Igreja Católica.
Santo Alírio, festejado a 7 de junho.

ALLAN-KARDEC — pseudônimo do codificador do Espiritismo. Seu nome verdadeiro era Hipólito Rivail.

ALMA — *latim*, cujo significado é: bondosa, clemente. Substância espiritual que governa o físico.

ALMEIDA — *árabe*: **al+maida** (a mesa). Sobrenome muito freqüente tanto no Brasil como em Portugal.

ALMERINDO — variante de Almério de origem teutônica.
Veja *ALMÉRIO*.

ALMÉRIO — *teutônico*: cujo significado é: príncipe rico e trabalhador.

ALMIR — *teutônico*, cujo significado é: ilustrado por nobreza.

ALMIRA — forma feminina de Almiro.

ALMIRO — *celta*, cujo significado é: delicadeza.
Veja *ALMIRA*.

ALÓDIA — *teutônico*, cujo significado é: herdeira.

Santa Alódia, festejada a 22 de outubro.

ALOÍSIO — é uma variante de Luís.
Veja respectivamente *ALUÍSIO* e *LUÍS*.

ALONSO — variante de Alfonso (**Adal-funs**).
Veja *ALFONSO*.

ALPINO — vem do *latim*: **Albinus** e este de **Albus** (alvo, branco).
Veja *ALBINO*.

AL-SAMIR — *árabe*, cujo significado é: o amigo encantador.

ALSE — divindade que preside os bosques.

ALTAIR — *árabe*, cujo significado é: a (estrela) que voa. Nome de estrela da constelação da Águia.

ALTAMIRO — forma variante de Adelmar.
Veja *ADELMAR*.

ALTINO — *latim*, cujo significado é: de estatura fora do comum, de estatura descomunal.

ALTIVA — palavra de significação literal.

ALTIVO — palavra de significação literal.
Veja *ALTIVA*.

ALUÍSIO — *latim*: **Aloysius** que, por sua vez, vem de Ludwig (Luís) em alemão, daí o nome Ludovico em português, que corresponde a Luís.

ÁLVARES — variante de Álvaro (**all+wars**).
Veja *ÁLVARO*.

ÁLVARO — *teutônico*: **all+wars** (muito atento).
VAR.: *ALVES, ÁLVARES*.

ALVES — sobrenome, variante de Álvares que, por sua vez, deriva de Álvaro.
Veja *ÁLVARO*.

ALVINA — *germânico*: **Adal+win** (nobre+amigo). O mesmo que nobre amigo.
Veja *ETELVINO*.

ALVINO — *germânico*: **Adal+win** (nobre+amigo). O mesmo que nobre amigo.
Veja respectivamente *ETELVINO* e *ALVINA*.

ALZIRA — *teutônico*, cujo significado é: ornamento e beleza.

AMADA — *francês*: **aimée** (amada). Tradução do francês. Significação literal. Forma feminina de Amado; *francês*, **aimé** (amado).
Veja *AMADO*.

AMADEU — *latim*, cujo significado é: ama a Deus.

AMADO — forma masculina de **aimé** (amado), em francês. Significação literal.
Veja *AMADA*.

AMADOR — *latim*, cujo significado é: aquele que ama. A Igreja venera dois santos do mesmo nome.

AMÁLIA — *gótico*: **Amala** (aquela que é trabalhadora e ativa).
Var.: *AMÉLIA, EMÍLIA*.

AMALTÉA (AMALTÉIA) — é personagem da mitologia.

AMÂNCIO — *latim*, cujo significado é: aquele que ama, amante.

AMANDA — *latim*: **Amanda** (digna de ser amada).
MASC.: *AMANDO*.

AMANDINO — *latim*, cujo significado é : aquele que deve ser amado.

AMANDO — masculino de **Amanda** (digna de ser amada).
Veja *AMANDA*.

AMARANTO — *grego*, cujo significado é: que não desmerece.

AMÁRIA — Deusa dos habitantes de Fésulas, cidade da Etrúria, que alguns identificam com Furrina, uma das Fúrias.

AMARÍLIS — planta bulbosa, de grandes e belas flores. Nome dado por Virgílio a uma pastora.

AMARO — *latim*: **Amarus**, cujo significado é: amargo.

AMATA — *latim*: **Amata** (amada). Mulher do Rei Latino e mãe de Lavínia. Esta famosa rainha arrastou todas as mulheres contra Enéias.
Quando o pontífice consagrava uma nova vestal, pronunciava a fórmula sagrada que terminava por estas palavras: **Ita te, Amata, capio**, cuja tradução é: "Assim, Amata, eu te consagro (a Vesta)."

AMAURI — forma francesa do germânico **Amalarico**, cujo significado é: homem altivo, laborioso.
Veja *AMÉRICO*.

AMBRÓSIA — variante feminina de Ambrósio.
Veja *AMBRÓSIO*.

AMBROSINA — variante feminina de Ambrósio que, por sua vez, vem do **grego Ambrotos**.
Veja *AMBRÓSIO*.

AMBRÓSIO — *grego*: **Ambrotos** (o divino, o imortal). Aquele que está animado de espírito imortal e divino.
Santo Ambrósio, bispo de Milão (Itália), século IV, festejado a 7 de dezembro.

AMÉLIA — variante de Amália que, por sua vez, vem do gótico **Amala** (aquela que é trabalhadora e ativa).
Veja *AMÁLIA*.

AMENA — palavra cujo significado é: agradável, suave. Forma feminina de Ameno.

AMENO — palavra cujo significado é: agradável, suave.
Veja *AMENA*.

AMÉRICA — palavra de significação literal.

AMÉRICO — *teutônico*, cujo significado é: príncipe laborioso. O mesmo que Amauri.

AMERÍNDIA — palavra formada de América+índia. Diz-se do íncola da América.
Veja *AMERÍNDIO*.

AMERÍNDIO — palavra formada de América+índio. Diz-se do íncola da América.
Veja *AMERÍNDIA*.

AMIAEL — um dos 7 anjos principais segundo Islam.

AMÍLCAR — deriva do *púnico*: **Han Melkar** (graça de Hércules).

AMIN — *árabe*, cujo significado é: fiel.
Veja *AMINA*.

AMINA — *árabe*, cujo significado é: fiel. Amina foi a mãe de Maomé (Mahomet) fundador do Maometismo.
Veja *AMIN*.

AMINDA — *esperanto*: **Aminda** (digna de ser amada).

AMINO — o único homem que, segundo a lenda, sobreviveu à destruição da primeira raça humana.

AMINTAS — *grego*: **Amyno** (afasto, repilo), protetor, defensor.

Veja *ALEIXO* e *ALEXANDRE* respectivamente.

AMON — nome de origem hebraica. Foi o rei de Judá.

AMONATI — possivelmente do *tupi*, cujo significado é: além, distante.

AMÓS — *hebraico*, cujo significado é: o forte, o robusto. Amós foi pastor e profeta de Israel.
Veja *MOISÉS*.

ANA — *hebraico*: **Hannah** (a cheia de graça).
DIM.: *ANINHA, ANETE, ANITA*.
VAR.: *ANÁLIA*.
Santa ANA, a mãe de Nossa Senhora, festejada a 26 de julho.
Na mitologia latina, Ana é irmã de Dido, foi rainha de Cartago. Seguiu Dido para a África, quando esta fugiu do irmão, e assistiu a seus últimos instantes.

ANABELA — foi uma atriz francesa de certa evidência. Daí começou a ter vasto uso o seu nome.

ANACLETO — *grego*, cuja significação é: chamado de novo.

ANACREONTE — foi o lírico grego de costumes desregrados.

ANAEL — no Ocultismo é o anjo que governa as salamandras.

ANÁLIA — variante de Ana. Palavra de criação recente no português, contando pouco mais de um século.

ANANIAS — *hebraico*: **Hananiah** (o amado de Deus).

ANÁPIO — nome de um romano que se celebrizou por ter salvo seus pais de uma erupção do vulcão Etna.

ANASTÁCIA — *grego*: **Anastasios** (da ressurreição).
Veja *ANASTÁCIO*.

ANASTÁCIO — variante de Anastácia que, por sua vez, vem do grego **Anastasios** (da ressurreição).
Veja *ANASTÁCIA*.

ANATÓLIO — *grego*: **Anatolios** (homem do oriente ou do leste).

ANAXÁGORAS — *grego*: **Anax+agorá** (o primeiro+reunião), chefe da reunião, ou o dominador da palavra.

ANAXIMANDRO — *grego*, cujo significado é: nascido para governar, dominador.
Veja *ANAXÁGORAS*.

ANDIBERTO — Andiberto Nóvis, pai da célebre Laura, cantada por Petrarca.

ANDINA — diz-se da mulher ou coisa feminina, próprias dos Andes.
Veja *ANDINO*.

ANDINO — diz-se do homem ou coisa masculina próprios dos Andes.
Veja *ANDINA*.

ANDÓCIDES — general e grande orador. Nasceu em Atenas no ano 441 a. C.

ANDRÉ — *grego*: **Andreas** (forte, viril).
DIM.: *ANDRESINHO, ANDRESITO*.
Santo André, apóstolo, festejado a 4 de fevereiro.

ANDRÉIA — a beleza, o amor e a graça estão no sonho que se chama "mulher". Forma feminina de André.
Veja *ANDRÉ*.

ANÊMONA — planta cultivada nos jardins.

ANÉSIO — *grego*: **Ánesis** (repouso).

ANETE — diminutivo de Ana.
Veja *ANA*.

ÂNGELA — *grego*: **Ággelos** (leia-se **ánguelos**) mensageiro.

VAR.: *ANGELINA, ANGELITA.*
Santa Ângela, festejada a 4 de fevereiro.

ANGÉLICA — *greco-latino*: **Angelicus** (puro como um anjo). Um conceito idealístico da mulher perfeita.
Veja *ÂNGELO.*

ANGELINA — variante de Ângela.
Veja *ÂNGELA.*

ANGELITA — variante de Ângela.
Veja *ÂNGELA.*

ÂNGELO — *grego*: **Ággelos** (anjo) daí para o italiano Ângelo (anjo ou mensageiro).
Veja *ÂNGELA.*

ANGERICO — nome formado pela fusão de **Ângela+Eurico.**
Veja este dois nomes respectivamente.

ANGÍCIA — *latim*: deusa dos encantamentos entre os marsos. Angícia é, às vezes, confundida com sua irmã Medéia.

ANÍBAL — de origem *púnica*, significa: graça de Baal, dádiva de Baal.

ANICETO — *grego*, significa: invencível.
Santo Aniceto, festejado a 17 de abril.

ANÍCIA — forma variante de Ana.
Veja *ANA.*

ANINHA — diminutivo de Ana.
Veja *ANA.*

ANÍSIA — é santa da Igreja Católica.
Santa Anísia, festejada a 30 de dezembro.

ANÍSIO — *grego*, **significa**: completo, perfeito.

ANÍSIS — foi antigo rei do Egito.

ANITA — diminutivo de Ana.
Veja *ANA.*

ANITO — retórico ateniense, inimigo de Sócrates.

ANQUISES — príncipe troiano. Palavra de origem mitológica.

ANSALDO — forma deturpada de Osvaldo.
Veja *OSVALDO.*

ANSELMO — *teutônico*: **Anshelm** (elmo divino): A quem os deuses servem de elmo.
Santo Anselmo, festejado a 21 de abril.

ANTÃO — variante de Antônio. Vem do latim arcaico.
Veja *ANTÔNIO.*

ANTÊMIO — grego: **Anthos** (flor). Tem, portanto, o significado de: flor.

ANTENOR — *grego*, significa: lutador que toma o lugar do outro, aquele que substitui o outro.

ANTERO — *grego*, significa: cheio de flores, florido.

ANTEU — gigante mitológico, filho de Netuno e da Terra.

ANTICIRO — famoso médico que curou Hércules de certa moléstia nervosa. Da mitologia.

ANTICLÉA (ANTICLÉIA) — esposa de Laerte e mãe de Ulisses. Da mitologia.

ANTÔNIA — *latim*: **Antonia** (inestimável). A jóia inestimável da bondade encerrada em nossos corações. Forma feminina de Antônio.
DIM.: *ANTONIETA, TONHA, TONICA, TOTONHA, NICA.*

ANTONIETA — diminutivo de Antônia.
Veja *ANTÔNIA.*

ANTONINO — *latim*: ligado a Antônio.
Santo Antonino, festejado a 10 de maio.

ANTÔNIO — *latim*: **Antonius** (inestimável, o que não tem preço).

DIM.: *TONHO, TONICO, TONHOSINHO, TOTONHO, TOTOCA, TONI, TINOCO.*
VAR.: *ANTÃO.*
Santo Antônio de Lisboa ou Santo Antônio de Pádua, festejado a 13 de junho.
Santo Antônio Maria Zacarias, fundador da Ordem dos Barnabitas; festejado a 5 de julho.

ANTUNES — sobrenome comum no Brasil e Portugal, significa: da família de Antônio.

ANUNCIAÇÃO — sobrenome de origem religiosa, liga-se à Anunciação que o Arcanjo Gabriel fez à Virgem Maria. Celebrada a 25 de março.

APARECIDA — nome muito freqüente no Brasil. É o nome de uma cidade do Estado de São Paulo onde apareceu a imagem milagrosa de Nossa Senhora Aparecida, hoje padroeira do Brasil.
VAR.: *APARECIDO.*
Celebrada a 12 de outubro.

APARECIDO — variante de Aparecida, Nossa Senhora Aparecida, padroeira do Brasil.

APARÍCIO — *latim*, cujo significado é: aparição. Antigamente, no Brasil, os meninos nascidos no dia de Reis, 6 de janeiro, recebiam esse nome em grande maioria.

APELES — célebre pintor grego. Muito severo para com sua própria pessoa e tolerante com julgamento do juízo alheio.

APOLINÁRIO — *latim*, cujo significado é: consagrado a Apolo. Apolo é o deus da procriação, na mitologia grecoromana.
Santo Apolinário, festejado a 8 de janeiro.

APOLINO — é santo da Igreja Católica.
Santo Apolino, festejado a 5 de setembro.

APOLO — Deus da procriação. É pouco usado como nome de homem.

APOLÔNIA — *grego*, significa: consagrada a Apolo.
Veja *APOLO.*
Santa Apolônia, festejada a 9 de fevereiro. É a santa padroeira dos dentistas.

APOLÔNIO — Uma só divindade. É santo da Igreja Católica.
Santo Apolônio, festejado a 18 de abril.

APRÍGIO — *latim*, significa: caçador de javali.

ÁQUILA — *latim*: **Aquila** (águia). É santa da Igreja Católica.
Santa Áquila, festejada a 23 de janeiro.

AQUILES — *grego*, significa: lobo terrível. Homem de lábios curtos e grossos.
Aquiles é personagem célebre na literatura grega, nas obras de Homero.

AQUILINA — *latim*: **Aquila** (águia). É santa da Igreja Católica.
Santa Aquilina, festejada a 13 de junho.

AQUILINO — *latim*: **Aquila** (águia). Há mais de um santo de igual nome.
Veja *ÁQUILA* e *AQUILINA* respectivamente.

AQUINO — nome de uma cidade na Itália, de onde era natural Santo Tomás de Aquino.
Passou a ser usado como nome de homem após a canonização de Santo Tomás.

ARABELA — *latim*: **Ara-bella** (altar formoso).

ARABI — bela índia amazonense que, segundo a lenda, chorou muito o seu bem-amado Caubi. Suas muitas lágrimas se transformaram em vitória-régia, linda planta da região amazônica.

ARACI — *tupi*: **Aracy** (mãe do dia, a aurora).

ARACNÉ — *grego*, cujo significado é: aranha. Da mitologia.

ARAMIS — nome de homem, criado na literatura francesa por Alexandre Dumas no seu livro *Os Três Mosqueteiros*.

ARANHA — alcunha que mais tarde passou a ser sobrenome, como em Oswaldo Aranha, Pedro Aranha.

ARÃO — veja Aarão no início deste livro.

ARATI — denominação da antiga tribo matogrossense, da qual descendem os atuais parecis.

ARATO — poeta e astrônomo da Sicília.

ARAÚJO — topônimo em Portugal, depois usado como sobrenome muito freqüente no Brasil.

ARDUÍNO — *teutônico*, significa: homem forte e audaz.

ARETUSA — nome de uma ninfa. Da mitologia.

ARGEMIRO — *teutônico*, significa: combatente ilustre; guerreiro ilustre.

ARGENTINA — de prata. Natural da Argentina.

ARGENTINO — deus das moedas de prata entre os romanos, filho de Esculano. Natural da Argentina.

ARGENS — santa mártir da Igreja. Desenvolveu suas atividades religiosas na Etiópia, tornando-se mártir.
Santa Argens, festejada a 12 de junho.

ARGEU — *grego*, cujo significado é: fraco.

ARI — *hebraico*: **arih** (leão). Há muita controvérsia a respeito da origem deste nome.

ARIANA — santa da Igreja Católica. Santa Ariana, festejada a 17 de setembro.
Veja *ARIANO*.

ARIANO — relativo ao antigo povo do Industão, do qual o povo indiano, alemão, etc., se dizem descendentes.

ARIBERTO — nome de dois reis da Lombardia.

ARÍCIA — princesa ateniense. Da mitologia.

ARICINA — epíteto de Diana, tomado do culto que lhe rendiam na floresta de Arícia, local perto de Roma, onde Hipólito, reconhecido pelos favores que a deusa lhe prestara, erguera um templo, no meio do bosque sagrado, dedicado a **Diana Aricina**.

ARIEL — personalidade criada por Shakespeare. Do livro: *Tempestade*.

ARINOS — denominação de uma tribo de índios do Brasil Central e de um rio dessa região. Hoje usado como sobrenome, como: Afonso Arinos.

ARIONTE — poeta e músico da Grécia Antiga.

ARIOSTO (LUDOVICO) — famoso poeta italiano, autor de: *Orlando Furioso*.

ARIOVALDO — *germânico*: **Heri+waldan** (exército+comandar), o chefe, o comandante.
Veja *HAROLDO, VÁLTER* e *WALTER*.

ARISTARCO — *grego*, significa: ótimo chefe.

ARISTEU — *grego*, significa: ótimo, muito bom.

ARISTIDES — *grego*, significa: brilhante pela sua ascendência. Nome de um grande estadista da Grécia Antiga.

ARISTILO — astrônomo e filósofo da Grécia Antiga.

ARISTIPO — *grego*, cujo significado é: o melhor cavalo. Filósofo sensualista.

ARISTO — *grego*, cujo significado é: melhor.
São Aristo, festejado a 24 de abril.

ARISTOCLÉA (ARISTOCLÉIA) — *grego*, cujo significado é: ilustre, reputada. Sacerdotisa do Templo de Apolo. Apolo, segundo alguns autores, é irmão de Pitágoras.

ARÍSTOCLES — *grego*, cujo significado é: o melhor e mais reputado. Nome comum a vários gregos ilustres.

ARISTODEMO — *grego*, cujo significado é: o melhor do povo.

ARISTÓFANES — *grego*, cujo significado é: o que parece ser o melhor.

ARISTÓFILA — *grego*, cujo significado é: amiga das coisas nobres ou melhores.
Veja *ARISTÓFILO*.

ARISTÓFILO — *grego*, cujo significado é: amigo do melhor, do puro ou do bem escolhido.
Veja *ARISTÓFILA*.

ARISTON — *grego*, cujo significado é: o melhor. Santo da Igreja Católica. Santo Ariston, festejado a 13 de dezembro.

ARISTÓTELES — *grego*, cujo significado é: excelente confidente, ótimo conselheiro.

ARLETE — *celta*: **Airleas** (penhor) através do francês **Arlette**.

ARLINDO — *teutônico*, cujo significado é: poderoso como a águia, escudo da águia.

ARMANDINO — diminutivo de Armando que, por sua vez, vem do teutônico com o significado de: homem de armas.
Veja *ARMANDO*.

ARMANDO — *teutônico*, cujo significado é: homem do exército, homem de armas.
DIM.: *ARMANDINO*.

ARMÊNIO — natural da Armênia, usado como nome de homem. Forma feminina: Armênia.

ARMIDA — personagem apresentado por Torquato Tasso, em seu trabalho sob o título: *Os Ardis de Armida*.

ARMINA — *teutônico*: **Harimann** (guerreira).
VAR.: *ERMÍNIA*.

ARMINDO — *teutônico*: **Harimann** (homem de guerra).

ARMÍNIO — variante de Armindo.
Veja *ARMINDO*.

ARNALDO — variante de Arnoldo.
Veja *ARNOLDO*.

ARNOLDO — teutônico: **Arnwald** (forte como uma águia, águia alta).
VAR.: *ARNALDO*.

ARNOLFO — *teutônico*, cujo significado é: combatente com a coragem da águia e do lobo.
VAR.: *ARNULFO*.

ARNULFO — variante de Arnolfo.
Veja *ARNOLFO*.

AROLDO — *germânico*: **Hari+wald** (exército+comandar), o comandante, o chefe do exército.
Veja *HAROLDO*.

ARQUIAS — *grego*, cujo significado é: governo, mando.

ARQUIBALDO — *anglo-franco-alemão*: **Erchan-bold** (sagrado, nobre e ousado).

ARQUIMEDES — *grego*, cujo significado é: o grande pensador, o que pensa muito. Nome de um dos mais célebres pensadores da Humanidade, que viveu na Grécia Antiga e que, na sua época, fez descobertas notáveis.

ARSÊNIO — *grego*, cujo significado é: forte, viril.

ARSINOÉ — *grego*, cujo significado é: de forte caráter. Nome de várias princesas egípcias.

ARTEMIS — irmã de Apolo e filha de Zeus. Deusa da luz. Da mitologia.

ARTEMISA — *grego*, cujo significado é: perfeita. Nome de duas rainhas.

ARTUR — *celta*: **Arth-wr** (o nobre, o generoso).

ASCÂNIO — *grego*, cujo significado é: campo florido. Nome de uma planície na Frígia.
Ascânio, na mitologia grega, é filho de Enéias e de Creusa.

ASCENDINO — *latim*, cujo significado é: que sobe, que se eleva.

ASCENSO — *latim*, cujo significado é: aquele que subiu, que se elevou.
Usado como nome de homem.

ASDRÚBAL — de origem *púnica*, cujo significado é: o socorro de Baal, o auxiliador de Baal.

ASÉLIA — *latim*, cujo significado é: jumentinha. Santa da Igreja Católica.
Santa Asélia, festejada a 6 de dezembro.

ASER — um dos doze filhos de Jacó.

ASILEU — *latim*: deus que presidia ao refúgio que Rômulo abrira em Roma. Seu templo era sagrado e inviolável, do qual não se podia tirar nenhum culpado.

ASPÁSIA — *grego*, cujo significado é: a carinhosa, aquela que recebe com ternura.

ASSUERO — foi rei da Pérsia.

ASSUNÇÃO — nome de mulher, por influência da Assunção de Maria, em homenagem à subida ao céu da Mãe de Deus, Nossa Senhora.
Assunção de Nossa Senhora a 15 de agosto.

ASSUNTA — *latim*, cujo significado é: subida, elevada.

ASTÉRIA — *grego*, cujo significado é: brilhante como um astro.
Santa Astéria, festejada a 10 de agosto.

ASTÉRIO — *grego*, cujo significado é: brilhante como um astro.

ASTOLFO — *teutônico*, cujo significado é: lobo combatente, aquele que combate como lobo.

ASTRID — foi rainha dos belgas, morreu em desastre.

ASTROGILDO — *teutônico*, cujo significado é: brilhante e digno de sacrifício.

ÁTALA — *grego*, cujo significado é: ternura.

ATALÉA (ATALÉIA) — *atalea speciosa* é o nome científico da palmeira babaçu.

ATÁLIA — foi uma formosa rainha de Judá, filha de Achab e Jezabel.

ATALIBA — forma simplificada do nome Atabaliba, último rei dos incas, também conhecido por Atahualpa.

ATANÁSIA — *grego*, cujo significado é: imortal.

Santa Atanásia, festejada a 14 de agosto.
Veja *ATANÁSIO*.

ATANÁSIO — *grego*, cujo significado é: aquele que não morre, o imortal.

ATAULFO — *teutônico*, cujo significado é: nobre como o lobo; pai do lobo.

ATENEU — célebre escritor grego, autor de: *Banquete dos Sofistas*.

ATIBAIA — *tupi*, cujo significado é: ave sadia. Nome de uma cidade de São Paulo.

ÁTILA — *gótico*: **Atta** (pai, pequeno pai). A etimologia desta palavra é incerta.

ATÍLIO — *latim*, nome de família romana: Atilius.

ATOR — uma das pessoas da Trindade Egípcia.

ATOS — nome de um monte da Europa e nome de homem criado por Alexandre Dumas no seu romance *Os Três Mosqueteiros*.

ATOTES — filho de Menés, fundador da dinastia egípcia.

ATREU — *grego*, cujo significado é: que nada teme. Da mitologia grega.

AUGUSTA — *latim*, cujo significado é: nobre, glorificada.
Santa Augusta, festejada a 27 de março.
Veja *AUGUSTINHO, AUGUSTO*.

AUGUSTINHO — *latim*, cujo significado é: glorificado, nobre. Grande doutor de Igreja. Há ainda outro santo de igual nome na Igreja Católica. É também chamado de Santo Agostinho.
Veja *AUGUSTA*.

AUGUSTO — *latim*: **Augustus** (dignidade majestática; sagrado, sublime). Augusto César, primeiro imperador romano (63 a. C/14 d. C.)

AULESTE — da mitologia latina: rei dos Etruscos, irmão de Ocno e fundador de Perúsia, cidade da Itália peninsular.

AURA — *latim*: **Aura** (sopro leve, perfume). Ambiente espiritual que envolve cada indivíduo, conforme seu modo de pensar, segundo os ocultistas.

ÁUREA — *latim*: **Aurea** (feita ou coberta de ouro).
VAR.: *ÁUREO*.

AURÉLIA — *latim*: **Aurelia** (dourada ou filha do ouro). Deusa romana da madrugada. O ouro foi o símbolo de refinamento e pureza.
VAR.: *AURÉLIO*.

AURELIANO — *latim*, cujo significado é: filho do ouro.
Veja *AURÉLIA, AURÉLIO*.

AURÉLIO — variante de Aurélia.
Veja *AURÉLIA*.
Dim.: *AURELIANO*.

ÁUREO — variante de Áurea.
Veja ÁUREA.

AURORA — *latim*: **Aurora** (o romper do dia, a aurora). A rósea madrugada que anuncia cada novo dia.

AUSPÍCIO — *latim*, cujo significado é: que pronuncia bem.
Santo Auspício, festejado a 8 de julho.

AUSTIN — variante de Agostinho que, por sua vez, vem do latim **Augustinus** (que pertence a Augusto).

AUSTREGÉSILO — *germânico*: **Austr+gisal** (brilhante+refém) refém brilhante.

AUXILIADORA — uma das invocações da Virgem Maria, usado como nome de mulher, Maria Auxiliadora. O culto de Maria Auxiliadora é celebrado a 24 de maio.

AVARÉ — *tupi*, cujo significado é: homem amigo.

AVELAR — nome de várias povoações de Portugal. Usado no Brasil como sobrenome.

AVELINO — de origem latina, é nome de uma cidade italiana. Usado no Brasil como nome de homem.

AVENTINO — da mitologia latina: filho de Hércules e de Réia. Levou socorro a Enéias que lutava contra Turno. É uma das sete Colinas de Roma.

ÁVILA — nome de uma cidade da Espanha onde viveu Santa Teresa de Jesus. É sobrenome de várias famílias brasileiras.

AYRTON — grafia correta em francês.
Veja *AIRTON*.

AZAIR — *hebraico*, cujo significado é: rico.

AZALÉIA, AZÁLEA — *grego*: **Azálea** (seca). Azálea, flor que nasce da terra seca.

AZAMBUJA — nome de uma vila em Portugal. É sobrenome de muitas famílias brasileiras.

AZARIAS — *hebraico*, cujo significado é: aquele que o Senhor ajudou.

AZEREDO — do nome português de uma mata de azereiros: um azeredo.

AZEVEDO — deriva de **azevo**, nome português de árvore, de onde proveio o **azevinho.**

AZULÉA (AZULÉIA) — tipo de planta da jardinicultura.

Teu nome é a mais linda conta do meu íntimo rosário.

Hermes Fontes

BALTASAR

B

BABETTE — diminutivo de Isabel. Veja este nome.

BACELAR — *português*, sobrenome de origem portuguesa, cujo significado é: lugar onde se plantam bacelos.

BAEPENDI — *tupi*: Que coisa queres? Que queres?

BAGÉ — *tupi*, cujo significado é: sozinho, solitário.

BALBINA — fem. de Balbino.
Veja *BALBINO*.

BALBINO — diminutivo de Balbo que, por sua vez, vem do latim **balbus** (aquele que gagueja, balbuciador).
Veja *BALBO*.

BALBO — *latim*: **Balbus** (falador incompreensível, aquele que balbucia).
DIM.: *BALBINO*.

BÁLDER — *escandinavo* ou da mitologia escandinava. Bálder era filho de Odino e Frígia.

BALDOVINO — forma variante de Balduíno.
Veja *BALDUÍNO.*

BALDUÍNA — forma feminina de Balduíno.
Veja *BALDUÍNO.*

BALDUÍNO — *teutônico*: **Baldwin** (amigo ousado e protetor).

BALSAMINA — planta herbácea conhecida também como *balsaminho.*

BALTASAR — há autores que admitem a sua origem do assírio, cujo significado é: amigo do rei, o que protege o rei.
São Baltasar, um dos Três Reis Magos. É festejado no Dia de Reis, a 6 de janeiro.

BAMBI — *italiano*: **Bambino** (menino). Uma linda expressão do maior milagre de Deus.

BAMBUÍ — *tupi*, cujo significado é: rio dos bambus.

BANANAL — *tupi*, cujo significado é: muito corrente e sinuoso.

BARAC — foi general hebreu.

BÁRBARA — *greco-latino*: **Barbara** (estrangeira).

BARCELOS — *latim*, cujo significado é: barca pequena. Sobrenome de famílias brasileiras e nome de uma localidade em Portugal.

BARIRI — *tupi*, cujo significado é: água agitada, água corredeira.

BARNABÉ — *hebraico*: **Barnabas** (filho da exaltação, filho da consolação). São Barnabé, o grande pregador, foi um dos principais companheiros de São Paulo, e é festejado a 11 de junho.

BARRETO — *português*, sobrenome usado no Brasil e que deriva do nome de várias localidades de Portugal.

BARROSO — *português*, nome de uma povoação em Portugal. Sobrenome muito freqüente no Brasil.

BARSABÉ — santo da Igreja Católica.
São Barsabé, festejado a 11 de dezembro.

BARSINA — Viúva de Momnon. Da mitologia.

BARTIRA — *tupi*, cujo significado é: flor.

BARTOLOMEU — *hebraico*: **Bar-Talmai** (filho dos sulcos).
São Bartolomeu é festejado a 24 de agosto.

BASILEU — *grego*: **Basileus** (Rei).

BASILIANO — *grego*, cujo significado é: cheio de realeza.
São Basiliano, festejado a 18 de dezembro.

BASILIDES — santo da Igreja Católica.
São Basilides, festejado a 28 de junho.

BASILINA — *grego*, cujo significado é: soberana.

BASÍLIO — *greco-latino*: **Basileolus** (magnificente). Tem a mesma origem que Basileu.
São Basílio, festejado a 14 de junho.

BASINA — mulher de Childerico, rei dos Francos. Mãe de Clóvis.
Veja *BASINO.*

BASINO — santo da Igreja Católica.
Santo Basino, festejado a 4 de março.

BASTOS — *português*, nome de um lugar habitado por muita gente da família **Basto**, daí o seu uso como sobrenome.

BATILDE — *anglo-saxônico*, cujo significado é: boa filha.

BATISTA — *grego*: **Baptista** (batizador, aquele que batiza).
São João Batista, festejado a 24 de junho.
OBS.: Era o apelido de São João, filho de Santa Isabel e de São Zacarias. João Batista é um dos nomes mais freqüentes no Brasil. É um dos santos de maior devoção no Brasil.

BATISTINA — forma feminina de Batista.
Veja *BATISTA*.

BATISTINO — derivado de Batista.
Veja *BATISTA*.

BAUCIS — esposa de Filêmon, ambos célebres por sua hospitalidade. Foram, segundo a lenda, metamorfoseádos em árvores. Da mitologia.

BAUR — *germânico*, cujo significado é: lavrador.
Veja *JORGE*.

BAURU — *tupi*, cujo significado é: cesto de frutas.

BEATRIZ — *latim*: **Beatrix** (aquela que faz os outros felizes).

BEBIANO — nome masculino de **Viviana**, uma fada das lendas européias antigas.
VAR.: *BIBIANO*.

BEGÔNIA — planta que tem aplicação na jardinicultura e na terapêutica.

BELÁ — diminutivo de Isabel. Veja este nome.

BELA — *latim*: **Bella** (linda). É também diminutivo de Isabela, Isabel.
Veja *BELO*.

BELAMI — *gálico*: **Bel-amy** (belo amigo). Há também a grafia francesa **bellamy**.

BELCANTINA — forma feminina de Belcanto. Veja este nome.

BELCANTINO — derivado de Belcanto. Veja este nome.

BELCANTO — belo canto, isto é, o canto como arte.

BELCHIOR — corruptela de **Melchior**.
Veja *MELCHIOR*.

BELENO — *escandinavo*, cujo significado é: Sol ou Apolo. Da mitologia nórdica.

BELESIS — padre e político caldeu da Antigüidade.

BÉLGIO — foi um conquistador gaulês.

BELINA — santa da Igreja Católica.
Santa Belina, festejada a 8 de setembro.

BELINDA — antigo *espanhol*: **Bella linda** (bela linda).
VAR.: *BELA*.

BELINO — nome de homem, diminutivo de **Belo**.
São Belino, festejado a 26 de novembro.

BELISA — anagrama do nome Isabel.
Veja este nome.

BELISÁRIO — *grego*, cujo significado é: arremessador de dardos, guerreiro.

BELLE — diminutivo de Isabel. Veja este nome.

BELMIRA — *espanhol*, cujo significado é: que tem bela visão. Há autores que afirmam ser Belmira a forma feminina de Belmiro, de origem teutônica.
Veja *BELMIRO*.

BELMIRO — *teutônico*, cujo significado é: afamado, ilustre.

BELO — *latim*: **Bellus** (lindo, bonito).
Usado como nome masculino.

BELONA — mitologia latina: Irmã, esposa, filha ou ama do deus Marte.

BELTRÃO — *anglo-saxão*: **Beorhthram** (negro e brilhante, o corvo brilhante). O corvo era o símbolo da sabedoria.

BEN — *hebraico*: **Ben** (filho). Forma, também, o diminutivo de Benjamin e de Benedito. O seu correspondente árabe é **Ibni** (filho).

BENEDITA — forma feminina de Benedito.
Veja *BENEDITO*.

BENEDITO — *latim*: **Benedictus** (o abençoado, louvado).
DIM.: *BEN, BENITO, BENÉ*.

BENEVENUTO — *italiano*, cujo significado é: bem-vindo, daí o nome Bem-vindo português.

BENEVIDES — nome de origem espanhola da povoação Benevides ou Benavides. É usado como nome e como sobrenome.

BENÉVOLA — *latim*, cujo significado é: a que deseja bem a outrem. Forma feminina de Benévolo.

BENÉVOLO — *latim*, cujo significado é: o que deseja bem a outrem.
Veja *BENÉVOLA*.

BENÍCIA — *latim*, cujo significado é: muito bondoso.
Veja *BENÍCIO*.

BENÍCIO — *latim*, cujo significado é: o que vai bem.

BENIGNA — *latim*: **Benigna** (bondosa, gentil, graciosa).
Veja *BENIGNO*.

BENIGNO — forma masculina de Benigna (gentil, gracioso).
Veja *BENIGNA*.

BENILDA — santa da Igreja Católica.
Santa Benilda, festejada a 15 de junho.

BENITO — forma diminutiva em espanhol de Benedito.
Veja *BENEDITO*.

BENJAMIN ou **BENJAMIM** — *hebraico*: **Binyamin** (filho da mão direita, filho da felicidade). O Benjamim bíblico foi o filho mais jovem de Jacó que cumpriu o desejo do pai.
DIM.: *BEN, BENNIE*.

BENO — padroeiro da Baviera e santo da Igreja Católica.
São Beno, festejado a 16 de junho.

BENONI — *hebraico*: **Benoni** (filho de minhas tristezas). Filho mais jovem de Jacó, na Bíblia, foi chamado Benoni por Raquel, que morreu de parto e, daí, o seu novo nome Benjamim dado por seu pai.

BENTA — *latim*, cujo significado é: abençoada.
Veja *BENTO*.

BENTES — variante de Bento, ligado a Bento, filho de Bento.

BENTO — tem a mesma origem que Benedito (abençoado, louvado).
OBS.: São Bento, foi o fundador da Ordem dos Beneditinos, festejado a 21 de março.

BENVINDA — significação literal. Santa da Igreja Católica.
Santa Benvinda, festejada a 29 de outubro.

BENVINDO — tradução direta de Benevenuto.
Veja *BENEVENUTO*.

BERALDO — *teutônico*, cujo significado é: o domador de urso, o que doma urso.

BERARDO — santo da Ordem de São Francisco.
São Berardo, festejado a 16 de janeiro.

BERENICE — *grego*: **Berenike** (portadora da vitória).
Veja *VERÔNICA*.
VAR.: *VERÔNICA*.

BERILO — *grego*: **Beryllos** (a jóia verde do mar).
OBS.: O berilo foi um emblema da boa fortuna.

BERNADETE — *francês*: **Bernardette**. Forma feminina e diminutiva de Bernardo.
Veja *BERNARDO*.
Santa Bernadete, festejada a 19 de fevereiro.
OBS.: Nome de uma virgem francesa, Bernadette Soubirius, que teve visões da Virgem Maria, na gruta de Lurdes. A grafia francesa é com dois *tt*.
VAR.: *BERNARDINA*.

BERNARDES — sobrenome que significa: filho de Bernardo ou da família de Bernardo.

BERNARDINA ou **BERNADINA** — variante de Bernadete que, por sua vez, vem do francês Bernadette (**Bernadette**).
Veja *BERNADETE*.

BERNARDINO — diminutivo de Bernardo.
São Bernardino, festejado a 20 de maio.
Veja *BERNARDO*.

BERNARDO — *teutônico*: **Berin-hard** (bravo como um urso, forte como um urso, um soldado corajoso).
São Bernardo, festejado a 20 de agosto.
OBS.: No famoso Convento do Monte São Bernardo, nas montanhas geladas entre a França e Itália os monges dedicavam-se a salvar os viajantes. Para isso adestravam cães. Os famosos cães de São Bernardo.

BERTA — *teutônico*: **Perahta** (brilhante, glorioso).
Santa Berta, festejada a 4 de julho.
OBS.: Berta era a deusa da fertilidade para os antigos germanos.

BERTINA — variante de Berta. Veja este nome.

BERTINO — *teutônico*, cujo significado é: belo.
São Bertino, festejado a 5 de setembro.

BERTO — forma masculina de Berta que, por sua vez, vem do teutônico **Perahta**.
Veja *BERTA*.

BERTOLDO — *teutônico*: **Berchtwald** (governador brilhante ou ilustre).

BESS — diminutivo de Isabel. Veja este nome.

BESSIE — forma diminutiva inglesa de Isabel. Veja este nome.

BETH — no alfabeto aramaico dava a idéia de casa. Segundo os eruditos, os assírios adotaram este alfabeto daquele povo, sendo que os gregos adotaram-no com o mesmo significado. Muitos pensam que Beth é forma diminutiva do inglês Elza*beth*.

BETINA — diminutivo de Isabel. Veja este nome.

BETSABÉ — foi a mãe de Salomão.

BEVILÁQUA — sobrenome de origem italiana cujo significado é: aquele que bebe água.

BIANOR — *grego*, cujo significado é: o que é violento, homem violento.

BIAS — um dos sete sábios da Grécia. Grande legislador, célebre pelo seu desprendimento aos bens materiais e pelo respeito à lei.

BIBIANA — variante de Viviana, nome criado na literatura antiga, nome de uma fada, nas novelas da Távola Redonda.

Santa Bibiana, festejada a 2 de dezembro.

BIRIGÜI — *tupi*, cujo significado é: mosquito.

BIRILO — santo da Igreja Católica.
São Birilo, festejado a 21 de março.

BIRINO — santo da Igreja Católica.
São Birino, festejado a 3 de dezembro.

BISPO — do *grego*, **epi+scopéo** (aquele que supervisiona, supervisor), através do latim: **episcopus** (o bispo).

BLANCARDO — santo da Igreja Católica.
São Blancardo, festejado a 10 de março.

BLANDA — *latim*, cujo significado é: agradável, carinhosa.
Santa Blanda, festejada a 10 de maio.

BLANDÍCIA — palavra de significação literal.

BLANDINA — *latim*, cujo significado é: afável, carinhosa. Forma feminina de Blandino.
Santa Blandina, festejada a 2 de junho.
Veja *BLANDINO*.

BLANDINO — *latim*, cujo significado é: afável, carinhoso.
São Blandino, festejado a 1.º de maio.
Veja *BLANDINA*.

BLITILDE — rainha dos gauleses, morta com seu marido Childerico e um filho, na revolta de 673.

BLUMENAU — *teutônico*, cujo significado é: campina florida.
OBS.: Blumenau é o sobrenome do fundador dessa cidade em Santa Catarina. O Dr. Hermann Bruno Oto Blumenau.

BOANERGES — nome dado por Jesus aos filhos de Zebedeu: Tiago e João. O significado de Boanerges é: filho do trovão.

BOAVENTURA — *italiano*, cujo significado é: boa sorte.
São Boaventura, festejado a 14 de julho.
OBS.: São Boaventura chamava-se João. Curado milagrosamente por São Francisco de Assis, mudou o nome.

BOCAINA — sobrenome, cujo significado é: depressão numa serra.

BOCAIÚVA — *tupi*, cujo significado é: palmeira.

BOLÍVAR — antigo *espanhol*, cujo significado é: moinho da ribeira.
OBS.: Nome de herói sul-americano, libertador de várias nações do Novo Mundo do domínio espanhol.

BONAFIDE — *latim*, cujo significado é: boa fé.

BONIFÁCIA — *latim*, cujo significado é: bom semblante. Forma feminina de Bonifácio.
Veja *BONIFÁCIO*.

BONIFÁCIO — *latim*: **Bonifacius** (aquele que faz o bem).
São Bonifácio, festejado a 5 de junho.

BONINA — pequena planta de flores mimosas.

BORBA — sobrenome de famílias brasileiras. Deriva de um nome português dado a uma vila de Portugal.

BÓRIS — *eslavo*: **Boris** (batalhador). Um forte guerreiro, que persegue os tiranos.

BORROMEU — *italiano*, cujo significado é: bom romeiro.
OBS.: Este nome era muito aplicado aos meninos de nome Carlos, por causa de São Carlos Borromeu.

BOTELHO — sobrenome que deriva de uma antiga medida usada em Portugal.

BOTUCATU — *tupi*, cujos significado é: bons ares, bom clima ou bom vento.

BRAGA — sobrenome muito difundido no Brasil. Deriva da cidade portuguesa de Braga, Bracara no domínio romano.

BRAGANÇA — sobrenome de famílias brasileiras, inclusive da família imperial: Orleans e Bragança. A cidade portuguesa de Bragança teve seu nome derivado do *celta*: **monte**.

BRAMANTE — nome de grande artista e arquiteto italiano, autor do projeto da Basílica de São Pedro, em Roma (Itália).

BRANCA — palavra de significação literal. Nome de muitas princesas da Europa. Dão a esta palavra a origem celta.

BRANCO — *germânico*: **Blank** (luminoso, brilhante).

BRANDÃO — nome e sobrenome de homem. Deriva de um santo irlandês, Santo Brendanu, que viveu no século V. A palavra **Brendanus** significa **combatente.**

BRÁS — primitivamente era **Blas**, derivado de Basílio: **real**. São Brás é o padroeiro dos que sofrem da garganta. **São Brás,** festejado a 3 de fevereiro.

BRASILEIRA — *português*, cujo significado é: filha do Brasil. Veja *BRASILIANA*.

BRASÍLIA — que diz respeito ao Brasil.

BRASILIANA — *português*, cujo significado é: filha do Brasil. Veja *BRASILEIRA*.

BRASILIANO — *português*, cujo significado é: filho do Brasil. Veja *BRASILEIRA* e *BRASILIANA*.

BRASILIENSE — *português*, cujo significado é: natural do Brasil. Veja *BRASILIANO*.

BRASILINA — *português*, cujo significado é: que diz respeito ao Brasil. Veja *BRASILIANO*.

BRASILINO — derivado de Brasil; do Brasil ou natural do Brasil.

BRENO — *gaulês*, cujo significado é: dirigente, cabeça, chefe.

BRÍCIO — antigo espanhol, cujo significado é: berço.

BRÍGIDA — nome de uma santa irlandesa do século VI. Mais conhecida é a santa sueca com o mesmo nome. Suas festas são respectivamente a 1.º de fevereiro e 23 de julho.

BRÍGIDO — *céltico*, cujo significado é: guia, patente.

BRISEIDA — filha de Briseu. Serviu de tema a Homero, na criação da: *Ilíada*.

BRITÂNIA — uma das várias denominações dadas à Inglaterra.

BRITES — *anglo-saxão*, cujo significado é: sensata.

BRITO — sobrenome de origem portuguesa.

BROQUEL — pequeno escudo que serve para proteger.

BRUMMEL — nome de um janota inglês apelidado "Rei da Moda". Diz-se de quem se veste com esmero.

BRUNA — *teutônico*, cujo significado é: escuro, pardo.
Veja *BRUNO*.

BRUNEILDA — princesa dos visigodos. Casou-se em 565 com Segiberto, rei de Metz.

BRUNO — nome comum de homem que deriva do adjetivo **bruno**, cujo significado é: escuro.
São Bruno, festejado a 6 de outubro.

BRUNULDA — *teutônico*, cujo significado é: a que combate protegida por uma couraça.

BULHÕES — sobrenome de famílias brasileiras, deriva da cidade belga de **Bouillon.** Fidalgos da família Bouillon ajudaram a conquistar Lisboa aos mouros.

BURGOS — sobrenome de famílias brasileiras. Nome de uma cidade da Espanha.

BURITI — significa: árvore da vida, na linguagem dos indígenas da América.

BURTON — *anglo-saxão*: **Burhton** (habitante da cidade fortificada).

Fácil é conservar o bom nome;
mas, uma vez perdido, é difícil
recuperá-lo.

Plutarco

CÍCERO

C

CABUÇU — *tupi*, cujo significado é: vespa grande.

CAÇAPAVA — *tupi*, cujo significado é: travessia do mato.

CÁCERES — *latim*: **Castris** (acampamento militar). Nome de uma cidade de Mato Grosso.

CACILDA — *germânico*: **Gail+hilt** (lança+combate) lança de combate. Há autores que dão origem desconhecida.
Veja *CASSILDA*.
Santa Cacilda, festejada a 9 de abril.

CADMO — príncipe fenício, filho de Agenor, irmão de Europa. Supõe-se que ele levou a arte da escrita da Fenícia para a Grécia. Da mitologia.

CAETANO — *italiano*: **Gaetanum** (natural de Gaeta).
São Caetano, festejado a 7 de agosto.

CAETÉ — *tupi*, cujo significado é: mata verdadeira.

CAETETÉ — *tupi*, cujo significado é: mata verdadeira, mata muito densa.

CAIM — *hebraico*: **Cain** (adquirido, possuído). Foi o primeiro filho de Adão e Eva e que, por inveja, matou Abel. É difícil encontrar pessoas com o nome de **Caim.**

CAIO — *latim*: **Gaius** (feliz, contente, alegre).
Veja *HILÁRIO* e *ALÍPIO*.
São Caio, papa, festejado a 22 de abril.

CAIRU — *tupi*, cujo significado é: árvore de folha escura.

CAIUÁ — *tupi*, cujo significado é: morador do mato.

CAIUBI — *tupi*, cujo significado é: folhas azuis.

CAJURU — *tupi*, cujo significado é: boca do mato, entrada do mato.

CALDAS — *latim*, cujo significado é: águas termais.

CALDEIRA — sobrenome de origem portuguesa. Foi dado a um combatente português que tomou uma grande *caldeira* aos espanhóis na batalha de Aljubarrota.

CALEB — foi mandado por Josué a Canaã, a fim de reconhecê-la. Ele e Josué entraram na Terra da Promissão. Do Velho Testamento.

CALEDÔNIA — Nome antigo da Escócia.

CALIMÉRIO — santo da Igreja Católica.
São Calimério, festejado a 10 de julho.

CALINA — *grego*, cujo significado é: espirituosa. Forma feminina de Calino.

CALINO — *grego*, cujo significado é: espirituoso.
Veja *CALINA*.
OBS.: Este vocábulo teve sentido desvirtuado na nossa língua. *Calinada* hoje quer dizer *disparate*.

CALÍOPE — musa da eloqüência e da poesia heróica.
Santa Calíope, festejada a 8 de junho.

CALIPO — foi um grande astrônomo grego.

CALISTENE — *grego*, cujo significado é: beleza e força.
Santa Calistene, festejada a 4 de outubro.
Veja *CALÍSTENES*.

CALÍSTENES — filósofo e historiador grego.
Veja *CALISTENE*.

CALISTO — *grego*, cujo significado é: homem muito belo.
São Calisto, festejado a 18 de outubro.
OBS.: É também nome feminino, de uma ninfa amada por Júpiter.

CALISTRATO — *grego*, cujo significado é: que comanda.
São Calistrato, festejado a 20 de setembro.

CALIXTO — *grego*: **Kalistos** (belíssimo).

CALÓGERAS — sobrenome de origem grega, cujo significado é: o que tem uma boa velhice.

CALÓGERO — *grego*: **Kols+gheron** (belo+velho), belo velho.

CALVINO — antigo *latim*: **Calvino** (o calvo).
OBS.: João Calvino foi o introdutor da Reforma religiosa na França, onde se criou a seita dos calvinistas.

CAMAEL — um dos anjos principais, conforme a tradição cristã da Antigüidade.

CÂMARA — sobrenome de famílias brasileiras. Deriva de honraria concedida a antepassados: homem da câmara del rei.

CAMARGO — sobrenome, presumivelmente de origem espanhola.

CAMBISES — príncipe persa, foi o pai de Ciro, o Grande.

CAMBUCI — *tupi*, cujo significado é: vaso de água.

CAMBUQUIRA — *tupi*, cujo significado é: planta brotada.

CAMERINO — santo da Igreja Católica.
São Camerino, festejado a 21 de agosto.

CAMILA — *latim*: **Camilla** (jovem criada, atendente de cerimonial).
Veja *CAMILO*.
OBS.: Na mitologia latina, Camila foi a filha de Métabo, rei dos volscos e de Casmila. Foi criada nos bosques e alimentada com leite de égua.

CAMILO — *latim*: **Camilla** (jovem atendente de cerimonial). Há muitos autores que admitem que Camilo venha do fenício **Camila**, porque era uma linda criada pagã que servia nas cerimônias pagãs antigas.
OBS.: Na mitologia latina, Camilo era o deus subalterno, servidor dos grandes deuses nos mistérios da Samotrácia e pai de três Cabiros. Corresponde a Mercúrio entre os etruscos, filho de Vulcano e Cabira.

CAMOCIM — *tupi*, cujo significado é: vaso de água. Tem a mesma origem que **Cambuci.**

CAMPESINA — *latim*, cujo significado é: que vive no campo ou na zona rural.
Veja *CAMPESINO*.

CAMPESINO — *latim*, cujo significado é: que vive no campo ou na zona rural.
Veja *CAMPESINA*.

CANABARRO — antigo *português*: canabarro (vasilha de beber vinho). Sobrenome de famílias brasileiras.

CANDELÁRIA — nome derivado de **candeia** e, geralmente, usado conjuntamente com o nome de Maria, como: Maria Candelária.
Nossa Senhora da Candelária ou Nossa Senhora das Candeias, festejada a 2 de fevereiro.

CÂNDIDA — forma feminina de Cândido.
Veja *CÂNDIDO*.

CÂNDIDO — *latim*: **Candidus** (puro, inocente).
Veja *CÂNDIDA*.

CÂNDOLE — foi o rei da Lídia.

CANINDÉ — nome de uma arara de belas penas azuis-escuras.

CANTIDIANA — santa da Igreja Católica.
Santa Cantidiana, festejada a 5 de agosto.

CANTÍDIO — santo da Igreja Católica.
São Cantídio, festejado a 5 de agosto.

CANTILENA — música ou cantiga simples.

CANTO — sobrenome de famílias brasileiras. Deriva do inglês **Kent**, e este por sua vez vem do galês **Cant** (brilhante, branco).

CANUTO — *escandinavo*: **Knut-r** (nó).
São Canuto, festejado a 19 de janeiro.

CÃO — *anglo-saxão*, cujo significado é: branco, de cabelos brancos.

CAPANEMA — *tupi*, cujo significado é: mato que não presta, mato sem caça.

CAPITOLINA — palavra que vem de **capitólio**. Vênus que tinha um altar no Monte Capitólio.

CAPITOLINO — *latim*, cujo significado é: glorioso, do Capitólio.

CAPIVARI — *tupi*, cujo significado é: rio das capivaras.

CARAÇA —*português* antigo, com significação aumentativa ou cara grande. Aquele que tinha uma cara grande era um **caraça**.

CARAGUATATUBA —*tupi*, cujo significado é: mato de gravatás.

CARAMURU — *tupi*, cujo significado é: homem do fogo.

CARANO — príncipe grego. Fundou o reino da Macedônia em 796 a. C.

CARDIM — sobrenome de famílias brasileiras, derivado de uma localidade de Portugal.

CARDOSO — terreno abundante em cardos.

CARIBERTO — príncipe francês do século VI.

CARIJÓ — *tupi*, cujo significado é: descendente de branco.

CARINHANHA — *tupi*, cujo significado é: rio que corre rápido.

CARIOCA — *tupi*, cujo significado é: casa de branco.

CARIRI — *tupi*, cujo significado é: pacífico, taciturno.

CARITINA — *grego*, cujo significado é: caridade, graça.
Santa Caritina, festejada a 5 de outubro.

CARLA — forma feminina de Carlos.
Veja *CARLOS*.

CARLOS — *teutônico*: **Karl** (fazendeiro). Um lavrador de terra que a transformou num jardim próprio para reis.
DIM.: *CARLINHO, CARLITO, CARLITOS.*

CARLOTA — *francês*: **Charlotte.**
DIM.: *LOLITA.*

CARMELA — *hebraico*: **Karmel** (jardim, jardim de Deus). Jardim divino.
Veja *CARMELO.*
DIM.: *CARMELITA, CARMELINA, MELINA.*

CARMELINA — forma diminutiva de Carmela.
Veja *CARMELA.*

CARMELITA — diminutivo de Carmela.
Veja *CARMELA.*

CARMELO — *hebraico*: **Karmel** (jardim ou vinha de Deus). É famoso o Monte Carmelo na Bíblia.
Veja *CARMELA.*

CÁRMEN — *latim*: **Carmen** (poema).
DIM.: *CARMINA, CARMITA, CARMENCITA, CARMINDA.*

CARMENCITA — diminutivo de Cármen.
Veja *CÁRMEN.*

CARMENTA — profetisa da Arcádia, antes chamada Nicóstrata ou Têmis. Deram-lhe o nome de Carmenta porque proferia seus oráculos em verso (**carmen**).

CARMINA — diminutivo de Cármen.
Veja *CÁRMEN.*

CARMINDA — diminutivo de Cármen.
Veja *CÁRMEN.*

CARMITA — diminutivo de Cármen.
Veja *CÁRMEN.*

CARMO — *hebraico*: **Karmel** (vinha de Deus, jardim de Deus). O mesmo que Carmelo.
Nossa Senhora do Carmo, festejada a 16 de julho.

CARNEIRO — primitivamente era alcunha, que mais tarde passou a ser sobrenome.

CAROL — forma inglesa derivada de Carlos.

CAROLINA — forma feminina de Carolino.
Veja *CAROLINO.*

CAROLINO — diminutivo de Carlos. Forma masculina de Carolina.

CARVALHO — sobrenome de origem botânica.

CASIMIRO — *eslavo*: **Kazati-miru** (comanda-paz).
São Casimiro, festejado a 4 de março.

CASINA — santa de Igreja Católica.
Santa Casina, festejada a 7 de novembro.

CASSANDRA —*grego*: **Kassadra** (auxiliar do homem).

CASSIANO — *latim*, cujo significado é: muito eqüitativo. Santo padroeiro dos intelectuais. Há dois santos com esse nome.

CASSILDA — *teutônico*, cujo significado é: a que combate com a lança.

CÁSSIO — *latim*, cujo significado é: pobre.

CASTÁLIA — *castalia pudica*, planta da família das ninfáceas. Suas flores brancas se abrem à noite e se fecham com o calor do Sol.

CASTILHO —*espanhol*: **Castillo** (castelo, castelo fortificado).

CASTO — *latim*, cujo significado é: honesto, puro.
São Casto, festejado a 22 de maio.

CASTOR — Castor foi irmão de Pólux. Ambos eram invocados nas tempestades como deuses marinhos. Da mitologia.

CASTORIA — santa da Igreja Católica.
Santa Castoria, festejada a 8 de novembro.
Veja *CASTOR, CASTORINA.*

CASTORINA — forma feminina de Castor. Veja este nome.

CASTORINHO — diminutivo de Castor, nome de um animal.

CATANDUVA — *tupi*, cujo significado é: mato ralo.

CATÃO — *latim*, cujo significado é: circunspecto. M. Pórcio Catão, cognominado o Censor, célebre pelas suas virtudes. Há vários romanos de igual sobrenome.

CATARINA — *grego*: **Kátharos** (puro).
Santa Catarina, festejada a 13 de fevereiro.
DIM.: *CATE.*
VAR.: *CATERINA.*

CATERINA — variante de Catarina.
Veja *CATARINA.*

CATULO — *latim*, cujo significado é: astuto, sagaz.

CATUMBI — *tupi*, cujo significado é: o mato verde.

CAVALCÂNTI — sobrenome muito comum no Brasil, especialmente no Nordeste. Deriva de um fidalgo italiano que veio para o Brasil e foi o tronco da imensa família Cavalcânti de Albuquerque em Pernambuco.

CAXAMBU — nome de origem *africana*, cujo significado é: tambor ou uma espécie de tambor.

CAXANGÁ — *tupi*, cujo significado é: mato estendido.

CECI — nome de mulher. Do famoso romance *O Guarani*, de José de Alencar.

CECÍLIA — *latim*: **Caecilia** (de cego). O fundador da família era um cego.
Santa Cecília, festejada a 22 de novembro.

CECILIANO — santo da Igreja Católica.
São Ceciliano, festejado a 16 de abril.

CECÍLIO — santo da Igreja católica. São cecício, festejado a 3 de junho.

CÉCROPS — foi o fundador de Atenas.

CELESTE — *latim*: **Caelestis** (do céu). VAR.: *CELESTINO* **(habitante do céu).**

CELESTINO — variante de Celeste. Veja *CELESTE*.

CÉLIA — anagrama do nome Alice, que por sua vez, vem do *grego*: **Alethia** (a verdadeira).

CÉLICA — forma feminina de Célico. Veja este nome.

CÉLICO — *latim*, cujo significado é: próprio ou natural do céu.
Veja *CÉLICA*.

CELINA — *latim*, cujo significado é: filha do céu, que por sua vez é diminutivo de Célia.
Veja *CÉLIA*, *CÉLIO*.

CELINE — dama da Tessalônica. Foi convertida em diamante por haver sustentado que Júpiter era mortal. Da mitologia.

CELÍNIA — *latim*, cujo significado é: filha do céu, que por sua vez é variante de Célia.
Veja *CÉLIA*, *CÉLIO*, *CELINA*.

CELINO — *latim*, cujo significado é: filho do céu, que por sua vez é diminutivo de Célio.
Veja *CÉLICA*, *CÉLICO*, *CELINA*, *CELÍNIA*, *CÉLIO*.

CÉLIO — nome de uma das 7 colinas de Roma, doada ao chefe etrusco Celes, como recompensa por ter ajudado os romanos.

CELSO — *latim*, cujo significado é: **alto, elevado.**
São Celso, festejado a 27 de julho.

CERES — nome latino da **Deméter** grega, deusa do trigo, das messes e dos cereais.

CERQUEIRA — sobrenome de famílias brasileiras. Originado do nome de uma localidade de Portugal.

CÉSAR — *latim*: **Caesar** (de cabeleira longa). Consagrado pelo uso como imperador.
OBS.: Diz a lenda que a palavra vem de **caesa** (cortada) porque Júlio César nasceu mediante operação **cesariana**, daí esse nome.

CESARINA — santa da Igreja Católica. Este nome é derivado de César.
Santa Cesarina, festejada a 12 de janeiro.

CESARINO — relativo a César, de César.
Veja *CÉSAR*.

CESÁRIO — o mesmo que Cesarino, isto é, de César, relativo a César.

CESIRA — forma derivada de César. Veja este nome.

CHAGAS — sobrenome de origem religiosa, evocação das **sagradas** chagas de Cristo.

CHAPECÓ — *tupi*, cujo significado é: caminho trilhado freqüentemente, caminho aberto.

CHAVES — sobrenome de famílias brasileiras, derivado de uma cidade de Portugal.

CHILON (Quilon) — foi um dos sábios da Grécia. Morreu num transporte de alegria nos braços de seu filho, porque este saiu vitorioso nos jogos olímpicos.

CHIONE (Quione) — foi filha de Dalião. Mãe de Filêmon. Da mitologia.

CHIÔNIA (Quiônia) — santa da Igreja Católica.
Santa Chiônia, festejada a 3 de abril.

CHIUCI (Kiuxi) — nas línguas indígenas significa a Mãe do Pranto, a Mater Dolorosa dos amerígenas.

CIBELE — chamada "A Grande Mãe dos Deuses". Cibele é a grande deusa da Frígia, e seu culto, da Ásia Menor, espalhou-se pela Grécia e chegou a Roma. É filha de Titéia (a Terra) e de Celo (o Céu), mulher de Urano e mãe de Saturno.

CÍCERO — *latim*: **Cicero** (grão-de-bico).
OBS.: Diz a lenda que um antepassado do grande tribuno romano Marco Túlio Cícero recebeu tal nome por apresentar no nariz uma verruga semelhante a um grão-de-bico.

CID — *árabe*: **Seid** (senhor). É o nome do herói espanhol Ruy Dias de Bivar, imortalizado por Corneille e outros escritores famosos.

CIDENEY — deturpação gráfica de Sidney. Veja este nome.

CILEA — variante feminina de Alice que, por sua vez, vem do grego **Alethia** (a verdadeira). Cilea é formada pelo anagrama do nome Alice.

CILVANDRO — deturpação gráfica de Silvandro. Veja este nome.

CIMYRAMES — deturpação gráfica de Semíramis. Veja este nome.

CINCINATO — *latim*, cujo significado é: o que tem cabelo encaracolado ou cacheado. Cincinato, célebre romano que foi chamado de sua lavoura para governar e salvar Roma de seus invasores. Derrotou-os e voltou para junto de seu arado.

CINDERELA — *francês*: **Cendrillon** (garota do borralho).

CINEGIRO — foi um valente general ateniense.

CÍNTIA — *latim*: **Cynthia**. (É um dos nomes da deusa Diana ou Artêmis.)

CÍNXIA — deusa que presidia as núpcias entre os romanos, isto é, Juno. Cínxia vem do *latim* **cingere** (cingir).

CIPRIANO — *latim*: **Cyprius** (natural de Chipre, cipriota).
São Cipriano, festejado a 16 de setembro.

CIRANO — *grego*: **Kyrene** (de Cirene). Cirene era a cidade capital da Cirenaica no antigo norte da África.

CIRCE — nome de mulher, de uma célebre entidade mitológica que aparece na *Odisséia* de Homero. Circe prendeu Ulisses com seus encantos.

CIRENA — santa da Igreja Católica.
Santa Cirena, festejada a 1.º de novembro.

CIRENE — *grego*: **Kyrene** (de Cirene). Nome de uma ninfa raptada por Apolo e levada para o Monte Cira, na África, onde, mais tarde, surgiu a cidade de Cirene.

CIRENEU — natural de Cirene. Simão, que nasceu em Cirene, e morava em Jerusalém, ajudou Cristo a carregar a Cruz na sua caminhada para o Calvário.

CIRÍACO — *grego*, cujo significado é: homem do Senhor.

CIRILO — *grego*: **Kyrillos** (de plena autoridade).
São Cirilo, festejado a 28 de janeiro.

CIRINO — *latim*: **Quirinus**.
VAR.: *QUIRINO*.

CIRO — antigo *persa*: **Kurush** (o Sol). Assim chamado por ser o deus do Sol.

CISNEIROS — sobrenome de famílias brasileiras. Os primeiros Cisneiros tinham um **cisne** no seu brasão de armas.

CLARA — *latim*: **Clara** (brilhante, ilustre). Santa Clara, que viveu no tempo de São Francisco de Assis e foi fundadora da Ordem das Clarissas.
Santa Clara, festejada a 12 de agosto.
DIM.: *CLARINDA, CLARITA, CLARETA*.

CLARÊNCIO — *latim*, cujo significado é: ilustrado.
São Clarêncio, festejado a 26 de abril.

CLARIBEL — personagem do Touro Azul do livro: *No Reino das Maravilhas*, de Gondim da Fonseca.

CLARETA — diminutivo de Clara.
Veja *CLARA*.

CLARINDA — diminutivo de Clara.
Veja *CLARA*.

CLARINDO — forma masculina de Clarinda.
Veja *CLARINDA*.

CLARISSE — tirado da denominação das Religiosas da Ordem de Santa Clara ou Clarissas.

CLARITA — diminutivo de Clara.
Veja *CLARA*.

CLÁUDIA — *latim*: **Claudius** (o coxo). Forma feminina de Cláudio.
Veja *CLÁUDIO*.

CLAUDIANO — variante de Cláudio.
Veja *CLÁUDIO*.

CLAUDINO — variante de Cláudio.
Veja *CLÁUDIO*.

CLÁUDIO — *latim*: **Claudius** (o coxo).
OBS.: O chefe ou fundador da família apresentava esse defeito físico.
VAR.: *CLAUDIANO, CLAUDINO, CLAUDIONOR*.
São Cláudio, festejado a 7 de junho.

CLAUDIONOR — aquele que honra Cláudio.
Veja *CLÁUDIO*.

CLÁUSIO — epíteto de Jano, porque as portas do seu templo permaneciam fechadas durante a paz. Este nome vem do *latim* **Claudere** (fechar).

CLEANTO — *grego*, cujo significado é: a flor da glória.

CLÉLIA — *latim*: **Cloelia**, era uma viagem romana cuja aventura foi relatada por Tito Lívio.

CLEMÊNCIA — *latim*: **Clementia** (clemência), divindade alegórica romana.

CLEMÊNCIO — forma derivada de Clemente. Veja este nome.
Veja *CLEMÊNCIA, CLEMENTE*.

CLEMENTE — *latim*: **Clemenis** (gentil, bondoso).
São Clemente, festejado a 7 de junho.
DIM.: *CLEMENTINO*.

CLEMENTINO — diminutivo de **Clemente**.
Veja *CLEMENTE*.

CLEO — *grego*: **Cleo** (glória, fama).
Veja *CLEÓPATRA*.

CLEOMEDES — sábio grego, autor de um tratado de Astronomia, intitulado *Cicliqué Theoria ou Metéoron*. Sua tese colocava o Sol no centro do Universo.

CLEONICE — *grego*, cujo significado é: vitória gloriosa, gloriosa na vitória.

CLEÔNIDES — *grego*, cujo significado é: feição que denuncia glória. Santa Cleônides, festejada a 28 de maio.

CLEONTE — General e político ateniense.

CLEÓPATRA — *grego*: **Cleopatra** (ilustre por seu pai, glória de seu pai).

CLETO — *grego*, cujo significado é: chamado, eleito.
São Cleto, festejado a 26 de abril.

CLÍMACO — *grego*, cujo significado é: escada. São João Clímaco escreveu uma obra ascética, em 30 capítulos, na qual cada um era um degrau da **escada de perfeição** para atingir o céu.

CLIMÊNIA — *grego*: **Klymene** (renovada).

CLIMÉRIO — santo da Igreja Católica.
São Climério, festejado a 31 de julho.

CLIO — nome de uma das nove musas: a musa da História.

CLÍSTENES — político ateniense, filho de Megacles. Atribui-se-lhe a criação do Ostracismo na antiga Grécia.

CLITO — *grego*, cujo significado é: ilustre. Amigo devotado de Alexandre, o Grande. Este, num banquete, perturbado pelo vinho, assassinou-o.

CLODOALDO — *teutônico*, cujo significado é: chefe ilustre, grande chefe.

CLODOMIRO — *teutônico*, cujo significado é: famoso, de grande fama.

CLODOVEU — Variante de Clodovico que, por sua vez, vem do *teutônico*: **Chlodowig** (guerreiro famoso).
Veja *CLÓVIS* e *CLODOVICO*.

CLODOVICO — *teutônico*: **Chlodowig** (guerreiro famoso).
VAR.: *CLODOVEU*.

CLORINDA — *grego*: **Chloris**, deusa grega das flores.
OBS.: Clorinda é nome de mulher, criado por Torquato Tasso no seu poema *Jerusalém Libertada*.

CLOTÁRIO — forma derivada de Lotário. Veja este nome.

CLOTILDE — *teutônico*: **Chlodhilde** (afamada no combate). A mulher que lutou ao lado de seu bem-amado.
Santa Clotilde, festejada a 3 de junho.

CLÓVIS — *teutônico*: **Chlodowig** (guerreiro famoso).
Veja *CLODOVEU*, *CLODOVICO*.

COARACI — *tupi*: **Co-ara-cy** (a mãe do dia, isto é, o Sol).
Veja *GUARACI*.

COBRA — sobrenome de famílias brasileiras; primitivamente era alcunha.

COELHO — sobrenome de famílias brasileiras; primitivamente era alcunha.

COLAS — diminutivo de Nicolão. Veja este nome.

COLATINA — *latim*: **Collatinus**, habitante da Colácia.

COLATINO — *latim*, cujo significado é: que vive de coleta.

COLIN — diminutivo de Nicolão. Veja este nome.

COLINOT — diminutivo de Nicolão. Veja este nome.

COLLET — diminutivo de Nicolão. Veja este nome.

COLOMBA — *latim*: **Columbus** (pombo, pomba).
Veja *COLOMBO*.

COLOMBINA — *latim*, cujo significado é: pomba.
Veja *COLOMBA* e *COLOMBO*.

COLOMBO — *latim*: **Columbus** (pombo, pomba). Cristóvão Colombo descobridor do continente americano.
Veja *COLOMBA* e *COLOMBINA*, respectivamente.

CONCEIÇÃO — *latim*: **Conceptio** (concepção). Nome usado no Brasil em honra a Nossa Senhora da Conceição. Nossa Senhora da Conceição, festejada a 8 de dezembro.

CONCETTA — forma italiana da Imaculada Conceição.

CONCHITA — forma espanhola da Imaculada Conceição.

CONCÓRDIA — *latim*: **Concordia** (harmonia). Concórdia era a deusa romana que representava a paz depois da guerra. Na mitologia latina era a deusa protetora da vida moral e social em Roma.

CONFÚCIO — *chinês*: **Kung-fu-tsé**, foi filósofo e moralista chinês. Um dos grandes gênios da Humanidade.

CONRADO — *teutônico*: **Kuonraet** (conselheiro prudente).

CONSOLAÇÃO — *latim*: **Consolatio**. Nome tirado de uma das invocações de Nossa Senhora da Consolação.
Nossa Senhora da Consolação, festejada a 28 de agosto.

CONSTANÇA — variante de Constância que, por sua vez, vem do *latim*: **Constantia** (firmeza).
VAR.: *CONSTANCE*.
Veja *CONSTÂNCIA*.

CONSTANCE — variante de Constância.
Veja *CONSTANÇA*, *CONSTÂNCIA*.

CONSTÂNCIA — *latim*: **Constantia** (constância, firmeza).
Veja *CONSTANÇA*, *CONSTANCE*.

CONSTÂNCIO — *latim*, cujo significado é: de firme caráter. Nome de imperador, santo e general.

CONSTANTE — variante de Constância.
Veja *CONSTÂNCIA*.

CONSTANTINO — *latim*: **Constantinus** (firme, constante).
Veja *CONSTANTE*, *CONSTÂNCIA*, *CONSTANCE*, *CONSTANÇA*.

CONSUELO — *espanhol*: **Consuelo** (consolo). Apesar de terminar em o, é nome feminino.

COPÉRNICO — célebre astrônomo, nascido em Torne em 1473.

COPERTINO — nome de homem, derivado da cidade italiana Copertino, de onde era natural São José de Copertino. Alguns escrevem Cupertino.

CORA — *grego*: **Kore** (a criada, a virgem). Nome da deusa Prosérpina, na mitologia grega.

CORÁLIA — *grego*, cujo significado é: virgem dos mares.

CORDEIRO — sobrenome de famílias brasileiras; primitivamente era alcunha.

CORDÉLIA — nome de mulher, criado por Shakespeare no seu drama *O Rei Lear*. Talvez o tenha tirado do *latim*: **Corde** (do coração).

CORDOVIL — sobrenome, oriundo da cidade de Córdova.

CORINA — variante de Cora.
Veja *CORA*.

CORINTA — santa da Igreja Católica.

Santa Corinta, festejada a 8 de fevereiro.
Veja *CORINTO.*

CORINTO — santo da Igreja Católica.
São Corinto, festejado a 2 de outubro.
Veja *CORINTA.*

CORIOLANO — *latim*: **Coriolanu** (de Coriolos). Coriolano é homenagem ao cônsul romano Caio Márcio que, no ano 493 a. C., tomou a cidade de Coriolos e acrescentou ao seu nome o de **Coriolanus**.

CORISA — variante de Corissa que, por sua vez, vem do *grego*: **Corissa** (a criada donzela).
Veja *CORISSA, CORÍSIA.*

CORÍSIA — variante de Corissa.
Veja *CORISSA.*

CORISSA — *grego*: **Corissa** (a criada donzela).
Veja *CORISA, CORÍSIA.*

CORNÉLIA — virtuosa dama romana. Conta-se que certa dama da Campânia, depois de lhe ter mostrado as suas jóias, pediu para que ela também lhe mostrasse as suas. Cornélia mandou chamar seus filhos e, ao apresentar-lhes, disse-lhe: "São estas as minhas jóias, aqui tendes os meus ornatos."

CORNÉLIO — *latim*: **Cornelius.** De **cornu** (corno, chifre) para significar **duro** como chifre.

CORTES, CORTÊS — sobrenome, que vem de **homem da corte**.

COSME — *grego*: **Kosmos** (mundo, harmonia, universo). É variante de Cosmo.
São Cosme, festejado a 27 de setembro, juntamente com São Damião.
OBS.: Ambos foram médicos e sofreram o martírio pela fé.

COSMO — *grego*: **Kosmos** (mundo, universo).
VAR.: *COSME.*

COSTA — sobrenome de famílias brasileiras. Do *latim*: **Costa** (flanco, lado).

COUTO — sobrenome de origem portuguesa. Muito usado por famílias brasileiras.

CRASSO — *latim*: **Crassus** (gordo, grande).

CRATINO — foi poeta comediógrafo da Grécia.

CRECÊNCIA — antigo *francês*: **Creissant** (criar, aumentar).

CREMILDA — *teutônico*, cujo significado é: a que combate com capacete.

CRESCÊNCIA — Forma feminina de Crescêncio.
Veja *CRESCÊNCIO.*

CRESCÊNCIO — *latim*, cujo significado é: crescente, que cresce.
Veja *CRESCÊNCIA.*

CRESO — último rei da Grécia, célebre pelas suas riquezas.

CREUSA — *grego*, cujo significado é: rainha, princesa.
OBS.: A pronúncia certa é Creúsa e não Crêusa, como geralmente se ouve.

CRISANTO — *grego*, cujo significado é: flor de ouro, flor amarela.

CRISIPO — foi filósofo e moralista grego.

CRISÓGONO — *grego*: cujo significado é: gerado do ouro, raiz de ouro.

CRISÓSTOMO — *grego*, cujo significado é: boca de ouro. São João Crisóstomo era assim chamado porque falava bem e com muita eloqüência.

CRISPIM — *latim*: **Crispus** (de cabelo encrespado).

São Crispim, festejado a 25 de outubro, juntamente com São Crispiniano.

CRISPINA — *latim*: **Crispina** (crespo).
Veja *CRISPIM*.

CRISPINIANO — relativo a Crispim.
São Crispiniano, festejado a 25 de outubro, juntamente com São Crispim.

CRISTIANA — *grego*, cujo significado é: ungida do Senhor.

CRISTIANO — derivado de Cristo. Seguidor dos ensinamentos de Cristo.
Veja *CRISTO*.

CRISTINA — derivado de Cristo.
Veja *CRISTO*.
Santa Cristina, festejada a 24 de julho.
DIM.: *TINA*.

CRISTINO — *grego*, cujo significado é: ungido do Senhor.
São Cristino, festejado a 12 de novembro.
Veja CRISTIANA.

CRISTO — *grego*: **Christós** (o ungido). Cristo, Sacerdote e Rei, **ungido** com o óleo sagrado.

CRISTÓVÃO, CRISTOVAM — *grego*: **Christophoros** (o portador de Cristo). São Cristóvão é o padroeiro dos motoristas.

CUIABÁ — *tupi*, cujo significado é: o farinheiro, o homem que faz farinha.

CUPERTINO — variante de Copertino que, por sua vez, vem do nome de uma cidade italiana.
Veja *COPERTINO*.

CÚRCIO — nome de uma região pantanosa em Roma que se chamava Lago Cúrcio.

CURITIBA — *tupi*, cujo significado é: pinheiral, muitos pinheiros.

CURVELO — vem do nome açoriano Antônio José da Silva Curvelo, que em 1700 fundou a cidade desse nome, em Minas Gerais.

CUSTÓDIO — *latim*, cujo significado é: o que guarda, o anjo custódio.

Cuidai de ter bom nome, porque este será mais duradouro que mil tesouros preciosos e grandes.

Ecles., 40-15

DALILA

D

DÁCIA — *grego*: **Dakoi** (da Dácia). Dácia era um país do leste da Europa.

DACIANO — grande filósofo e insigne poeta lusitano do tempo do Imperador Vespasiano.

DÁCIO — santo da Igreja Católica. São Dácio, festejado a 14 de janeiro.

DAFNÉ — *grego*: **Daphne** (louro, loureiro). Foi amada por Apolo durante o desterro deste na Terra. A mitologia conta ainda a história de outra Dafné. Veja *LAURO*.

DAGMAR — *teutônico*: **Dagomar** (glória do dia, dia glorioso), ou ainda do *teutônico*: **Dank-mar** (pensador famoso). Nome feminino, mas no Brasil muitos meninos recebem este nome.

DAGOBERTO — *teutônico*, cujo significado é: brilhante como o dia.

DAISY — *anglo-saxão*: **Daeges-eage** (olho-do-dia). Uma miniatura simbólica do sol.

DALBERT — *anglo-saxão*: **Dealbeorht** (orgulhoso, brilhante).
Veja *ADALBERTO, ALBERTO*.

DÁLIA — antigo *norueguês*: **Dal-r** (do vale).

DALILA — *hebraico*: **Delilah** (mulher fraca, dócil). Dalila foi a traidora de Sansão.

DALMÁCIA — forma feminina de Dalmácio.
Veja *DALMÁCIO*.

DALMÁCIO — aquele que é originário da Dalmácia.
Veja *DALMÁCIA*.

DALMIRO — variante de Delmiro que, por sua vez, vem de Adelmiro e este de origem teutônica, cujo significado é: nobre ilustre.
Veja *DELMIRO*.

DALVA — nome que provém de "estrela d'alva" (estrela matutina), do amanhecer.

DALZIZA — deturpação gráfica de Adalgisa.
Veja *ADALGISA*.

DAMARINA — *hebraico*, cujo significado é: mulher pequena.

DAMASCENO — *grego*, cujo significado é: natural de Damasco.
São João Damasceno, natural de Damasco, viveu no século VIII.

DAMÁSIO — *grego*, cujo significado é: domar, dominar.
Veja *DAMASO*.
DAMASO — variante de Damásio.
Veja *DAMÁSIO*.

DAMIANA — *grego*, cujo significado é: popular.
Veja *DAMIANO*.

DAMIANO — *grego*, cujo significado é: popular.
Veja *DAMIANA*.

DAMIÃO — *latim*: **Damione**. Nome de homem.
São Damião, inseparável de São Cosme, é festejado juntamente com este, a 27 de setembro.

DAMON — filósofo grego, célebre pela amizade que dedicava a seu colega Pítias. A mitologia greco-romana descreve de modo admirável a solicitude, sacrifício e dedicação de Pítias por Damon.
Veja *PÍTIAS*.

DAN — *hebraico*, cujo significado é: juiz. É também forma diminutiva de *Dan*iel.

DANIEL — *hebraico*: **Danivel** (Deus é meu juiz). Deus é o juiz da conduta humana. Daniel, profeta hebreu.

DANIELA — Forma feminina de Daniel.
Veja *DANIEL*.

DANILO — variante de Daniel. Veja este nome.

DANTE — *latim*, que é a contração de Durante, do verbo durar, cujo significado é: permanente, durável, duradouro.
Nome de genial poeta italiano.

DÃO — nome de um rio em Portugal. Não existe na Igreja um pretenso **São Dão** ou **São Dou-um** ou ainda **São Dôum**, corruptela de **São Dão**, que seria companheiro de Cosme e Damião. Trata-se de uma crendice do baixo espiritismo ou da macumba muito divulgados no Rio de Janeiro.

DARCI — antigo *francês*: **D'Arcy** (da fortaleza) ou do *gaélico-irlandês*: **Dorchaidhe** (homem pardo). Apesar de ser nome de homem é comum no Brasil, aparecer como nome feminino.
VAR.: *DARCY* (grafia francesa).

DARCY — grafia francesa. Em português deve-se escrever: Darci.
Veja *DARCI*.

DARIA — santa mártir da Igreja Católica.
Santa Daria, festejada a 25 de outubro.
Veja *DARIO*.

DARIO, DÁRIO — *grego*: **Dareious** (o rico, o poderoso). Uso original em homenagem a Dario, o Grande, um antigo rei da Pérsia.

DARLENE — antigo *franco-saxão*: **Darel-ene** (a queridinha).

DATIVA — *latim*, cujo significado é: que é dada.
Santa Dativa, festejada a 6 de dezembro.
Veja *DATIVO*.

DATIVO — *latim*, cujo significado é: que é dado.
São Dativo, festejado a 11 de fevereiro.
Veja *DATIVA*.

DAVI — *hebraico*: **David** (o amado). Personagem bíblico. Sua forma gráfica portuguesa é Davi, sem **d** final e sem acento agudo no **i**. A forma David é antiquada.

DAVINA — santa da Igreja Católica.
Santa Davina, festejada a 23 de agosto.
Veja *DAVINO*.

DAVINO — santo da Igreja Católica.
São Davino, festejado a 3 de junho.
Veja *DAVINA*

DAVIS — *anglo-saxão*: **David-sone** (filho de Davi).
Veja *DAVI*.

DÉBORA — *hebraico*: **Deborah** (a abelha).

DÉCIO — *latim*: **Decem** (dez). Era o nome dado ao **décimo** filho.

DÉDALO — *grego*: **Daidallos** (trabalhar engenhosamente), o inventor, o engenheiro.

DÉIA (DÉA) — *latim*, cujo significado é: deusa.

DEJANIRA — *grego*, cujo significado é: a que vence os heróis. Há pessoas que escrevem Djanira (forma errada) por influência do nome **Djalma.**
OBS.: Há autores que acham que Dejanira significa: a que queima o marido.

DELANO — antigo *francês*: **De la Nove** (do local das nogueiras). Franklin Delano Roosevelt, 32.º Presidente dos Estados Unidos.

DELFIM — *latim*, cujo significado é: golfinho.
VAR.: *DELFINO*.
Veja *DELFINO*.

DELFINA — Feminino de Delfino.
Veja *DELFINO*.

DELFINO — variante de Delfim.
Veja *DELFIM*.

DELGADO — sobrenome de famílias brasileiras; primitivamente era alcunha.

DÉLI — pequeno brejo junto ao qual Tália deu à luz os gêmeos Pálicos.

DÉLIA — *grego*: **Delos; Delia** (visível). Délia era o nome de Artêmis, a deusa grega da Lua que nasceu a Ilha de Delos.

DELÍCIA — *latim*: **Deliciae** (delícias).

DELMA — *espanhol*: **Delmar** (do mar).

DELMIRO — nome de homem. É uma contração de Adelmiro de origem teutônica, cujo significado é: nobre, ilustre.

DELTA — *grego*: **Delta** (a quarta letra do alfabeto grego). Significa também porta ou tenda.

DEMÉTER — deusa grega da fertilidade.
Veja *DEMÉTRIO*.

DEMÉTRIO — *grego*: **Demetrios** (que pertence a Deméter, deusa grega da fertilidade).

DEMÓCRITO — *grego*, cujo significao é: eleito do povo.

DEMÓSTENES — *grego*, cujo significado é: a força do povo.

DENI — forma variante de Dionísio.
Veja *DIONÍSIO*.

DENISE — *francês*: **Denise** (adepto de Dionísio, deus grego do vinho).

DEOCLECIANO — *grego*, cujo significado é: glória de Deus.
Veja *DEOCLÉCIO*.

DEOCLÉCIO — santo da Igreja Católica.
São Deoclécio, festejado a 11 de maio.
Veja *DEOCLECIANO*.

DEODATO — *latim*, cujo significado é: dado a Deus.
São Deodato, festejado a 19 de junho.
Veja *DEUSDEDIT*.

DEODORO — *grego*, cujo significado é: presente de Deus. Está generalizado o uso da forma **Deodoro**, mas o certo é **Diodoro**. Corresponde a Deodato e Deusdedit.
O marechal Deodoro da Fonseca, proclamou a República no Brasil a 15 de novembro de 1889.

DEOLINDO — *teutônico*, cujo significado é: aquele que gosta de atividades domésticas.

DERCÊNIO — variante de Derceno.
Veja *DERCENO*.

DERCENO — rei do Lácio ou dos aborígines.
Veja *DERCÊNIO*.

DESDÊMONA — personagem de *Otelo*, tragédia de Shakespeare. Personagem de mulher virtuosa, vítima inocente dos crimes do esposo.

DESIDÉRIO — *latim*: **Desiderium** (desejo).

DEUSDEDIT — nome de origem religiosa, proveniente do latim, cujo significado é: dado por Deus.
Veja *DEODATO, DIODORO, DEODORO, TEODORO*.

DEVÁKI — mãe de Krishna, deus da mitologia indiana.

DIACUI — Kalapalos, cujo significado é: flor do campo. Há uma novela amorosa entre Aires Câmara e a índia Diacui.

DIADEMA — coroa ou insígnia real de cingir a fronte.

DIAMANTINO — relativo a diamante.

DIANA — divindade da mitologia romana. Deusa da caça.

DIAS — este sobrenome nada tem a ver com a palavra **dia**, mas vem de Diogo, isto é, relativo a Diogo, parente de Diogo.

DICÉIA (DICÉA) — *grego*, cujo significado é: justiça.

DÍDIMO — *grego*, cujo significado é: gêmeo.

DIDO — *fenício*, cujo significado é: amor. É célebre na mitologia o amor de Dido e de Enéas. Dido é nome feminino e não masculino.

DILETA — significação literal.
Veja *DILETO*.

DILETO — significação literal.
Veja *DILETA*.

DIMAS — nome de um dos criminosos que foram crucificados com Jesus. Diz-se que ele confessou sua culpa ao Divino Mestre e este dissera: "Hoje estarás comigo no Paraíso."
São Dimas, festejado a 23 de março.

DINÁ — *hebraico*: **Dinah** (julgada). A grafia moderna é Diná e não Dinah.

DINIS (DINIZ) — variante de Dionísio. Veja este nome.

DINO — abreviação de diversos nomes terminados em: *dino*, como Galdino, etc.

DINORÁ — corruptela de Eleonora, através de Dionora.

DIOCLECIANO — *grego através do latim*: **Dios** (Deus) e **kletos** (glória), glória de Deus.

DIOCLÉCIO — *grego*, cujo significado é: glória de Júpiter.
VAR.: *DIOCLECIANO*.

DIODORO — *grego*, cujo significado é: dado por Deus, presente de Deus. Esta é a forma gráfica certa e não Deodoro, apesar deste ser mais usado. Veja *DEODORO, TEODORO, DEUSDEDIT, DEODATO*.

DIOFRONTE — matemático, natural de Alexandria. Supõe-se que haja sido o inventor da Álgebra.

DIÓGENES — *grego*, cujo significado é: gerado por Deus, de origem divina.

DIOGO — *latim*: **Didacus**. Donde Tiago e Diogo.

DIOMEDES — *grego*, cujo significado é: claro à divindade.

DIONÍSIO — *grego*: **Dionys-os** (deus do vinho). Um homem simpático, feliz como Dionísio que tomou o elixir de Baco. São Dionísio, festejado a 9 de outubro.
Veja *DENI*.

DIOSCÓRIDES — médico e botânico do primeiro século da era cristã, natural de Anazarbes (Sicília).

DIRCE — *grego*, cujo significado é: fonte. Dirce, mulher de um rei de Tebas. Foi transformada em **fonte**, perto desta cidade.

DIRCEU — variante de Dirce.
Veja *DIRCE*.

DIVA — *latim*: **Diva** (deusa).

DIVICIANO — santo da Igreja Católica.
São Diviciano, festejado a 5 de outubro.

DIVINO — qualificativo que passou a ser usado no Brasil como nome de homem.

DJALMA — *germânico*: **Hjal+mâri** (elmo+célebre), célebre pelo elmo.

DOLABELA — São Cornélio Dolabela, estadista romano, genro do grande tribuno Cícero.

DOLLY — diminutivo inglês de Dorotéia.

DOLORES — *espanhol*: **Dolores** (dores, pesares). Uma das invocações de Nossa Senhora: Nossa Senhora das Dores.

DOMÍCIA — *latim*, cujo significado é: deusa do lar.
Veja *DOMÍCIO, DOMICIANO*.

DOMICIANO — *latim*, cujo significado é: homem domado, homem manso e de gênio brando.

DOMÍCIO — *latim*: **Domus** (casa). Deus que os romanos invocavam na celebração das núpcias, a fim de que a jovem esposa permanecesse sempre na sua casa e nela vivesse em paz com o marido.

DOMINGOS — *latim*: **Dominicus** (nascido no dia de domingo).
São Domingos, o santo fundador da Ordem dos Dominicanos. É festejado a 4 de agosto.

DOMITILA — variante de Domícia e este de Domício.
Veja *DOMÍCIO*.
OBS.: Domitila de Castro foi a favorita de Pedro I, imperador do Brasil.

DONALDO — *gaélico-escocês*: **Domhnall** (o que governa tudo, governador de tudo).

DONÁRIA — *latim*: **donum** (presente, dádiva). Oferendas que se suspendiam nos templos, para agradecer aos deuses seus benefícios ou para obter novos.

DONATO — *latim*: **Donato** (dado, presenteado).

DORA — *grego*: **Doron** (presente).
Veja *DOROTÉIA, TEODORA*.
É também forma diminutiva de Teodora.

DORALICE — este nome já aparece na Idade Média no livro *Orlando Furioso*.

DORIANO — *grego*: **Dorios** (de Dória). Os dorianos foram os habitantes helênicos antigos da Grécia.

DÓRIS — *grego*: **Doris**. Nos mitos gregos Dóris foi a filha de Oceano, deus do mar.

DOROTÉIA — *grego*: **Dorothea** (dádiva de Deus). Dorotéia é anagrama também de **Teodora.**
Veja *TEODORA*.
Santa Dorotéia, festejada a 6 de fevereiro.

DOROTEO — forma masculina de Dorotéia e também anagrama de Teodoro.
Veja *DOROTÉIA*.

DOROTI (DOROTHY) — forma aportuguesada do inglês: Dorothy.
Veja *DOROTÉIA*.

DOUGLAS — *gaélico-escocês*: **Dubhglas** (da água escura ou preta).

DRACON — arquiteto e legislador grego famoso pelos rigores das leis criminais de sua autoria.

DUARTE — *inglês*: **Edward** (guardião próspero). Primeiramente era Eduarte, mais tarde passou a ser Duarte como nome e modernamente é sobrenome de famílias brasileiras.

DUÍLIO — de origem latina, nome de antiga família romana.

DULCE — *latim*: **Dulcis** (doce). O amor é mais doce do que o mel.

DULCELINA — *latim*, cujo significado é: cheia de doçura.

DULCÍDIO — variante masculina de Dulce.
Veja *DULCE*.

DULCINA — variante feminina de Dulce.
Veja *DULCE*.

DULCINÉIA (DULCINÉA) — uma das principais personagens do romance *D. Quixote*.

DULCINO — heresiarca natural de Navarra. Foi queimado vivo com sua mulher, em 1307. Seus discípulos receberam a alcunha de dulcinistas.

DUTRA — *flamengo*: **Hurtere.** De Van Hurtere, que recebeu em doação a ilha de Faial, em Portugal. Antigamente se escrevia D'Utra do fidalgo Van Hurtere.

Nenhuma tarefa é mais penosa no mundo que a de conquistar um grande nome: a vida escoa-se mal se esboça um livro.

La Bruyère

EVA

E

EACIDO — foi rei do Epiro. Seu reinado durou 19 anos.

EBE — *grego*: **Hebé** (juventude). Aparece mais na forma gráfica: Hebe.

EBRAIM — foi chefe de uma das 12 tribos de Israel.

EDA — *gótico*: **Ethei** (mãe ou avó). Segundo outros provém de *ead* (riqueza, felicidade, prosperidade).

EDAGMAR — deturpação gráfica de Dagmar. Veja este nome.

EDBERTO — *anglo-saxão*: **Ead-beorht** (próspero).

EDELMAR — *teutônico*: **Aethel-maere** (nobre, famoso).

EDELMIRA — nome de uma jovem cubana que se casou com o Conde de Covadonga, primogênito do Rei Afonso XIII, da Espanha.

EDELTRUDES — *latim*, cujo significado é: nobre fé.

Santa Edeltrudes, festejada a 23 de junho.

EDÊNICA — *hebraico*, cujo significado é: que diz respeito ao Éden. Lugar de felicidade.
Veja *EDÊNICO*.

EDÊNICO — *hebraico*, cujo significado é: que diz respeito ao Éden. Lugar de felicidade. No Éden, segundo o Gênesis, Deus colocara Adão e Eva no gozo de plena felicidade.

EDÉSIA — *latim*: **Edere** (comer). Deusa que presidia às refeições.

EDGAR — *teutônico*: **Ead-gar** (próspero lanceiro).
Veja *EDGARD, EDGARDO*.
OBS.: Deve-se evitar a grafia **Edgard.**

EDGARD — Não deve ser recomendada esta forma gráfica, mas a de Edgar.
Veja *EDGAR*.

EDGARDO — é a forma aportuguesada de Edgar.

EDIGÊNIO — fusão de Edite+Eugênio. Veja este dois nomes.

EDILBERTO — santo da Igreja Católica.
São Edilberto, festejado a 24 de fevereiro.

ÉDINA — *escocês*: **Edina** (da cidade de Edimburgo) ou do *anglo-saxão*: **Ead-wina** (amigo próspero).
OBS.: Não confundir com Edna.

ÉDIPO — *grego*: **Oidao+pous** (inchar+pés), aquele que tem os pés inchados.

ÉDISON, ÉDISSON, ÉDSON — *anglo-saxão*: **Eadward-sone** (filho de Eduardo).
DIM.: *ED, EDINHO*.

EDISSA — *hebraico*, cujo significado é: misto.

EDITE — *anglo-saxão*: **Eadgyth** (rica dádiva, rico presente).

EDMAR — nome de homem, de origem *teutônica* cujo significado é: ilustre por suas riquezas.

EDMÉIA (EDMÉA) — há autores que admitem que seja forma abreviada de Edmundo.
Veja *EDMUNDO*.

EDMO — santo da Igreja Católica.
São Edmo, festejado a 16 de novembro.

EDMUNDO — *anglo-saxão*: **Ead-mund** (próspero protetor). Um homem que prosperou ajudando a outros.

EDNA — *hebraico*: **'ednah** (rejuvenescimento). Aquele que conhecia o segredo da renovação. Edna, mulher de Enoque, na Bíblia apócrifa.

ÉDNIE — príncipe egípcio, conhecido de Fonced I.
Veja *ÉDINA*.

EDON — *hebraico*, cujo significado é: vermelho.

EDSEL — *anglo-saxão*: **Ead-sele** (o próspero da casa). Um rico benfeitor de seu povo.

EDUARDO — *anglo-saxão*: **Eadward** (próspero guardião).
Santo Eduardo, festejado a 13 de outubro.
DIM.: *ED, NED, TED, DUDU*.
VAR.: *EDVARD, EDVARDO*.

EDVALDO — *anglo-saxão*: **Ead-weal** (próspero governo).

EDVIGE — *germânico*: **Ed+vig** (bens +luta), a guerreira que possui bens, isto é, guerreira rica.
Veja *EDWIGES*.

EDWIGES — *germânico*: **Ed+vig** (bens+luta), a guerreira que possui bens, isto é, guerreira rica.
Veja *EDVIGE*.

EDWINO — foi príncipe anglo-saxônio.

EDWY — foi rei da Inglaterra, filho de Edmundo IV.

EFRAIM — *hebraico*, cujo significado é: frutífero.

EGBERT, EGBERTO — *anglo-saxão*: **Ecg-beorht** (espada luzidia, brilhante).

EGÉRIA — ninfa à qual os romanos rendiam culto solene. Era também o nome que se dava a Juno quando presidia aos partos.

EGÍDIO — *grego*, cujo significado é: protetor, aquele que protege.

EGISTO — *grego*: **Aix, aigos** (cabra), criado por cabra.

EGLANTINA — *francês*: **Églantine**, nome de uma roseira brava ou silvestre.

EGLE — *grego*: **Aiglé** (esplendor), nome de uma das três Graças.
Veja *EGLÉ*.

EGLÉ — *grego*: **Aiglé** (luz, esplendor), nome de uma das três Graças.
Veja *EGLE*.

ÉGON — *grego*: **Agon** (contenda, luta) ou **aigon** (pastor), portanto, pode ser lutador, atleta ou pastor.

ELAINE — forma antiga do francês Helene. Deve-se pronunciar: Eléne.

ELEAZAR — *hebraico*: **El'azar** (para quem Deus é um socorro).

ELENA — variante de Helena.
Veja *HELENA*.

ELEONORA — *galês*: **Elienor** (luz).
DIM.: *NELI*.

ELETRA — *grego*: **Elektra** (resplandecência) ou **eléktron** (âmbar), a resplandecente ou loira com âmbar.

ELEUSINA — denominação esta tirada de Eleusis, cidade de Ática, onde havia um majestoso templo.

ELEUTÉRIA — *grego*, cujo significado é: livre. Deusa da liberdade. Da mitologia.
Veja *ELEUTÉRIO*.

ELEUTÉRIO — *grego*, cujo significado é: o libertador.
Santo Eleutério, festejado a 6 de setembro.

ELFRIDA — *germânico*: **Elf+thryt** (elfo+trude), a Trude dos Elfos. Trude era o nome de uma Valquíria e os Elfos eram gênios ou espíritos do ar.
OBS.: Elfrida foi mulher de Eduardo, o Pacífico.

ELGA — *gótico*: **Alhs** (sagrado).
Veja *OLGA*.

ELI — *hebraico*: **Eli** (Jeová ou o Altíssimo).
VAR.: *ELY* (grafia que deve ser evitada).

ELIANA — talvez seja de origem *greco-latina*: **Hélios** (Sol), solar, isto é, de beleza resplandecente. Há autores que admitem que Eliana seja diminutivo de Isabel.
Veja *ELIANO* e também *ISABEL*.

ELIANO — talvez seja de origem *greco-latina*: **Hélios** (Sol).
São Eliano, festejado a 22 de julho.

ELIAS — *hebraico*, cujo significado é: Jeová é meu Deus, Jeová é Deus.

ELÍCIO — *latim*: **Elicius**, epíteto pelo qual Júpiter era adorado sobre o Monte Aventino.

ELIÉZER — variante de Eleazar que, por sua vez, vem de Elezar e este do hebraico **El'azar** (para quem Deus é um socorro).
Veja *ELEAZAR*.

ELIFAS — *hebraico*, cujo significado é: tesouro de Deus.

ELÍGIO — *latim*: **Eligere** (eleger, escolher), o escolhido, o eleito.

ELINOR — forma inglesa de Leonor, Eleonora. Veja estes dois nomes.

ELISA — diminutivo de Elisabete.
Veja *ELISABETE*.

ELISABETE — *hebraico*: **Elisheba** (consagrado a Deus).
DIM.: *BET, BETY, BETA, BETINA, ELSA, LISA*.
VAR.: *ELISABETH, ELISA, ISABEL, LISABETE, BELITA*.

ELISABETTA — forma *italiana* de **Elizabeth** (inglês). Corresponde ao português: Elisabete, Isabel.

ELISEU — *hebraico*: **Elisha** (Deus é a sua salvação). É o nome do palácio presidencial de Paris, França.

ELISIÁRIO — variante de Eleazar.
Veja *ELEAZAR*.

ELÍSIO — este nome vem de "Campos Elísios" na mitologia grega e corresponde ao Paraíso dos Cristãos; assim, Elísio quer dizer *divinal*.

ELISSA — primeiro nome de Dido na mitologia latina.

ELLA — diminutivo inglês de Leonor, Eleonora. Veja estes dois nomes.

ELMA — *grego*: **Elmo** (amigável). Uma mulher que tinha simpatia ou afeição pelos seus amigos.

ELMANO — anagrama do nome Manoel que, por sua vez, vem do *hebraico*: **Immanu-el** (Deus conosco).
Veja *MANUEL*.

ELMO — do *germânico*: **helm** (elmo, capacete).

ELÓI — nome de origem e significação obscura.
Santo Elói, festejado a 1.º de dezembro.

ELOÍSA — variante de Luísa que, por sua vez, vem do *teutônico*: **Hiutwig** (guerreira famosa).

ELPÍDIO — *grego*: **Elpis** (esperança ou o que tem esperança).

ELSA — *teutônico*: **Elsa** (a nobre).
Veja *ELISABETE*.

ELSE — nome de uma árvore que está sempre viva em todas as estações do ano. Os antigos tomaram-na por símbolo da independência e da virtude.

ELVINO — *germânico*: **All+win** (tudo+amigo, companheiro), companheiro em tudo.

ELVIRA — *latim*: **Albinia** (loura, branca). Uma loura entre povos de cabelos pretos.

ÉLVIS — *antigo norueguês*: **Alviss** (sapiente).

ELY — variante de Eli que, por sua vez, vem do hebraico: **Eli** (o Altíssimo).
Veja *ELI*.

ELZA — *teutônico*, cujo significado é: virgem das águas, divindade das águas e dos cisnes.

ELZEÁRIO — *hebraico*, cujo significado é: socorro de Deus.
São Elzeário, festejado a 27 de setembro.

ELZIRA — variante de Alzira.
Veja *ALZIRA*.

EMA — *teutônico*: **Imma** (aquele que é universal).

EMANUEL — *hebraico*: **Immanu-el** (Deus conosco). Deus está nos corações dos homens puros.
Veja *ELMANO, LEONAM, MANUEL*. **Elmano e Leonam são anagramas de Manoel.**

VAR.: *ELMANO, LEONAM, MANOEL.*

EMÉLIA — *grego*, cujo significado é: melodia. Santa, mãe de S. Basílico, o Grande.
Santa Emélia, festejada a 30 de maio.

EMERENCIANA — *latim*, cujo significado é: que muito merece.
Santa Emerenciana, festejada a 23 de janeiro.
Veja *EMERENCIANO.*

EMERENCIANO — *latim*, cujo significado é: que muito merece, que tem muito mérito.
Veja *EMERENCIANA.*

EMÉRITA — significação literal.
Santa Emérita, festejada a 22 de setembro.
Veja *EMÉRITO.*

EMÉRITO — significação literal. Veja o nome acima.

ÉMERSON — *teutônico*: **Amalric** (governador industrioso).

ÉMI (EMMY) — diminutivo alemão de Ermelinda. Veja este nome.

EMÍDIO — *latim*: **Aemygdius** ou talvez **aemi+dios** (semi+deus), semideus.
Santo Emídio, festejado a 22 de março. Foi bispo e mártir da Igreja.

EMIL — *gótico*: **Amal** (industrioso).
VAR.: *EMÍLIO.*

EMÍLIA — variante de Amália que, por sua vez, vem do gótico **Amala** (aquela que é trabalhadora e ativa).
Veja *AMÁLIA.*

EMILIANA — relativo a Emílio, da família de Emílio.
Veja *EMILIANO.*
Santa Emiliana, festejada a 24 de dezembro.

EMILIANO — forma masculina de Emiliana.
Veja *EMILIANA.*

EMÍLIO — variante de Emil.
Veja *EMIL.*

EMPÉDOCLES — *grego*: **Empedos+kléos** (constante+glória), de glória permanente. Médico naturalista e filósofo. Nasceu no ano 444 a. C.

ENARÉ — nome de origem indígena. Divindade dos parecis, antigos iratis.

ENCARNAÇÃO — *latim*: **Incarnatio** (encarnação).

ENÉIAS — *grego*, cujo significado é: o glorioso, o terrível. Enéias era príncipe troiano, filho de Anquises e de Vênus.

ENGRÁCIA — nome de uma santa, virgem e mártir, que viveu no século IV d. C.

ÊNIO — Poeta latino, nascido na Calábria no ano 240 a. C. Há autores que admitem que Ênio seja de origem *hebraica* de Ana.

ENO, ENOS — inovação pejorativa e irada dos índios **chinook**, do rio Colúmbia, para o seu espírito criador e deus maléfico, o Coiote.

ENOQUE — *hebraico*: **Khanok** (delicado, consagrado). Enoque, o patriarca bíblico, foi o pai de Matusalém.

ENZO — *alemão*: **Heinz** (abreviação de Heinrich).
Veja *ENRIQUE, HENRIQUE.*

EOLO — *grego*: **Aiólos** (que move-se com facilidade), nome do deus dos ventos, na mitologia grega.

EPAMINONDAS — *grego*, cujo significado é: o que está acima do melhor, o ótimo, o melhor.

EPI — *tupi*: **Epy** (fundamento, princípio).

EPÍCARIS — *grego*, cujo significado é: muito graciosa.
Santa Epícaris, festejada a 27 de setembro.

EPICARMO — poeta e filósofo pitagórico, natural da ilha de Cós.

EPICURO — *grego*, cujo significado é: caritativo. Filósofo, preceituava o prazer como o supremo bem; todavia, para ele o prazer estava no gozo do espírito.

EPÍDIO — da mitologia latina, foi precipitado nas águas do Sarno, rio da Lucânia, reaparecendo com chifres; foi adorado como deus.

EPIFÂNIA — *grego*: **Epi+phainomai** (no alto+apareço), que significa: revelação, manifestação.
Veja *EPIFÂNIO*.

EPIFÂNIO — forma masculina de Epifânia.
Santo Epifânio, festejado a 12 de maio.
Veja *EPIFÂNIA*.

EPÍGONE — *grego*, cujo significado é: nascido depois.

EPIMÊNIDES — *cretense*, célebre pela sua piedade.

EPION — foi esposa de Esculápio. Da mitologia.

EPITÁCIO — *grego*, cujo significado é: o que comanda, chefe imperioso.

EPÍTETO — *grego*, cujo significado é: grande possuidor. Filósofo estóico, natural da Frígia. A Igreja venera dois santos de igual nome.

EPONINA — mulher do gaulês Júlio Sabino. Suicidou-se depois da morte do marido.

ERASMO — *grego*: **Erasmios** (amável, digno de amor). Digno de respeito do homem e do amor de Deus. Erasmo de Roterdam, grande pensador holandês do século XV.
Santo Erasmo, padroeiro dos marinheiros.

ERASTO — *grego*, cujo significado é: digno de amor.
Santo Erasto, festejado a 26 de junho.

ERATÓSTENES — filósofo, poeta e astrônomo grego de grande nomeada.

ERERTÁQUIO — *grego*, cujo significado é: frutífero ou saudável.

ERIBERTO — santo da Igreja Católica.
Santo Eriberto, festejado a 16 de março.

ERIC — variante de Érico.
Veja *ÉRICO*.

ÉRICO — antigo *norueguês*: **Ei-rík-r** (sempre poderoso).
Veja *ERIC*.
VAR.: *ERIC*.
Érico Veríssimo, notável escritor brasileiro.

ERÍGONE — foi filha de Ícaro. Enforcou-se quando soube que seu pai havia morrido.

ERÌNE — grande poetisa, discípula e amiga de Safo. É também anagrama de Irene.

ERIX — foi filho de Butes e de Vênus, na mitologia grega.

ERMÍNIA — variante de Armina que, por sua vez, vem do *teutônico* **Harimann** (guerreiro).

ERNÂNI — *teutônico*, cujo significado é: corajoso, valente. Este nome começou a ser usado depois do lançamento da peça de Verdi, *Ernani*, e do drama de Victor Hugo, ***Hernani***.

ERNESTINA — derivado de ERNESTO.
Veja *ERNESTO*.

ERNESTO — *anglo-saxão* ou *teutônico*: **Earnest** (combatente dedicado).
Veja *ERNESTINA*.

EROCIANO — médico grego do tempo de Nero. Deixou escrito: *Glossário de Hipócrates*.

EROS — na mitologia grega, é o deus da união, da afinidade universal.

EROTILDES — santa da Igreja Católica. Aparece, também, como nome de homem.
Santa Erotildes, festejada a 6 de outubro.

ESAÚ — *hebraico*, cujo significado é: homem peludo.

ESCOLÁSTICA — *grego*, cujo significado é: estudiosa, sábia.
Santa Escolástica, festejada a 10 de fevereiro.

ESCULÁPIO — deus da Medicina, filho de Apolo. Eram-lhe consagrados o galo e a serpente, símbolos da vigilância e da prudência. Da mitologia.

ESDRAS — *hebraico*, cujo significado é: socorro. Grande doutor judeu, que floresceu no quinto século a. C. Veja, na Bíblia, o livro de Esdras.

ESMERALDA — antigo *francês*: **Esmeraud** (o verde brilhante, a gema verde).
Veja *ESMERALDO*.

ESMERALDO — forma masculina de Esmeralda.
Veja *ESMERALDA*.

ÉSON — rei de Iolcos. Na sua velhice, Medéia, esposa de Jasão, seu filho, remoçou-o a pedido deste. Da mitologia.

ESOPO — foi célebre fabulista, natural da Frígia. Há ainda um escritor trágico de igual nome.

ESPERANÇA — *latim*: **Spes**, deusa alegórica dos romanos, considerada a irmã do sono.

ESPÍNOLA — sobrenome de origem genovesa. De um fidalgo genovês, Luciano Spinola, que emigrou para Portugal em 1513. Daí os Espínolas vieram para o Brasil.

ESPIRIDIÃO — *latim*, cujo significado é: sopro de Deus. Deve-se evitar a grafia Esperidião.
Santo Espiridião, festejado a 14 de dezembro.

ÉSQUILO — trágico grego, nascido em Eleusis, próximo de Atenas, no ano 525 a. C.
São Ésquilo, festejado a 22 de junho.

ÉSQUINES — foi célebre orador ateniense, que floresceu no ano 289 a. C.

ESTÁCIO — *latim*, cujo significado é: o que está de pé.

ESTANISLAU — *eslavo*, cujo significado é: glória da nação.
Santo Estanislau, festejado a 7 de maio.

ESTEFÂNIA — santa da Igreja Católica.
Santa Estefânia, festejada a 16 de janeiro.

ESTELA — *latim*: **Stella** (estrela) e para o *francês* antigo **Estoile** (estrela).
Uma donzela que foi a estrela da família.
DIM.: *ESTELINHA, ESTELITA, LITA*.
VAR.: *ESTÉLIO*.

ESTELINA — diminutivo de Estela.
Veja *ESTELA*.

ESTÉLIO — variante de Estela.
Veja *ESTELA*.

ESTELITA — forma diminutiva de Estela (estrela).
Veja *ESTELA*.

ESTER — *hebraico*: **Ester** e daí para o persa: **Esthur** (estrela). Ester, israelita de origem e mulher de Assuero, rei da Pérsia, salvou o povo hebreu da ira de Amã, ministro de Assuero. Um dos livros da Bíblia, é o Livro de Ester.

ESTÊVÃO — *grego*, cujo significado é: o coroado. Santo Estêvão é o primeiro mártir do Cristianismo. Festejado a 26 de dezembro.

ESTEVES — sobrenome de famílias brasileiras, cujo significado é: parente de Estêvão.

ETEL — *anglo-saxão*: **Aethel** (nobre).

ETELVINA — *teutônico*, cujo significado é: nobre amiga.

ETELVINO — *germânico*: **Adal+win** (nobre+amigo), nobre amigo.
Veja *ETELVINA*.

ETNA — filha de Vulcano e mãe dos deuses Pálicos, que ela teve de Júpiter.

EUCLIDES — *grego*, cujo significado é: glorioso, ilustre.

EUDIA — *grego*, cujo significado é: esclarecida, iluminada, diáfana.

EUDÓCIA — variante de Eudóxia.
Veja *EUDÓXIA*.

EUDORA — *grego*: **Eudora** (generoso).
DIM.: *DORA*.

EUDORO — *grego*, cujo significado é: liberal.

EUDÓXIA — *grego*: **Eudoxos** (de boa reputação, de boa fama).
Veja *EUDÓCIA*.
Santa Eudóxia, festejada a 1.º de março.
VAR.: *EUDÓCIA*.

EUDÓXIO — *grego*, cujo significado é: que pensa bem. Nome de santo, astrônomo e navegador.
Veja *EUDÓXIA*.

EUFÊMIA — *grego*, cujo significado é: palavra de bom agouro.

EUFENA — nome de uma das Musas gregas.

EUFRÁSIA — *grego*, cujo significado é: alegria.
Santa Eufrásia, festejada a 13 de março.

EUFRONE — *grego*, cujo significado é: mãe dos bons conselhos. Um dos nomes mitológicos da Noite.

EUFRÔNIO — *grego*, cujo significado é: bom conselheiro.
Santo Eufrônio, festejado a 4 de agosto.

EUFROSINA — *grego*, cujo significado é: alegria, jovialidade. Eufrosina era uma das Graças na mitologia greco-romana.

EUGÊNIA — Forma feminina de Eugênio.
Veja *EUGÊNIO*.

EUGÊNIO — *grego*: **Eugenios** (bem-nascido, nobre). Eugênio Pacelli era o nome do Papa Pio XII.
Santo Eugênio, festejado a 12 de fevereiro.

EULÁLIA — *grego*: **Eulalos** (bem-falante).
Santa Eulália, festejada a 12 de fevereiro.

EULÁLIO — *grego*, cujo significado é: que fala bem, bem-falante.
Veja *EULÁLIA*.

EULINA — *grego*, cujo significado é: que é de boa linhagem, estirpe.
Veja *EULINO*.

EULINO — *grego*, cujo significado é: que é de boa estirpe, linhagem.
Veja *EULINA*.

EULÓGIO — *grego*, cujo significado é: homem de boa razão, discreto.

EUMÊNIS — *grego*, cujo significado é: fácil, doce. Rei de Pérgamo. Fez algumas conquistas aos reis da Pérsia e foi protetor das boas letras.

EUNÁPIO — *grego*, cujo significado é: que tem muitos bosques. Foi historiador do século IV.

EUNICE — *grego*: **eu-niké** (bela vitória, vitorioso). Eunice foi a mãe de Timóteo, discípulo de S. Paulo.

EURÁSIA — diz-se do Velho Mundo (Europa, África e Ásia) e bem assim da raça mestiça de europeus e asiáticos ou europeus e africanos.

EURÍALE — o nome científico da vitória-régia é *euriale amazonica*.

EURICO — *teutônico*, cujo significado é: defensor da lei, muito reto.

EURÍDICE — *grego*, cujo significado é: amante da justiça. Na mitologia grega Eurídice é a mulher de Orfeu.

EURÍNDIO — diz-se do mestiço, do europeu com o silvícola americano.

EURÍPEDES — *grego*, cujo significado é: vento que sopra. Nome de um grande poeta grego que viveu no século V a. C.

EURIPES — *grego*: **Eu+ripé** (bem+ ímpeto), bem impetuoso, muito agitado. Provém de Euripo, estreito de mar da Grécia em que as águas são impetuosas. Há autores que afirmam que Euripes é deturpação gráfica de Eurípedes. Veja este nome.

EUROPA — *grego*, cujo significado é: grande olho. Filha de Agenor, rei da Fenícia. Da mitologia.

EUSÉBIO — *grego*, cujo significado é: piedoso.
Santo Eusébio, festejado a 16 de dezembro.

EUSTÁQUIO — *grego*, cujo significado é: carregado de belas espigas.
Santo Eustáquio, festejado a 20 de setembro.

EUTÁLIA — *grego*, cujo significado é: florescência de bela vegetação.

EUTERPE — uma das 9 Musas, inventora da flauta. Preside a música vocal e instrumental. Da mitologia.

EUTÍQUIO — *grego*, cujo significado é: aquele que tem boa sorte.

EUVALDO — *teutônico*, cujo significado é: corajoso para fazer cumprir a lei.
Veja *EVALDO*.
VAR.: *EVALDO*.

EVA — *hebraico*: **Chavva** (viver). A mãe bíblica da Humanidade, mulher do primeiro homem, Adão.

EVALDO — variante de Euvaldo que, por sua vez, vem do *teutônico*, cujo significado é: corajoso para fazer cumprir a lei.

EVANDRO — *grego*, cujo significado é: homem valente, homem varonil. Na mitologia latina, Evandro foi o rei da Arcádia e filho da profetisa Carmenta.

EVANGELINA — diminutivo de Evângela (usado em outras línguas, mas não em português), cujo significado é: mensageira de boas novas.
DIM.: *EVA*, *EVELINA*.

EVANGELISTA — *grego*, cujo significado é: o que leva as boas novas, o que evangeliza.

EVARISTO — *latim*, cujo significado é: o ótimo, o melhor de todos.
Santo Evaristo, festejado a 27 de outubro.

EVELINA — diminutivo de Eva e Evangelina.
Veja *EVA* e *EVANGELINA*.

EVERALDO — variante de Everardo. Veja *EVERARDO*.

EVERARDO — *teutônico*: **Ebur-hardt** (bravo javali) ou do *anglo-saxão*: **Eferhard** (forte como um javali).
VAR.: *EVERALDO*.

EVILÁSIO — *grego*, cujo significado é: aquele que acalma.

EVIRALINA — mulher de Óssian, célebre poeta escocês.

EXPEDITO — *latim*, cujo significado é: desembaraçado, esperto.

EXUPÉRIO — *latim*, cujo significado é: aquele que supera.

EZEQUIAS — *hebraico*, cujo significado é: a força de Deus.

EZEQUIEL — *hebraico*: **Yekhezqel** (força de Deus). Ezequiel, grande profeta.

ÉZIO — *grego*: **Aetos** (águia).
Veja *AÉCIO*.

EZRA — *hebraico*: **Ezra** (socorro). Famoso profeta bíblico.

Nossos nomes são rótulos, impressos com simplicidade nos frascos que contêm a essência do nosso comportamento pretérito.

Logan Pearsall Smith

FÁTIMA

F

FÁBIA — *latim*, cujo significado é: fava.
Veja *FÁBIO*.

FABIANA — variante de Fabiano que, por sua vez, vem de **Fabianus.**
Veja *FABIANO*.

FABIANO — *latim*: **Fabianus** (fava que cresce, feijão crescendo).
Veja *FABIANA*, *FÁBIO*.

FÁBIO — variante de Fabiano.
Veja *FABIANO*.

OBS.: Este nome vem de uma família que introduziu em Roma a cultura da *fava*.

FABÍOLA — santa da Igreja Católica. Santa Fabíola, festejada a 27 de dezembro.

FABRÍCIO — *latim*, cujo significado é: o artífice, aquele que trabalha em obras de metais.

FAGUNDES — sobrenome que vem de **facundo**, cujo significado é: alegre, falador. Antigamente era nome e mais tarde passou a ser sobrenome.

FAJARDO — sobrenome de origem espanhola, que vem de **faia**, uma espécie de madeira.

FALCÃO — sobrenome de famílias brasileiras, que primitivamente era alcunha de algum caçador.

FAMA — mensageira de Júpiter, na mitologia latina, a qual tinha 100 bocas e 100 ouvidos, com longas asas guarnecidas de olhos. Os atenienses e romanos ergueram-lhe templos.

FANI — **diminutivo de Estefânia.** Veja este nome.

FANNY — diminutivo inglês de Estefânia. Veja este nome.
Veja *FANI, ESTEFÂNIO.*

FARIA — sobrenome de famílias brasileiras. Nome de uma localidade em Portugal.

FAROS — *hebraico*, cujo significado é: pulga.

FASCELINA — sobrenome de Diana Aricina, tomado do feixe de madeira no qual Orestes e Ifigênia esconderam a estátua da deusa quando eles a trouxeram do Quersoneso Táurico.

FASCÍNIA — forma feminina de Fascínio.
Veja *FASCÍNIO.*

FASCÍNIO — *latim*, cujo significado é: que encanta.
Veja *FASCÍNIA.*

FÁTIMA — nome de origem árabe. Fátima era filha de um chefe árabe, raptada por um guerreiro português que por ela se apaixonou.
OBS.: Fátima se converteu ao Cristianismo e morreu. Seu viúvo entrou para um convento e o lugar tomou o nome de Fátima; é uma freguesia no conselho de Ourém. Nossa Senhora de Fátima apareceu a três pastorinhos portugueses na localidade de Cova da Iria, em Portugal.

FAUSTA — forma feminina de Fausto.
Veja *FAUSTO, FAUSTINA, FAUSTINO.*

FAUSTINA — forma feminina de Faustino.
Veja *FAUSTA, FAUSTINO, FAUSTO.*

FAUSTINO — variante de Fausto.
Veja *FAUSTO.*
São Faustino, festejado a 15 de fevereiro.

FAUSTO — *latim*: **Faustus** (auspicioso, feliz).
Veja *FAUSTINO, FAUSTINA, FAUSTA.*

FAVORINO — sofista, natural da Gália, contemporâneo e amigo de Plutarco.

FEARNOT — *inglês*: **Fear+not** (sem temor).

FEBO — *grego*: **phoibos** (resplandecente).

FEDON — filósofo, natural de Élis, discípulo e amigo de Sócrates.

FEDRA — *grego*, cujo significado é: brilhante, clara, etc. Filha de Minos, rei de Creta. Casou-se com Teseu, rei de Atenas. Da mitologia.
Veja *FEDRO.*

FEDRO — *grego*, cujo significado é: brilhante, claro. Filósofo epicurista de Atenas. Nasceu no ano 50 a. C. Nome de um fabulista latino.
Veja *FEDRA.*

FEGEU — pai de Alfesídea e rei da Arcádia. Da mitologia.

FEIJÓ — sobrenome de famílias brasileiras.

FEIO — sobrenome de famílias brasileiras. Antigamente era alcunha. Do *latim* **foedus** (feio).

FEITAL — nome derivado de **fetal** (terreno onde crescem plantas da família dos fetos: samambaias).

FEITOSA — sobrenome derivado da localidade desse nome em Portugal.

FELÊNIO — divindade adorada pelos habitantes de Aquiléia, cidade próxima do Mar Adriático.

FELÍCIA — variante de Félix que, por sua vez, vem do *latim*: **Felix** (afortunado, feliz).
Veja *FÉLIX*.

FELICIANA — variante de Félix.
Veja *FÉLIX*.

FELICIANO — variante de Félix.
Veja *FÉLIX*.

FELICIDADE — *latim*: **Felicitas** (felicidade).
Santa Felicidade, festejada a 6 de março.

FELÍCIO — variante de Félix.
Veja *FÉLIX*.

FELICÍSSIMO — variante de Félix.
Veja *FÉLIX*.

FELIPE — *grego*, cujo significado é: aquele que gosta de cavalos. Há pelo menos seis santos de igual nome na Igreja.

FELISA — personagem feminino cantado por Bocage.

FELISBELA — personagem do conto *Floresta dos Ais*, do "Reino das Maravilhas", de Gondim da Fonseca.
Veja *FELISBELO*.

FELISBELO — nome do ilustre educador brasileiro Felisbelo Freire, natural de Sergipe.
Veja *FELISBELA*.

FELISBERTO — *teutônico*, cujo significado é: muito ilustre.

FELISMINO — variante de Félix.
Veja *FÉLIX*.

FÉLIX — *latim*: **Felix** (feliz).
São Félix, festejado a 21 de maio.
VAR.: *FELÍCIA, FELICIANA, FELICIANO, FELÍCIO, FELICÍSSIMO, FELISMINO*.

FENAIO — cantor, celebrado por Homero na *Odisséia*.

FÊNIX — filho de Amintos, rei de Dolopes. Seu pai mandou arrancar-lhe os olhos por castigo de um crime que falsamente lhe imputaram: recobrou a vista com remédios que Quiron lhe ministrou.

FERDINANDO — *gótico*: **Fairhonanth** (desafiador do mundo, aventureiro).

FERENTINA — deusa adorada pelos romanos. Tinha um templo e um bosque sagrado perto da cidade de Ferentino, no antigo Lácio.

FERÍCIDES — nome de um filósofo e de um historiador da Grécia.

FERNANDES — variante de Fernando, cujo significado é: ligado a Fernando, parente de Fernando. Sobrenome de famílias brasileiras.
Veja *FERNANDO*.

FERNANDINO — diminutivo de Fernando.
Veja *FERNANDO*.

FERNANDO — *teutônico*, cujo significado é: ousado, alto.
VAR.: *FERDINANDO, FERNANDES, FERNÃO*.

FERNÃO — variante de Fernando.
Veja *FERNANDO*.

FERON — rei do Egito, filho de Sesostes a quem sucedeu.

FERÔNICA — divindade dos etruscos e romanos que presidia os campos e as searas.

FERRAZ — sobrenome de famílias brasileiras. De origem espanhola, significava primitivamente **os que pagavam tributo para ferrar ou colocar ferraduras**.

FERREIRA — *latim*: **Ferraria** (mina de ferro). Sobrenome de origem geográfica.

FERRO — sobrenome que antigamente era alcunha.

FESSÔNIA — *latim*: **Fessus** (cansado). Deusa que se invocava nas fadigas ou nas doenças.

FIÁCRIO — *grego*, cujo significado é: puro. Santo, padroeiro dos jardineiros.

FIALHO — antigo *português*: **Fialho** (fiapo). Sobrenome de famílias brasileiras, que antigamente era alcunha.

FIDEL — *latim*: **Fidelis** (fiel, sincero). Veja *FIDÉLIO, FIDELINO, FIDÉLIS*.

FIDELINO — variante de Fidel.
Veja *FIDEL*.

FIDÉLIO — variante de Fidel.
Veja *FIDEL*.

FIDÉLIS — variante de Fidel.
Veja *FIDEL*.

FIDÊNCIO — santo da Igreja Católica.
São Fidêncio, festejado a 27 de setembro.

FÍDIAS — *grego*, cujo significado é: econômico. O mais célebre escultor da Antigüidade.
Nasceu em Ática no ano 492 a. C.

FIDON — tirano de Argos. É tido como inventor da balança e o primeiro que mandou cunhar moeda de prata.

FIGUEIREDO — antigo português, que significa o local onde há muitas **figueiras**.

FILADELFO — *grego*, cujo significado é: amigo do irmão.

FILARETO — *grego*, cujo significado é: que ama a virtude.
São Filareto, festejado a 1.º de dezembro.

FILÉAS — *grego*, cujo significado é: que ama.
São Filéas, festejado a 26 de novembro.

FILÊMON — *grego*, cujo significado é: o amigo, aquele que ama, o amante.

FILETERO — fundador do reino de Pérgamo. Governou por espaço de 20 anos, passando o poder a Eumênis, seu sobrinho.

FILETO — santo da Igreja Católica.
São Fileto, festejado a 27 de março.

FILGUEIRAS — sobrenome de origem botânica.

FILINTO — nome de homem criado na literatura de Molière, em sua peça *O Misantropo*.

FILIPE — *grego*, cujo significado é: amigo dos cavalos.
São Filipe, festejado a 1.º de maio.
OBS.: Deve-se evitar a grafia Felipe por não ser correta.

FILOGÔNIO — *grego*, cujo significado é: que ama sua raça.
São Filogônio, celebrado a 20 de dezembro.

FILOMELA — *grego*: **Philos+melos** (amigo+canto), amiga do canto.

FILOMENA — *grego*, cujo significado é: a que deve ser amada.

FILOMENO — *grego*, cujo significado é: amável.
São Filomeno, festejado a 14 de novembro.
Veja *FILOMENA*.

FILÓTEO — diminutivo de Teófilo. Veja este nome.

FINA — diminutivo de Serafina e Josefina. Veja estes dois nomes.

FIRMINA — santa da Igreja Católica. Santa Firmina, festejada a 24 de novembro.

FIRMINIANO — variante de Firmino.
Veja *FIRMINO*.

FIRMINO — *antigo francês*: **Firmin** (o forte, firme).
São Firmino, festejado a 25 de setembro.

FÍRMIO — variante de Firmino.
Veja *FIRMINO*.

FIRMO — *latim*, cujo significado é: firme, fiel. A Igreja venera dois santos de igual nome.

FIÚZA — sobrenome que primitivamente era alcunha.

FLABELA — festividades nas quais os gregos prestavam culto às flores. É também as folhas ou flocos em forma de leque.

FLAMÍNIA — *latim*: **Flamens** (sopro, espírito).
Santa Flamínia, festejada a 2 de maio.
Veja *FLAMÍNIO*.

FLAMÍNIO — *latim*: **Flamens** (sopro, espírito). Nome de romanos notáveis.
Veja Flamínia.

FLAVIANO — variante de Flávio.
Veja *FLÁVIO*.

FLÁVIO — *latim*: **Flavius** (de cabelos louros ou fulvos, de cabelos aloirados).
Veja *FLAVIANO*.

FLORA — deusa da primavera. Desposou Zéfiro, que lhe deu o império das flores.

FLORÁLIA — palavra derivada de flor.
Veja *FLORÊNCIA*, *FLORENTINA*, *FLORIANO*, *FLORIBERTO*, etc.

FLORÊNCIA — nome de mulher que primitivamente era Florença. De origem italiana, significa: abundância de flores.

FLORÊNCIO — *latim*, cujo significado é: que floresce. Nome de diversos santos.
Veja *FLORÊNCIA*, *FLORENTINA*.

FLORENTINA — santa da Igreja Católica.
Santa Florentina, festejada a 20 de junho.
Veja *FLORÊNCIA*, *FLORÊNCIO*, *FLORIANA*, *FLORIBERTO*, *FLORIANA*, etc.

FLORENTINO — nome de origem italiana; aquele que é natural de Florença.

FLORIANA — santa da Igreja Católica.
Santa Floriana, festejada a 17 de dezembro.
Veja *FLORÊNCIA*, *FLORENTINA*, *FLORIBERTO*, *FLORIANA*, *FLORIDA*, etc.

FLORIANO — *latim*, cujo significado é: da flor.

FLORIBERTO — santo da Igreja Católica.
São Floriberto, festejado a 25 de abril.

FLORIDA — *português*, cujo significado é: que está em plena florescência.
Veja *FLORENTINA*, *FLORIANA*, *FLORIBERTO*, *FLORIENA*, *FLÓRIDA*.

FLÓRIDA — *latim*, cujo significado é: esplêndido. Não confundir com *Flórida*.
Veja *FLORIBERTO*, *FLORIENA*, *FLORIDA*, *FLORIDO*, etc.

FLORIDO — *português*, cujo significado é: que está em plena florescência.
Veja *FLORIANA*, *FLORIBERTO*, *FLÓRIDO*, *FLORINA*, *FLORINDO*, etc.

FLÓRIDO — *latim*, cujo significado é: esplêndido. Não confundir com *Florido* acima.
São Flórido, festejado a 13 de novembro.
Veja *FLORÊNCIO*, *FLORIBERTO*, *FLORIDO*, *FLORINDO*, etc.

FLORIENA — santa da Igreja Católica.
Santa Floriena, festejada a 9 de julho.
Veja *FLORÊNCIA*, *FLORENTINA*, *FLORIANA*, *FLORIBERTO*, *FLORINDO*, etc.

FLORINA — santa da Igreja Católica.
Santa Florina, festejada a 1.º de maio.
Veja *FLORÊNCIA*, *FLORENTINA*, *FLORIENA*, *FLORIDA*, *FLÓRIDA*, etc.

FLORINDA — forma feminina de Florindo.
Veja *FLORINDO*.

FLORINDO — *latim*: **Florens** (florescente).
Veja *FLORINDA*.

FLORIPES — *teutônico*, cujo significado é: alegre, amável.

FLORO — *latim*, cujo significado é: florido.

FOLCO — *germânico*: **volk** (povo). De *volk* (alemão) foi para o inglês: *folc* e daí para o português: **folclore** (lenda do povo).

FONSECA — antigo *português* que primitivamente era **fonte seca**. Sobrenome de muitas famílias brasileiras e portuguesas.

FONTAINHA — antigo *português* que, primitivamente, era diminutivo de **fonte**. Sobrenome de famílias brasileiras.

FONTES — sobrenome de origem geográfica.

FONTOURA — antigo *português* que, primitivamente, significava fonte áurea (fonte de ouro).

FORJAZ — antigo *português*: **frola**, isto é, ligado a **Frola**. Sobrenome de famílias portuguesas e brasileiras.

FORTUNA — deus da boa ou má sorte. A deusa da Fortuna tinha um templo famoso em Âncio, cidade do Lácio, perto da foz do Tibre.

FORTUNATA — *latim*, cujo significado é: afortunada.
Santa Fortunata, festejada a 14 de outubro.
Veja *FORTUNATO*.

FORTUNATO — *latim*, cujo significado é: afortunado, homem de sorte.

FORTÚNIO — variante de Fortunato.
Veja este nome.

FRAGA — sobrenome de origem portuguesa.

FRAGOSO — sobrenome de origem portuguesa.

FRANCA — sobrenome que provém de uma mulher que veio da região dos francos para Portugal e transmitiu o nome aos descendentes.
OBS.: A cidade de Franca, no Estado de São Paulo, recebeu primeiramente o nome de Vila Franca Del Rei, depois Franca do Imperador e, finalmente, Franca.

FRANÇA — nome do grande país conhecido antigamente por Gália.

FRANCELINO — diminutivo de Francélio.
Veja *FRANCÉLIO*.

FRANCÉLIO — nome poético, criado pelo escritor francês Bingre.

FRANCINO — diminutivo de Franco.
Veja *FRANCO*.

FRANCISCO — *latim*: **Franciscus** (francês).
OBS.: Com o nome Francisco a Igreja celebra vários santos de grande devoção.
São Francisco de Sales, festejado a 29 de janeiro.
São Francisco de Paula, festejado a 2 de abril.
São Francisco de Assis, festejado a 4 de outubro.
OBS.: São Francisco de Assis é o amigo dos pobrezinhos.
São Francisco Xavier, festejado a 3 de dezembro.
São Francisco de Borgia, festejado a 10 de outubro.
DIM.: *CHICO, CHIQUITO, CHIQUINHO.*
FRANCO — antigo *francês*: **Franc** (homem livre).
Veja *FRANCINO*.

FRANKLIN — sobrenome de Benjamin Franklin, sábio norte-americano.

FRAZÃO — sobrenome de origem portuguesa.

FREDERICO — *teutônico*: **Fridu-rik** (dirigente da paz.).
DIM.: *FRED, ALFREDINHO, FREDITO.*

FREDIANO — *germânico*: **Frid** (paz). É uma variante de Frederico. Veja este nome.

FRÉIA — *teutônico*: **Freyja**, irmã de **Freyr.** Fréia era esposa de Odin, na mitologia germânica.

FREIRE — nome derivado de **frade, frei**, porque os antigos **freires** eram cavaleiros de ordem militar que residiam em conventos.

FRIAS — sobrenome de origem portuguesa.

FRIDOLINO — *teutônico*, cujo significado é: pacífico.
São Fridolino, festejado a 6 de março.

FRITZ — diminutivo alemão de Frederico. Veja este nome e também *Frediano.*

FRÓIS — antigo *português*: **Frol** (flor). Modernamente é usado como sobrenome.

FRONTINO — Júlio Frontino, escritor latino.

FROTA — *francês*: **Flotte**.

FRUTUOSA — *latim*, cujo significado é: que dá fruto.
Santa Frutuosa, festejada a 23 de agosto.
Veja *FRUTUOSO*.

FRUTUOSO — *latim*, cujo significado é: que dá muitos frutos.

FULGÊNCIO — *latim*, cujo significado é: brilhante, que brilha, que **fulge**.

FÚLVIA — *latim*: **Fulvia** (fulva, loura).
Veja *FÚLVIO*.

FÚLVIO — *latim*: **Fulvius** (fulvo, louro). O mesmo que Flávio.

FURQUIM — *teutônico*: **Forcheim**, nome de uma cidade na Alemanha.

FURTADO — sobrenome que, primitivamente, era alcunha.

Um nome original, simples, sonoro e de ótima numerologia, é o melhor e o mais rico presente que um pai extremoso pode dar a seu filho.

Malba Tahan

GARIBALDI

G

GABÍNIO — tribuno do povo que floresceu no ano 140 a. C., autor da Lei Gabínea, que introduziu o escrutínio secreto nas eleições. Houve ainda outro tribuno de igual nome.

GABINO — *latim*, cujo significado é: natural de Gabius, antiga cidade perto do Lácio.
São Gabino, festejado a 18 de fevereiro.

GABRIEL — *hebraico*: **Gabriel** (enviado de Deus).

GÁBRIO — abreviação italiana de Gabriel. Veja este nome.

GABY — diminutivo inglês de Gabriela. Veja este nome.

GAD — *hebraico*, cuja tradução é: feliz. Sétimo filho de Jacó.

GAGO — sobrenome que antigamente era alcunha.

GAIO — jurisconsulto da Antiguidade.

GAIOSO — *latim*: **Gayu** (alegre).

GALATÉIA — *grego*, cujo significado é: leitosa, branca como leite.

GALDINO — *teutônico*, cujo significado é: dominador, possuidor.

GALENO — *irlandês*: **Gaelan** (pequeno ilustre). Há autores que derivam Galeno do grego, cujo significado é: sereno, calmo.

GALÉRIO — C. Galério Valério Maximiano, imperador romano, nasceu na Dácia. Começou a vida como soldado e chegou a imperador graças à sua coragem e valor pessoal.

GÁLIA — nome que os romanos davam à região ocupada pelos gauleses.

GALIENO — P. Licínio Egnácio Gallieno, imperador romano do terceiro século da era cristã.

GALILEU — *hebraico*: **Galil** (região, circunscrição) natural da Galiléia. Galileu Galilei, um dos grandes homens de todos os tempos, nasceu na cidade de Pisa no ano de 1564.

GALVÃO — *francês*: **Gauvain**, personagem dos romances da Távola Redonda. É usado como sobrenome.

GAMALIEL — *hebraico*: **Gamalyel** (recompensa de Deus).

GANIMEDES — *grego*, cujo significado é: que aconselha com alegria. Jovem príncipe de grande formosura, filho do rei de Tróia.

GARCEZ, CARCÊS — sobrenome ligado a Garcia, cujo significado é: de Garcia, ligado a Garcia.

GARIBALDI — *ítalo-germano*, cujo significado é: audaz na lança, que maneja a lança com valentia.
OBS.: José Garibaldi, guerreiro italiano, que lutou no Brasil e aqui se casou com Anita. É cognominado: **o Herói de Dois Mundos**.

GARRIDO — sobrenome que primitivamente era alcunha.

GASPAR — *persa*: **Kansbar** (mestre-tesouro, tesouro). Nome de um dos Três Reis Magos.
Gaspar é festejado a 6 de janeiro pela Igreja Católica.

GASTÃO — *francês*: **Gascon** (homem da Gasconha, o país dos bascos). Há autores que derivam Gastão do teutônico, cujo significado é: hospitaleiro.

GAUDÊNCIA — *latim*, cujo significado é: que se regozija.
Santa Gaudência, festejada a 30 de agosto.
Veja *GAUDÊNCIO*.

GAUDÊNCIO — *latim*, cujo significado é: aquele que se regozija.

GAVINA — santa da Igreja Católica.
Santa Gavina, festejada a 6 de maio.

GEDEÃO — *hebraico*: **Gedehon** (o que despedaça), o matador. Juiz e patriota de Israel.
São Gedeão, festejado a 1.º de setembro.

GELÁSIA — forma feminina de Gelásio.
Veja *GELÁSIO*.

GELÁSIO — *grego*: **Ghelao** (rir) o sorridente.
Veja *GELÁSIA*.

GELSOMINO — planta que dá flores brancas em forma de estrela, de perfume muito agradável.

GEMA — *latim*: **Gemma** (pedra preciosa).

GEMINIANO — *latim*, cujo significado é: que geme.
São Geminiano, festejado a 31 de janeiro.

GENARO — *italiano*, derivado de Januário.
Veja *JANUÁRIO*.

GENCIANO — santo da Igreja Católica.
São Genciano, festejado a 11 de dezembro.

GENEBRA — este nome tem etimologia desconhecida, admitindo-se proveniência céltica. Era o nome da esposa do Rei Artur.

GENEROSA — forma feminina de Generoso.
Veja *GENEROSO*.

GENEROSO — *latim*, cujo significado é: nobre, corajoso.
São Generoso e Santa Generosa, festejados a 17 de julho.

GENÉSIA — *latim*, cujo significado é: criadora.
Santa Genésia é venerada em Piemonte a 8 de junho.

GENÉSIO — *latim*, cujo significado é: relativo ao nascimento, o que nasce.

GENOVEVA — *teutônico*, cujo significado é: tecelã ou tecedora de grinalda enfeitiçada.

GENSERICO — rei dos vândalos, reinou durante os anos de 428 a 477 d. C.

GENTIL — *latim*: **gens** (evidente).
São Gentil, festejado a 5 de setembro.

GENUÍNA — *português*, cujo significado é: pura, legítima.
Veja *GENUÍNO*.

GENUÍNO — *português*, cujo significado é: puro, legítimo.
Veja *GENUÍNA*.

GEÓRGIA — nome de mulher e de uma região na Rússia, na Transcaucásia.
Veja *GEORGINA*.

GEORGINA — diminutivo de Geórgia.

GERALDINO — variante de Geraldo.
Veja este nome.

GERALDO — *teutônico*: **Gerwalt** (forte na lança).
Veja *GERARDO*.
VAR.: *GERALDINO, GERALDA, GERALDINA, GERARDO*.
São Geraldo Magela, festejado a 16 de outubro.

GERARDO — *anglo-saxão*: **Garhard** (bravo na lança).
Veja *GERALDO*.

GEREMARO — *teutônico*, cujo significado é: afamado na lança.

GERMANO — *latim*: **Germanu** (autêntico, legítimo. E também: natural da Germânia).
São Germano, festejado a 28 de maio.

GERMINAL — *francês*: **Germe** (gérmen). É o 7.º mês do calendário da Revolução Francesa.

GERMINIANO — deturpação gráfica de Geminiano. Veja este nome.

GERÔNCIO — *grego*, cujo significado é: velho.

GÉRSON — *hebraico*, cujo significado é: peregrino.

GERTRUDES — *teutônico*, cujo significado é: a que ama a lança.
Santa Gertrudes, festejada a 16 de novembro.

GERVÁSIO — *teutônico*, cujo significado é: o sábio na lança, o combatente experimentado.

GERVINO — santo da Igreja Católica.
São Gervino, festejado a 3 de março.

GESTEIRA — sobrenome de origem portuguesa.

GESUALDO — *germânico*: **Gisal+wald** (refém+reinar), o refém do rei, devotado ao rei.

GETÚLIO — *fenício*, cujo significado é: povo de Baal.
OBS.: Esse povo habitava uma região da África Antiga, a Getúlia.

GIESTA — planta da família das leguminosas.

GIL — antigo *francês*: **Gilles** (cheio de juventude; com barbicha). Há autores que duvidam deste significado.
São Gil, festejado a 1.º de setembro.

GILBERTO — *anglo-saxão*: **Giselbeorht** (refém brilhante).

GILDA — *teutônico*, cujo significado é: valorosa.
VAR.: *GILDO*.

GILDO — variante de Gilda.
Veja *GILDA*.

GILIMERO — último rei dos vândalos, na África, descendente de Genserico.

GINA — diminutivo italiano de Luísa, é também, às vezes, de Joana e Ângela.

GINO — diminutivo italiano de Luís e também, às vezes, de João e Ângelo.

GIOCONDA — *italiano*: **Gioconda** (alegre, sorridente).
OBS.: Este é o nome de um quadro célebre, a Mona Lisa, de Leonardo da Vinci.

GIRÃO — *francês*: **Giron** (retalho). Hoje é usado como sobrenome.

GISELA — *teutônico*, cujo significado é: sinal de fé.
Santa Gisela, festejada a 7 de maio.

GLADIR — *teutônico*, cujo significado é: jovem loura. Foi o nome da Miss Universo em 1957.

GLADYS — *teutônico*, cujo significado é: gladíolo (flor).

GLAFIRA — *grego*, cujo significado é: afável, civilizado.
Santa Glafira, festejada a 3 de janeiro.

GLAUCO — *grego*, cujo significado é: verde-azulado. É o nome de um deus marinho citado nas *Metamorfoses* de Ovídio.

GLAURA — variante de Laura ou Clara. Nome de mulher, criado pelo poeta mineiro da Inconfidência, Manuel Inácio da Silva Alvarenga.

GLICÉRIA — *grego*, cujo significado é: amável, doce.
Santa Glicéria, festejada a 13 de março.

GLICÉRIO — *grego*, cujo significado é: amável, doce.

GLICINA — o mesmo que lilás. É o emblema do amor.

GLÓRIA — nome de mulher, de origem religiosa, tirado de uma das invocações de Nossa Senhora, cuja festa é muito celebrada no Brasil.
Nossa Senhora da Glória, festejada a 15 de agosto.

GLUCÍNIO — nome de um metal muito leve e dotado de grande elasticidade.

GOAR — santo da Igreja Católica.
São Goar, festejado a 6 de junho.

GOBERTO — santo da Igreja Católica.
São Goberto, festejado a 23 de novembro.

GODINHO — *teutônico*, cujo significado é: bom, bonito.

GODIVA — título de um poema de Lord Tenyson, no qual descreve um personagem com esse nome.

GODOFREDO — *germânico*: **God+fried** (Deus+paz), **paz de Deus.** São Godofredo, festejado a 8 de dezembro.

GODÓI — *espanhol*: **Godoy**. Sobrenome de origem espanhola.

GOIANA — *tupi*, falsa goiaba. Veja *GOIÂNIA*.

GOIÂNIA — derivado de Goiana. Veja *GOIANA*.

GOIÁS — *tupi*, cujo significado é: gente da mesma raça, gente igual. Antigamente eram chamados **guaiases**.

GÓIS — sobrenome de origem flamenga, que já passara a Portugal no século XVI.

GOLIAS — *hebraico*: **Goliath** (transmigração, passagem).

GOMES — de **guma**, feito de **goma**. Antigamente era nome de batismo, como o caso do ex-governador do Rio de Janeiro, Gomes Freire de Andrade.

GONÇALO — *teutônico*, cujo significado é: salvo na guerra, invulnerável no combate. Na forma primitiva alatinada era: **Gundi salvus**. VAR.: *GONÇALVES*.

GONÇALVES — variante de Gonçalo. Veja *GONÇALO*.

GONDIM — sobrenome de origem portuguesa, nome de localidade em Portugal.

GONZAGA — sobrenome de origem italiana, de cidade de Gonzaga, onde nasceu São Luís Gonzaga.

GORDO — sobrenome que primitivamente era alcunha.

GOTARDO — *teutônico*, cujo significado é: forte para Deus.

GOULART — antigo *francês*: **Goulart** (gritador; guloso, comedor). Hoje é usado como sobrenome.

GOUVEIA — nome de localidade em Portugal. Hoje usado como sobrenome.

GOVINDA — *sânscrito*, cujo significado é: suprema felicidade.

GRAÇA — nome de mulher, que se usa isoladamente ou com Maria formando Maria da Graça.
OBS.: As Três Graças da mitologia eram: Tália, Aglaia e Eufrosina.

GRACIANA — *latim*, cujo significado é: cheia de graça, grata. Veja *GRACIANO*.

GRACIANO — *latim*, cujo significado é: cheio de graça, grato. São Graciano, festejado a 23 de setembro. Veja *GRACIANA*.

GRACIEMA — título do romance de Américo Werneck, cujo personagem principal tem esse nome.

GRACILA — *esperanto*, cujo significado é: esbelta, graciosa.

GRACILIANO — variante de Gracílio que, por sua vez, vem do *latim*, cujo significado é: elegante, gracioso. Veja *GRACÍLIO*.

GRACÍLIO — *latim*, cujo significado é: elegante, gracioso. Veja *GRACILIANO*.

GRACINDA — derivado de *grato*, de significado evidente. Veja *GRACINDO*.

GRACINDO — derivado de Graça. Veja *GRAÇA*.

GRACINIANO — santo da Igreja Católica. São Graciniano, festejado a 1.º de junho.

GRACO — *latim* muito antigo, cujo significado era: **tentilhão**.

GRAJAÚ — *tupi*, cujo significado é: **eu como cara**.

GRANADA — pedra fina de tonalidade entre encarnada e roxa.

GRATA — significação literal. Santa da Igreja Católica.
Santa Grata, festejada a 2 de junho.
Veja *GRATO, GRACINDO, GRACINDA*.

GRATO — significação literal.
Veja *GRACINDA, GRACINDO, GRATA*.

GRAVATAÍ — *tupi*, cujo significado é: rio dos gravatás.

GRAZIA — *latim*: **gratia** (graciosa).
Veja *NOÊMI*.

GRAZIELA — *italiano*: **Grazia** (graça). Este se tornou popular depois do aparecimento da peça de Lamartine, *Graziela*.

GREGÓRIO — *latim*: **Gregorius**.
São Gregório, festejado a 12 de março.

GRETA — diminutivo anglo-saxônico de Margarida. Veja este nome.

GRIJÓ — localidade de Portugal, hoje usado como sobrenome.

GRILO — sobrenome que antigamente era alcunha.

GRISELDA — *germânico*: **Greis+held** (velha+herói), velha heroína. Há autores que admitem origem no italiano, cujo significado é: que tem olhos pardos.

GUADALUPE — povoado do norte do México, onde está o Santuário de Nossa Senhora de Guadalupe, padroeira da América Latina.

GUAÍBA — *tupi*, cujo significado é: água na baía.

GUAICURU — *tupi*, cujo significado é: veloz corredor.

GUAÍRA — *guarani*, cujo significado é: intransitável, não se pode atravessar.

GUALBERTO — *teutônico*, cujo significado é: ilustre em força.

GUÁLTER — variante de Válter (Walter) cujo significado é: o que comanda.

GUALTÉRIO — variante de Guálter.
Veja *GUÁLTER*.

GUALTIERO — forma italiana de Válter (Walter). Veja estes dois nomes.

GUANABARA — *tupi*, cujo significado é: braço de mar.

GUANABARINO — nome de origem *tupi*, relativo à Guanabara. O mesmo que carioca.

GUAPORÉ — *tupi*, cujo significado é: cachoeira no campo.

GUARACI — nome de homem. Do tupi, cujo significado é: o criador, o sol.

GUARACIABA — *tupi*, cujo significado é: cabelos louros, cabelos de sol.

GUARAMIRANGA — *tupi*, cujo significado é: guará vermelho.

GUARANI — *guarani*, cujo significado é: guerrear, guerreiro.

GUARAPARI — *tupi*, cujo significado é: garça vermelha.

GUARAPIRANGA — *tupi*, cujo significado é: guará vermelho. O mesmo que Guaramiranga.

GUARAPUAVA — *tupi*, cujo significado é: o rumor dos pássaros.

GUARAQUEÇABA — *tupi*, cujo significado é: o ninho das garças.

GUARARAPES — *tupi*, cujo significado é: o estrondo dos tambores.

GUARATINGUETÁ — *tupi*, cujo significado é: garças brancas.

GUARATUBA — *tupi*, cujo significado é: lugar onde se juntam as garças.

GUARUJÁ — *tupi*, cujo significado é: viveiro dos guarus.

GUARULHOS — *tupi*, cujo significado é: barrigudos, comedores.

GUATMOZIN — herói mexicano ou asteca.

GUAXUPÉ — *tupi*, cujo significado é: abelha negra.

GUEDES — sobrenome tirado da antiga Gueda de onde proveio hoje o nome Guido que, por sua vez, vem do teutônico, cujo significado é: alto, conhecido.

GUERCINO — *italiano*: **Guercio** (estrábico, vesgo).

GUERINO — *germânico*: **Warin** (defensor).

GUERRA — sobrenome que primitivamente era alcunha.

GUERREIRO — variante de Guerra.

GUIDO — *germânico*: **Wido** (floresta, bosque). Há autores que admitem origem teutônica, cujo significado é: distinção. Guido é, também, forma diminutiva de Vital.

GUILHERME — *teutônico*, cujo significado é: o que protege, o protetor.
DIM.: *GUILHERMINO*.
São Guilherme, festejado a 10 de janeiro.

GUILHERMINO — diminutivo de Guilherme.
Veja *GUILHERME*.

GUIMARÃES — sobrenome de origem portuguesa e nome de muitas localidades em Portugal.

GUIOMAR — *teutônico*, cujo significado é: gloriosa, ilustre.

GUMERCINDO — *teutônico*, cujo significado é: homem poderoso. A forma correta é: **Gumersindo**.

GURGEL — *teutônico*: **Gurgel** (garganta). Há autores que derivam Gurgel de **gorjal**, parte da armadura que protege a garganta ou **gorja**.

GUSMÃO — sobrenome de origem espanhola. A localidade de **Guzman** está na província espanhola de Burgos.

GUSTAVO — *sueco*: **Gustaf** (o bastão de combate).

GUY — diminutivo de Vital.
Veja *GUIDO*, *VITAL*.

Podeis morrer. Comigo, o nome
não estará em perigo.

Balzac

HÉRCULES

H

HABIB — *árabe*, cujo significado é: amor, querido.

HAIDÊ — *grego*: **Aidios** (honrada; modesta).
Veja *HAIDÉIA*.
VAR.: *AIDÊ, HAIDÉIA*.

HAIDÉIA — variante de Haidê.
Veja *HAIDÊ*.

HAIMON — santo da Igreja Católica. São Haimon, festejado a 1.º de setembro.

HALINA — *latim*, cujo significado é: halo.

HALO — luminoso. Coroa que envolve o Sol.

HAMED — *árabe*, cujo significado é: louvado

HAMILTOM — *inglês*: **Hamilton**. É errada a forma: Amiltom.

HARIBERTO — santo da Igreja Católica.

São Hariberto, festejado a 16 de março.

HAROLDO — *escandinavo*: **Haruald** (chefe de exército, comandante de tropa).
VAR.: *AROLDO*.

HARRY — diminutivo inglês de Henrique. Veja este nome.

HASSAN — *árabe*, cujo significado é: bom, bonito.

HAYDÉE — *francês*: **Aider** (ajudar, auxiliar), auxiliadora.

HAZAEL — foi rei da Síria.

HEBE — *grego*: **Hebe** (juventude, mocidade). Na mitologia greco-romana, Hebe é filha de Zeus, era a deusa da juventude.

HEDVIGES — *teutônico*, cujo significado é: a guerreira feliz, a guerreira.
OBS.: Deve-se evitar a forma gráfica **Edviges.**
Santa Hedviges, padroeira dos doentes crônicos e incuráveis.

HEITOR — *grego*: **Hektor** (o que possui, possuidor, o guardador).

HELÁDIO — *grego*, de Hélade, Grécia Antiga. Nome de dois santos e de um gramático da Antiguidade.

HELÂNIO — santo da Igreja Católica.
São Helânio, festejado a 7 de outubro.

HÉLDER — *teutônico*: **Herder** (forte, duro).

HELE — filha de Atamas, rei de Tebas e de Nefelé.

HELENA — *grego*: **Helene** (tocha; luz).
Veja *ELEONORA, HELEONORA, ELNA, LANA, LORA, NORA*.
DIM.: *ELNA, LANA, LORA, NORA*.
VAR.: *ELEONORA, HELEONORA*.
OBS.: Santa Helena foi a santa que conseguiu encontrar e recolher a cruz em que Jesus foi crucificado.
Santa Helena, festejada a 18 de agosto.

HELENO — filho de Decalião e de Pirra. Da mitologia.
Veja *HELENE, ELENA*.

HELEONORA — variante de Helena.

HELGA — *teutônico*: **Halag** (sublime, sagrada, religiosa).
VAR.: *OLGA*.

HELI — *hebraico*, cujo significado é: Altíssimo (Deus).

HELIBERTO — santo da Igreja Católica.
São Heliberto, festejado a 16 de julho.

HELIMENAS — santo da Igreja Católica.
São Helimenas, festejado a 22 de abril.

HÉLIO — *grego*: **Hélios** (sol). Usado como nome masculino. É errada a grafia: Élio.

HELIODORO — *grego*, cuja significação é: dádiva do sol.

HELL — *inglês*: **Hell** (inferno). Não se aconselha dar este nome aos filhos.

HELMA — *teutônico*: **Helm** (elmo, proteção).
Veja *HILMA, ILMA*.
VAR.: *HILMA, ILMA*.

HELOÍSA — *francês*: **Héloise** que, por sua vez, vem do teutônico. Tornou-se popularizado pela obra literária de Abelardo, célebre pensador, e de seus amores, os amores de Abelardo e Heloísa. É também variante de Luísa.
VAR.: *ELOÍSA*.

HELVÉCIA — na mitologia latina é a vestal morta por um raio, sob o reinado de Trajano.

HÉLVIO — *latim*, cujo significado é: castanho, pardo, escuro.

HEMA — santa da Igreja Católica.
Santa Hema, festejada a 29 de junho.

HEMATITE — pedra preciosa de cor sangüínea.

HEMETÉRIO — *grego*, cujo significado é: amor.
Santo Hemetério, festejado a 3 de março.

HENEDINA — santa da Igreja Católica.
Santa Henedina, festejada a 14 de maio.
Veja *ENEDINA*.

HENRIQUE — *teutônico*: **Heinrik** (príncipe poderoso).
VAR.: *ENRIQUE*.
Santo Henrique, festejado a 15 de julho.

HENRIQUES — sobrenome, relativo a Henrique.
OBS.: Dom Afonso Henriques foi o grande incentivador das descobertas marítimas, com sua Escola Náutica de Sagres.

HENRIQUETA — forma feminina de Henrique.
Veja *HENRIQUE*.

HERA — *latim*: **Hera** (senhora). Hera, a deusa Juno, esposa de Júpiter.

HERÁCLIO — *grego*, cujo significado é: consagrado a Hércules.
Veja *HÉRCULES*.

HERÁCLITO — *grego*, cujo significado é: protegido por Hércules.
Veja *HÉRCULES*.

HERBERT — *teutônico*: **Heriberaht** (combatente brilhante, guerreiro glorioso). Corresponde à mesma origem de **Ademar**.
Veja *HERBERTO*.

HERBERTO — variante de Herbert.
Veja *HERBERT*.

HERCÍLIA (ERSÍLIA) — *grego*, cujo significado é: orvalho.

HERCULANO — *latim*, cujo significado é: dedicado a Hércules, de Hércules.
Veja *HÉRCULES*.

HÉRCULES — *grego*: **Herakles**. Deriva do verbo **hercere** (fechar, cercar). Os romanos identificaram Hércules com o deus grego Héracles.
Veja *HERÁCLIO, HERÁCLITO, HERCULANO*.

HERIBERTO — *germânico*: **Hêri+bert** (exército+brilhante), ilustre, brilhante.
São Heriberto, festejado a 16 de março.

HERMANN — forma alemã de Armando.
Veja *ARMANDO*.

HERMANO — *teutônico*, cujo, significado é: homem do exército.

HERMELINDA — veja *ERMELINDA*.

HERMENEGILDO — *teutônico*, cujo significado é: o que faz sacrifício aos deuses.
Santo Hermenegildo, festejado a 13 de abril.

HERMENGARDA — *teutônico*, cujo significado é: aquela que protege.
OBS.: Tem o mesmo significado de **Ermelinda**.

HERMES — na mitologia greco-romana é o deus mensageiro, deus do comércio.
OBS.: O Marechal Hermes da Fonseca, foi um dos presidentes do Brasil, que instituiu entre nós o Serviço Militar.

HERMETO — santo da Igreja Católica.
São Hermeto, festejado a 4 de janeiro.

HERMINE — variante de Hermínia.
Veja *HERMÍNIA, ERMINA*.

HERMÍNIA — *grego*: **Hermione** (do mundo, da terra).
Veja *HERMINE*.
OBS.: Há autores que dão origem etrusca a Hermínia, por ter sido o nome de um monte perto de Roma.
Var.: *HERMÍNIO*.

HERMÍNIO — variante de Hermínia.
Veja *HERMÍNIA*.

HERMINO — santo da Igreja Católica.
São Hermino, festejado a 28 de janeiro.

HERMIONE — *grego*, cujo significado é: que oculta, que guarda.

HERMÓGENES — *grego*, cujo significado é: de boa saúde, sadio.

HERMON — santo da Igreja Católica.
São Hermon, festejado a 7 de março.

HERODES — *hebraico*, cujo significado é: dragão em fogo. Rei da Judéia, nascido no ano 72 a. C.

HERODIANO — historiador grego que floresceu no terceiro século a. C.

HERÓDOTO — *grego*, cujo significado é: dado por Juno.

HERON — nome de dois matemáticos, naturais de Alexandria.

HERONDINA — santa da Igreja Católica.
Santa Herondina, festejada a 23 de julho.

HEROS — um dos quatro deuses Lares dos egípcios.

HERSÍLIA — uma das virgens sabinas raptadas pelos romanos e que se tornou esposa de Rômulo.

HERTA — na mitologia germânica era a deusa Terra.

HESÍODO — *grego*, cujo significado é: guia. Famoso poeta didático, natural de Cumas, na Eólia.

HIA — santa da Igreja Católica.
Santa Hia, festejada a 4 de outubro.

HIBRAEL — anjo do bem, do Islam.

HIDULFO — santo da Igreja Católica.
São Hidulfo, festejado a 12 de julho.

HIERO — *grego*: **Hieros** (sagrado).
São Hiero, festejado a 7 de novembro.

HIÉROCLES — *grego*, cujo significado é: glória sagrada. Filósofo platônico; floresceu no quinto século de nossa era (d. C.).

HIGINO — *grego*, cujo significado é: de boa saúde, sadio.

HILÁRIA — *latim*, cujo significado é: alegre, jovial.
Santa Hilária, festejada a 3 de dezembro.

HILÁRIO — *latim*: **Hilarius** (alegre).
Santo Hilário, festejado a 14 de janeiro.

HILDA — *teutônico*: **Hilde** (donzela de batalha).
Veja *HILDEBRANDO*.

HILDEBERTO — *celta*, cujo significado é: grande senhor.
São Hildeberto, festejado a 1.º de dezembro.

OBS.: Há autores que admitem a etimologia *germânica*: **Hild+bert** (guerra+brilhante), célebre guerreiro.

HILDEBRANDO — *teutônico*: **Hildbrand** (espada de guerra, espada de combate).

HILDEFONSO — variante de Ildefonso. Veja este nome.

HILDEGARDO — *teutônico*, cujo significado é: o que cuida dos combatentes.

HILDERICO — *germânico*: **Hild+rihhi** (combate+poderoso), poderoso na guerra.

HILMA — variante de Helma que, por sua vez, vem do *teutônico*: **Helm** (proteção, escudo).
Veja *HELMA*.

HILTON — *anglo-saxão*: **Hylltun** (da montanha).

HIMÉRIO — gramático e sofista grego, natural de Prusa, na Britânia.

HINAH — foi sogra do apóstolo Pedro.

HIOSERIS — é uma pequena planta de flor amarela, cujo nome científico é: *hioseris radiata*.

HIPÓCRATES — *grego*, cujo significado é: que tem a força de um cavalo.
OBS.: Hipócrates é considerado o Pai da Medicina.

HIPÓLITO — *grego*, cujo significado é: aquele que desatrela os cavalos, o que solta os cavalos.

HIPÔMONE — amante de Atlante. Venceu esta princesa em corrida, semeando no caminho pomos de ouro, obtendo assim sua mão.

HIPONAX — grande poeta satírico da Grécia.

HIPSÉIA (HIPSÉA) — mãe de Medéia. Da mitologia.

HIPURINA — na linguagem da tribo Maués, esse nome significa: donzela; flor; fruta.

HIRAM — *hebraico*: **Hiram** (o mais nobre).
Veja *IRÃ*.
VAR.: *IRÃ*.

HIRCANO — sumo pontífice e rei dos judeus. Foi assassinado no ano 30 a. C.

HIRÔNIDES — santo da Igreja Católica.
São Hirônides, festejado a 12 de setembro.

HOLOFERNES — *assírio*, cujo significado é: capitão forte. General de Nabucodonosor I. Foi morto no ano 659 a. C., por Judite, heroína judia.

HOMEM — sobrenome que antigamente era alcunha.

HOMERO — *grego*: **Homeros** (refém; segurança). Autor de duas das maiores obras de todos os tempos: *Odisséia* e *Ilíada*. Deve-se evitar a forma gráfica: **Omero**.

HONESTO — significação literal.
Santo Honesto, festejado a 16 de fevereiro.

HONORATA — *latim*, cujo significado é: digna de honras.
Santa Honorata, festejada a 11 de janeiro.
Veja *HONORATO*.

HONORATO — *latim*, cujo significado é: aquele que merece ser honrado, o que recebe honras.

HONORICO — *germânico*: **Hunn+rihhi** (urso novo+poderoso), poderoso como um urso.

HONORINA — *latim*, cujo significado é: que recebe honras.

Santa Honorina, festejada a 28 de fevereiro.
Veja *HONORATA*, *HONORATO*, *HONORINDA*.

HONORINDA — *esperanto*, cujo significado é: digna de honra.

HONORINO — diminutivo de Honório.
Veja *HONÓRIO*.
OBS.: Honorino era uma divindade romana à qual sacrificavam as mulheres daqueles que viajavam, a fim de que recebessem acolhida amigável dos estrangeiros cujos países deveriam percorrer.

HONÓRIO — *latim*: **Honor** (honra).
Veja *HONORINO*.

HORÁCIO — *latim*: **Horatius** (relativo às horas). As Horas eram deusas da mitologia greco-romana.

HORTA — na mitologia latina, Horta era a deusa da Juventude. Era ela que conduzia os jovens à Virtude.

HORTÊNSIA — *latim*: **Hortensia** (a que cultiva o jardim ou horta). Deve-se evitar a grafia Hortência e Ortência.

HORTÊNSIO — Q. Hortênsio, célebre orador romano, nasceu no ano 113 a. C.
São Hortênsio, festejado a 11 de janeiro.

HOSANA, HOSANÃ — *hebraico*, cujo significado é: Salve! Antigamente era usado como sobrenome, mas hodiernamente aparece como nome.

HOSTÍLIO — *latim*, cujo significado é: hostil, adversário.

HUBERTO — *germânico*: **Hug+bert** (inteligência+brilhante), de inteligência brilhante.
São Huberto, festejado a 30 de maio.
OBS.: São Huberto é o padroeiro dos caçadores e dos fundidores.

HUGO — *teutônico*, cujo significado é: ajuizado.
Santo Hugo, festejado a 1.º de abril.

HUGOLINO — santo da Igreja Católica.
São Hugolino, festejado a 13 de outubro.

HUMBERTO — *teutônico*: **Hun-beraht** (espírito brilhante).
Veja *UMBERTO*. Deve-se escrever com **H**.

Nome tão doce aos lábios, que parece escrever-se em cetim com letras de ouro.

Gonçalves Dias

ÍRIS

I

IACI (IACY) — *tupi*, que, segundo Lima Figueiredo, é uma linda jovem indígena da lenda do mate.

IACINA — espécie de borboleta de asas douradas.

IAGÊ — *tupi*, que, segundo a lenda dos indígenas do rio Juruá, tem qualidades de telepatia.

IAGO — variante de Jacó que, por sua vez, vem do *hebraico*: **Ya'aqob** (aquele que suplanta, aquele que vence). O nome tornou-se popular depois da tragédia de Shakespeare *Otelo* e das óperas do mesmo nome.
Veja *JACÓ*.

IANA — primeiro nome de Diana, chamada antes **Dea Jana** ou **Dea Ianade** onde, por abreviação, fizeram **Diana**.
Veja *DIANA*.

IARA — *tupi*: **Ig** (água) **e iara** (senhora), foi literalmente composto. Iara é a beleza tentadora das águas. Não é mito ameríndio nem africano. Há autores que dão origem do tupi **Yara** (a que fica acima, a que sobrepõe).

IBÁ — *tupi*, cujo significado é: fruta.

IBERÊ — *tupi*, tendo sua tradução ainda não esclarecida. Nome de personagem da ópera *O Escravo*, de Carlos Gomes.

IBIÁ — *tupi*, cujo significado é: ladeira, barranco.

ÍBIS — na mitologia egípcia era a ave sagrada. Era crime de morte matar uma Íbis, mesmo por acaso. Segundo a tradição, protegia o vale do Nilo contra as invasões das serpentes aladas. A "íbis sagrada", de plumagem branca, com cabeça e cauda pretas, era a encarnação de Tot. Chamava-se vulgarmente **hib**.

IBRAIM — forma árabe do hebraico Abraão. Nome de alguns dinastas turcos. É um nome muito comum entre os árabes.

ICANOR — personagem do conto *Impossível*, de "Breves Contos Orientais", de Renato Sêneca Fleury.

ÍCARO — nome grego de origem mitológica. Ícaro é filho de Dédalo. Fugiu da ilha de Creta, servindo-se de asas pregadas com cera.

ICÍLIO — um dos cinco primeiros tribunos de Roma, floresceu no quinto século a. C.

ICTINO — grande arquiteto grego, floresceu no ano 450 a. C. Construiu os melhores monumentos.

IDA — *teutônico*: **Ida** (diligente, industrioso) ou do *anglo-saxão*: **Eada** (feliz).

IDÁLIA — *latim*, cujo significado é: que viu o Sol.
Veja *IDALINO*.

IDALINA — nome de origem italiana. Idália era uma cidade da Itália e **Idalina** significa natural de Idália.

IDALINO — *latim*, cujo significado é: que viu o Sol.
Veja *IDÁLIA*.

IDMON — personagem da mitologia grega, pai de Aracné.

IDOMEU — *latim*, cujo significado é: espírito vidente.

IDÚLIO — *latim*: **Idulium**, nome da vítima que se imolava a Júpiter no dia dos idos.

IEMANJÁ — *iorubana*, língua africana. Iemanjá é a senhora do mar, protetora das mães e das esposas, nos cultos de umbanda e afro-baianos.

IFIGÊNIA — *grego*, cujo significado é: com vigor, com força. Não é aconselhável a grafia **Efigênia** como erradamente muita gente faz.

IFIGÊNIO — *grego*, cujo significado é: de bom nascimento.
Veja *IFIGÊNIA*.

IFITO — rei da Élida. Floresceu cerca de 900 anos a. C.

IGOR — *russo*, nome de um príncipe e de um duque da Rússia.

IGUABA — *tupi*, cujo significado é: lugar onde se bebe água.

IGUAÇU — *tupi*, cujo significado é: água grande. Não deve ser usada a grafia **Iguassu**.

IGUAPÉ — *tupi*, cujo significado é: seio d'água.

IGUATU — *tupi*, cujo significado é: água boa.

IJUÍ — *tupi*, cujo significado é: água com espinho.

ILA — antigo *francês*: **Isle** (da ilha) ou do *anglo-saxão*: **Ilde** (batalha).

ILARA — nome de mulher, inventado para figurar na peça *O Escravo* de Carlos Gomes. Não é de origem tupi, porque esta língua não possui a consoante l, tal como o japonês.

ILCA — *eslavo*: **Milka** (industriosa). Uma mulher honrada pela sua vivacidade e perseverança.

ILDEFONSO — *teutônico*, cujo significado é: pronto para o combate.

ILIA — nome de origem mitológica. Filha de Numitor.

ILITIA — deusa dos gregos, filha de Juno. Presidia os partos.

ILMA — variante de Helma, que por sua vez vem do *teutônico*: **Helm** (proteção).
Veja *HELMA*.

ILO — nome de origem mitológica. Rei de Tróia. Edificou Ílio e expulsou Tântalo do seu reino.

ILUMINATA — forma feminina de Iluminato.
Santa Iluminata, festejada a 29 de novembro.

ILUMINATO — *latim*, cujo significado é: brilhante, ornado.
São Iluminato, festejado a 11 de maio.

IMIRÁ — *tupi*, cujo significado é: árvore, madeira.

INÁ — mãe, no linguajar caribe.

INÁCIA — *latim*: **Ignatia** (ardente).
Veja *INÁCIO*.

INÁCIO — *latim*: **Ignatius** (ardente, fogoso).
Veja *INÁCIA*.
Santo Inácio de Loiola, festejado a 31 de julho.

INAÉ — o mesmo que Iemanjá, Rainha do Mar, Princesa do Mar, Sereia do Mar.

INAJÁ — palmeira de coco comestível, comum na região amazônica.

INARI — *japonês*: **Inari** (o deus-raposa). Originariamente Inari era o deus do arroz e da agricultura em geral.

INCA — significa: filho do sol, na mitologia peruana.

ÍNCLITA — forma feminina de Ínclito.
Veja *ÍNCLITO*.

ÍNCLITO — nome de significação literal, ou seja: ilustre, notável.
Veja *ÍNCLITA*.

INDAIÁ — *tupi*, cujo significado é: palmeira.

INDAIATUBA — *tupi*, cujo significado é: muitas palmeiras, palmeiral.

INDRA — deus da atmosfera, um dos três termos da trindade védica.

INÊS — variante de Agnês (a casta, a pura) de origem grega. Inês foi martirizada em Roma no ano 305.
Veja *AGNÊS*.
Santa Inês, festejada a 21 de janeiro.

INGRID — *sueco*, cujo significado é: em forma de guerreira.

INOCÊNCIO — *latim*, cujo significado é: o inofensivo, o que não comete mal.

IOLANDA — *italiano*: **Iolanda**.

IOLE — *grego*, cujo significado é: violeta.

ION — santo, festejado a 5 de agosto.

IONE — *grego*: pedra violeta.

IÔNIO — santo, festejado a 22 de setembro.

IOSHUA — *hebraico*: **Yehoshua** (deus da salvação).

IPANEMA — *tupi*, cujo significado é: água que não presta.

IPAUÇU — *tupi*, cujo significado é: ilha grande.

IPÊ — árvore de flores amarelo-ouro.

IPIRANGA — *tupi*, cujo significado é: água vermelha.

IPU — *tupi*, cujo significado é: olho d'água.

IRA — *hebraico*: **Ira** (o que vigia).

IRACEMA — anagrama de América. Este nome não tem nenhuma origem no tupi como muitos pensam. Ele foi criado por José de Alencar.

IRACI — *tupi*: **Ira** (mel) e **cy** (mãe), ou seja, a mãe do mel, isto é, a abelha.

IRAÍ — *tupi*, cujo significado é: rio do mel.

IRAJÁ — *tupi*, cujo significado é: cabaça de mel.

IRAPUÃ — *tupi*, cujo significado é: abelha redonda.

IRENE — *grego*: **Eirene** (paz).
Veja *IRIA*.

IRIA — o mesmo que Irene.

IRINEU — *grego*: **Ireneu** (homem da paz, o pacífico).
Santo Irineu, festejado a 24 de março.

ÍRIS — *grego*: **Iris** (Deusa da mitologia greco-romana).

IRMA — *teutônico*: **Era-man** (pessoa nobre).
Veja *HERMÍNIA*.

IRUPÊ — linguagem dos indígenas amazonenses, é o mesmo que *euriale amazonica* ou vitória-régia.

ISA — *teutônico*: **Isan** (de vontade férrea). É, também, diminutivo de Isabel, que, por sua vez, vem de Elisabete.
Veja *ELISABETE* e *ISABEL*.

ISAAC — variante de Isaque que, por sua vez, vem do *hebraico*: **Yitshhaq** (ele sorriu).
Veja *ISAQUE*.

ISABEL — entrou no português vindo do francês **Isabelle** e do espanhol **Isabel**, derivado de Elisabete.
Santa Isabel, festejada a 2 de julho.
Veja *ISA, ELISA, ELISABETE*.

ISABELLE — forma francesa de Isabel.
Veja *ISABEL*.

ISABÉU — forma variante de Isabel.
Veja *ISABEL*.

ISADORA — *grego*: **Isidora** (dádiva de Ísis). É, também, a forma feminina de Isidoro.
Veja *ISIDORO*.

ISAÍAS — *hebraico*, cujo significado é: Deus é a minha salvação.

ISANTINA — substância extraída do anil.

ISANTO — planta labiada da América do Norte.

ISAQUE — *hebraico*: **Yitshhaq** (ele sorriu). Diz-se que a criança riu quando nasceu.
Var.: *ISAAC*.
A nova ortografia portuguesa manda escrever **Isaque**.

ISAURA — nome originário da localidade de Isauras. Este nome ficou conhecido por causa do célebre romance de Bernardo Guimarães: *A Escrava Isaura*.

ISAURO — *latim*, cujo significado é: igual ao ouro.
Veja *ISAURA*.
Santo Isauro, festejado a 17 de junho.

ISEU — *grego*, cujo significado é: igual. Este nome é, também, de mulher, usado no lugar de Isolda.

ISIDORO — *grego*: **Isidoros** (dádiva de Ísis). Ísis era uma deusa do antigo Egito.
Santo Isidoro, festejado a 4 de abril.
Veja *ISIDORO*.

ISIDRO — Variante de Isidoro.
Veja *ISIDORO*.

ÍSIS — *egípcio*: **Ast** (deusa suprema ou espírito supremo). Há autores que dão significado a este nome de: nasci de mim mesma, não vim de ninguém.

ISLENA — *espanhol*, cujo significado é: insular, peculiar à ilha.

ISLENO — *espanhol*, cujo significado é: insulano.
Veja *ISLENA*.

ISMAEL — *hebraico*, cujo significado é: Deus o ouviu.

ISMAIL — um dos reis dos persas.

ISMÊNIA — *grego*, cujo significado é: a desejada.

ISÓCRATES — *grego*, cujo significado é: força igual. Orador ateniense, que floresceu cerca de 436 anos a. C.

ISOFÂNIA — forma feminina de Isofânio.
Veja *ISOFÂNIO*.

ISOFÂNIO — *grego*, cujo significado é: parecido, semelhante.

ISOLDA — *gaélico*: **Eysellt** (a justa). Há autores que dão origem ao grego. É uma espécie de variante de **Iseu**.
Veja *ISEU*.

ISOLINA — variante de Isolda, através do italiano **Isola.**
Veja *ISOLDA*.

ISOPA — forma variante de Isolda.
Veja *ISOLDA*.

ISRAEL — *hebraico*, cujo significado é: forte contra Deus, o homem que vê a Deus.

ISRAFIL — da mitologia maometana, conhecido, também, pelo nome de Israfel. Divindade simbólica da música. Sua voz é bela e melodiosa.

ITA — *irlandês*: **Itu** (sedutor), ou do *tupi*: **Ita** (pedra), como: **Itaúna** (pedra preta).

ITABERÁ — *tupi*, cujo significado é: pedra resplandecente.

ITABERAÍ — *tupi*, cujo significado é: pedra do rio do cristal.

ITABIRA — *tupi*, cujo significado é: pedra empinada.

ITABOCA — *tupi*, cujo significado é: pedra rachada.

ITABORAÍ — *tupi*, cujo significado é: rio da pedra bonita.

ITACAMBIRA — *tupi*, cujo significado é: pedra em forma de forquilha, pedra com duas pernas.

ITACOATIARA — *tupi*, cujo significado é: pedra pintada.

ITACOLOMI — *tupi*, cujo significado é: a pedra e o filho, a pedra grande com a pequena.

ITACURUÇÁ — *tupi*, cujo significado é: pedra da cruz.

ITAGUAÍ — *tupi*, cujo significado é: rio de pedra furada.

ITAIPAVA — *tupi*, cujo significado é: parede de pedra.

ITAIPU — *tupi*, cujo significado é: fonte que nasce da pedra.

ITAJAÍ — *tupi*, cujo significado é: rio pedregoso, rio cheio de pedras.

ITAJUBÁ — *tupi*, cujo significado é: pedra amarela, pedra de ouro.

ITÁLIA — *grego*, cújo significado é: bezerro, vitelo, ou seja, terra dos bezerros.

ÍTALO — *latim* através do *italiano* cujo significado é: natural da Itália. Na mitologia latina, Ítalo era o príncipe que desposou Leucária.

ITAMAR — *hebraico*, cujo significado é: região de palmeiras.

ITAMARACÁ — *tupi*, cujo significado é: chocalho de pedra.

ITAMARANDIBA — *tupi*, cujo significado é: de pedras pequenas, local de pedregulho.

ITAMARATI — *tupi*, cujo significado é: água entre pedras soltas.

ITAMBÉ — *tupi*, cujo significado é: pedra afiada.

ITAOCA — *tupi*, cujo significado é: fortaleza de pedra, casa de pedra.

ITAOCARA — *tupi*, cujo significado é: terreiro de pedra, praça empedrada.

ITAPAGIPE — *tupi*, cujo significado é: rio de pedra chata.

ITAPARICA — *tupi*, cujo significado é: o cercado de pedra.

ITAPECERICA — *tupi*, cujo significado é: laje escorregadia, pedra lisa.

ITAPEMIRIM — *tupi*, cujo significado é: pedra pequena.

ITAPERUNA — *tupi*, cujo significado é: aldeia extinta e negra.

ITAPETININGA — *tupi*, cujo significado é: passagem a raso, passagem a vau.

ITAPEVA — *tupi*, cujo significado é: pedra chata.

ITAPICURU — *tupi*, cujo significado é: pedra cheia de saliências pontiagudas.

ITAPOÃ — *tupi*, cujo significado é: pedra redonda, pedra exposta.

ITÁPOLIS — *grego + tupi*, palavra híbrida, cujo significado é: cidade de pedra.

ITAPORANGA — *tupi*, cujo significado é: pedra bonita.

ITARARÉ — *tupi*, cujo significado é: pedra escavada pelas águas.

ITATIAIA — *tupi*, cujo significado é: pedra eriçada, pedra em gancho.

ITATIBA — *tupi*, cujo significado é: pedregal, muitas pedras.

ITATINGA — *tupi*, cujo significado é: pedra branca.

ITAÚ — *tupi*, cujo significado é: pedra preta.

ITAÚNA — *tupi*, cujo significado é: pedra preta preciosa.

ITAVERAVA — *tupi*, cujo significado é: pedra que brilha.

ÍTIS — nome de origem mitológica. Filho de Tereu, rei da Trácia, e Progné.

ITU — *tupi*, cujo significado é: o salto, a cachoeira.

ITURIEL — personagem de um dos romances de Voltaire.

ITUVERAVA — *tupi*, cujo significado é: o salto brilhante.

IVÃ — *russo*: **Ivan**, é o mesmo que João.
Veja *IVAN, JOÃO*.

IVAÍ — *tupi*, cujo significado é: rio das flechas.

IVALDIR — *teutônico*, cujo significado é: o pai dos anões-ferreiros. Este nome é tirado da mitologia germânica.

IVAN — variante de Ivã, de origem russa. Corresponde ao português João.

IVETA — santa, viúva e reclusa, festejada a 13 de janeiro.

IVETE — forma diminutiva de Ivo. Veja *IVO*.

IVO — *anglo-saxão*: **Ives** (filho do arco; ativo, vigilante). Santo Ivo, Bispo de Chartres, no século XI.

IVONE — forma derivada de Ivo. Veja *IVO*.

IZOLITA — *esperanto*: **Izolita** (solitária).

Seu nome deve ser sonoro e lindo
como o rumor de um límpido regato:
nome que lembre pérolas caindo,
uma por uma, no cristal de um prato.

Antônio Sales

JÓ

J

JABEL — nome de origem grega. Filho de Lameque e de Ada.

JABINO — nome de dois reis de Canaã.

JABOTÃO — *tupi*, cujo significado é: árvore de tronco reto.

JACI — *tupi*: **Ia-ci** (a mãe dos frutos, a lua). Daí os termos: **Iaci omunhã** (a lua nova), **Iaci icaua** (lua cheia).

JACINTO — *grego*: **Hyakinthos** (flor jacinto; uma flor que se chama jacinto). São Jacinto, festejado a 17 de agosto.

JACÓ — *hebraico*, cujo significado é: que suplanta, que vence.
Veja *JACOME*.

JACOBINA — *tupi*, cujo significado é: que tem cascalho limpo.

JACOME — variante de Jacó.
Veja *JACÓ*.

JACUÍ — *tupi*, cujo significado é: rio dos jacus.

JACUÍPE — uma espécie de variante de Jacuí.

JACUNDINO — santo, festejado a 21 de julho.

JADE — *espanhol*: **Ijada** (pedra de jade). Nenhuma jóia pode ser comparada a esta gema inestimável que se chama **filha**.

JADER — santo, festejado a 10 de setembro.

JADO — foi sumo sacerdote e patriota judeu.

JADON — foi profeta judeu, sobre o qual se contam coisas admiráveis.

JAEL — foi heroína judia.

JAFÉ — foi um dos filhos de Noé. Povoou a Europa e parte da Ásia. Os gregos dizem-no pai de sua raça.
OBS.: Há autores que dão a sua origem ao *hebraico*: **Jafeth** (o dilatado, o difundido).

JAGUARÃO — *tupi*, cujo significado é: a onça feroz.

JAGUARIBE — *tupi*, cujo significado é: o rio das onças.

JAIME — antigo *espanhol*: **Jayme**. Sua origem, porém, remonta ao *hebraico*: **Iakob** (o que vence).
DIM.: *JIM*.
VAR.: *JAMES, DIEGO*.

JAIR — *hebraico*, cujo significado é: o iluminado de Deus.
Veja *JAIRO*.

JAIRE — foi chefe da sinagoga de Cafarnaum, cuja filha foi ressuscitada por Jesus.

JAIRO — *hebraico*, cujo significado é: o iluminado de Deus.
Veja *JAIR*. Deve-se evitar a grafia **Jaíro.**

JAMES — variante de Jaime que, por sua vez, vem do antigo espanhol: **Jayme.**
Veja *JAIME, JIM*.

JAMIL — *árabe*, cujo significado é: formoso.

JANA — mitologia latina que simbolizava a lua.

JANAÍNA — sinonímia de **Iemanjá** que, por sua vez, vem dos cultos afro-baianos, com o significado de: rainha do mar, protetora das mães e das esposas.

JANARI — árvore brasileira da região amazônica.

JANDIRA — *tupi*, cujo significado é: a abelha de mel.

JANDUÍ — *tupi*, cujo significado é desconhecido.

JANE — *hebraico*: **Y-hohhanan** (Deus é gracioso). É forma feminina de João.
Veja *JOÃO*.
DIM.: *JÂNIE, JENNIE, NETA*.
VAR.: *JANETE*.

JANETE — variante de Jane.
Veja JANE, JÂNIE, JENNIE, NETA.

JANICE — variante de Jane.
Veja *JANE, JANETE, JENNIE, NETA*.

JÂNIDES — mitologia latina. Eram chamados de Jânides, os adivinhos descendentes de Jano.

JÂNIE — diminutivo de Jane.
Veja *JANICE, JANE, JANETE, NETA*.

JANINA — variante de Jane.
Veja *JÂNIE, JANE, JANETE, NETA*.

JÂNIO — nome de origem latina referente ao deus Jano.

JANITOR — *latim*: **Janua** (porteiro, o que presidia às portas).

JANO — é o mais antigo rei da Itália. Segundo a lenda, era filho de Apolo e de Creusa.

JANUÁRIO — *latim*, cujo significado é: consagrado a Jano.
São Januário, festejado a 19 de setembro.

JAPIASSU — nome de origem indígena. Ave da Amazônia.
OBS.: Recomenda-se a grafia moderna: **Jupiaçu.**

JAQUELINE — antigo *francês*: **Jacqueline**.

JAQUES — variante de Jacó que, por sua vez, vem do hebraico com o significado de: aquele que suplanta.
Veja *JACÓ*.

JARBAS — *fenício*, cujo significado é: aquele a quem Baal fez nobre.

JARDANI — mãe de Alceu, rei da Lídia.

JARDIM — sobrenome de origem botânica.

JARI — rio, afluente do Amazonas.

JARINA — palmeira amazonense conhecida por: marfim vegetal.

JASÃO — *grego*: **Jason** (médico; curandeiro).

JASMIM — *persa*: **Yasaman** (a flor de jasmim).
VAR.: *JASMINA, JESSAMINE.*

JASMINA — variante de Jasmim.
Veja *JASMIM*.

JATI — abelha indígena fabricadora de mel finíssimo. Esse mel goza a fama de apreciáveis qualidades medicinais.

JAÚ — *tupi*, cujo significado é: o que devora; o que estreita.

JAVARI — rio, afluente do Amazonas.

JEAN — *francês*: **Jean**. Tem a mesma origem e tradução do nome **Jane**.
Veja *JANE*.

JEFFERSON — sobrenome de Tomás Jefferson, presidente dos Estados Unidos.
OBS.: Recomenda-se a grafia portuguesa: **Jéferson.**

JELSON — deturpação gráfica de Jéferson.
Veja *JEFFERSON*.

JENNIE — diminutivo de Jane.
Veja *JANE*.

JENNY — forma diminutiva do *inglês*: **Joan**. Em português é: Joana.
Veja *JOANA*.

JEOVÁ — *hebraico*, cujo significado é: o ser por excelência.

JEREMIAS — *hebraico*: **Yirmiyah** (indicado de Jeová).

JERÔNIMO — *grego*: **Hieros-nomos** (nome sagrado).
São Jerônimo, festejado a 20 de julho.

JESSAMINE — variante de Jasmim.
Veja *JASMIM*.

JESSÉ — *hebraico*: **Yishay** (rico). Um homem que é rico de vários modos.

JESSICA — *hebraico*: **Yishay** (cheio de riqueza).
Veja *JESSIE*.
VAR.: *JESSIE*.

JESSIE — variante de Jessica que, por sua vez, vem do hebraico com o significado de: cheio de riqueza.

JESUÍNO — derivado de Jesus, cujo significado é: de Jesus. Em alguns países, davam aos meninos o nome de **Jesuíno** para não dar o de Jesus que seria falta de respeito. Modernamente já não se segue este princípio. Há muitos nomes "Jesus" no Brasil.

JESUS — *hebraico*, cujo significado é: Deus é seu auxílio.

JETRO — pai de Séfora, mulher de Moisés.

JIM — diminutivo de Jaime que, por sua vez, vem do antigo *espanhol*: **Jayme**.
Veja *JAIME*.

JÓ — diminutivo de Josefina que, por sua vez, vem de Josefa, cujo significado é: ela acrescentará.
Veja *JOSEFA, JOSEFINA*.

JOABE — *hebraico*, cujo significado é: paternidade. Foi um general judeu.
OBS.: Não se recomenda a forma gráfica: **Joab.**

JOADE — foi sumo sacerdote dos judeus.
OBS.: Não se recomenda a forma gráfica: **Joad.**

JOANA — variante de Jane.
Veja *JANE*. É também feminino de João.
Santa Joana D'Arc, heroína francesa do século XV.

JOÃO — *hebraico*: **Yehokhanan** (Deus é gracioso).
Veja *JOANA, IVÃ, IVAN*.
São João Batista, festejado a 24 de junho.
São João Crisóstomo, festejado a 27 de janeiro.
São João Evangelista, festejado a 27 de dezembro.
São João Nepomuceno, festejado a 16 de maio.

JOAQUIM — *hebraico*, cujo significado é: o elevado de Deus.

JOÁS — *hebraico*, cujo significado é: fogo do Senhor. Nome de um rei de Judá e de outro de Israel.

JOATAN — rei de Judá, filho de Osias. Sendo seu pai atacado de lepra, ele exerceu o governo. Sucedeu, afinal, seu pai no ano 752 a. C.
OBS.: Recomenda-se a grafia: **Joatã.**

JOCELIM — *anglo-saxão*: **Goscelin** (o justo). É variante feminino de Justino.
Deve-se evitar a grafia **Jocelyn.**
VAR.: *JOCELINA, JOCELINE*.

JOCELINA — variante de Jocelim.
Veja *JOCELIM, JOCELINE*.

JOCELINE — variante de Jocelim.
Veja *JOCELIM, JOCELINA*.

JOÉ — diminutivo de José.
Veja *JOSÉ*.

JOEL — *hebraico*, cujo significado é: o adorador de Deus.

JÓIA — antigo *francês*: **Juel** (uma gema preciosa).

JONAS — *hebraico*: **Yonah** (pomba). Um homem assim chamado porque ele era amante da paz e da serenidade.

JÔNATAS — *hebraico*: **Y-honathan** (prenda de Jeová).

JORDANO — *hebraico*: **Yarden** (aquele que descende).

JORDÃO — *hebraico*, cujo significado é: que desce, que corre. Nome derivado do rio da Palestina onde Jesus foi batizado por São João Batista.

JORGE — *grego*: **Georgios** (trabalhador da terra, fazendeiro).

JÓRIO — santo, festejado a 26 de julho.

JOSAFÁ — *hebraico*, cujo significado é: Deus o julga.

JOSÉ — *hebraico*: **Yoseph** (aquele que acrescenta).

Veja *JOE, ZÉ, ZEZITO, ZEZINHO, JOSINO.*
DIM.: *JOE, ZÉ, ZEZITO, ZEZINHO.*
São José, festejado a 19 de março.

JOSEFA — variante de Josefina que, por sua vez, vem do *hebraico*: **Yoseph** (ele acrescenta). Forma, também, feminino de José.
Veja *JOSEFINA.*

JOSEFINA — forma feminina de José.
DIM.: *JO, JOSIE.*
VAR.: *JOSEFA, JOSETE.*

JOSEFO — variante de José.
Veja *JOSÉ.*

JOSETE — variante de Josefina.
Veja *JOSEFINA.*

JOSIAS — *hebraico*, cujo significado é: o que Deus consolou.

JOSIE — diminutivo de Josefina.
Veja *JOSEFINA.*

JOSINO — diminutivo de José.
Veja *JOSÉ.*

JOSSE — *chinês*. Pequeno ídolo chinês, em geral usado nas casas. Divindade familiar.

JOSUÉ — *hebraico*, cujo significado é: Deus é seu auxílio.

JOVIANO — *latim*, cujo significado é: consagrado a Júpiter.

JOVINO — *latim*, cujo significado é: posto sob a proteção de Júpiter.
VAR.: *JOVINA, JOVINIANO, JOVINIANA.*

JOVIRO — santo, festejado a 15 de fevereiro.

JOVITA — *latim*, cujo significado é: energia. Forma feminina de Jovito.
Veja *JOVITO.*

JOVITO — *latim*, cujo significado é: energia. Forma feminina é: Jovita.
Veja *JOVITA.*
São Jovito, festejado a 15 de fevereiro.

JUAREZ — nome de origem espanhola. Em espanhol se pronuncia **Juárez** e não **Juarêz.**

JUBAL — nome bíblico. Segundo o Velho Testamento **Jubal** inventou a cítara e o órgão.

JUCA — forma diminutiva de José. É também considerado um apelido de José.

JUÇARA — nome de origem *tupi*. É uma palmeira espinhosa.
OBS.: Não se recomenda a grafia: **Jussara**.

JUDAS — *hebraico*, cujo significado é: louvor a Deus.
São Judas Tadeu, festejado a 28 de outubro.

JUDI — diminutivo de Judite.
Veja *JUDITE.*
Deve-se evitar a grafia **Judy**.

JUDIE — diminutivo de Judite.
Veja *JUDITE.*

JUDITE — *hebraico*: **Yehudith** (louvada).
Veja *JUDI, JUDIE.*
DIM.: *JUDI, JUDIE.*

JUGURTA — rei da Numídia, nasceu no ano 154 a. C. Seu reinado teve um desfecho trágico.

JÚLIA — *latim*: **Julia** (a cheia de juventude). Forma feminina de Júlio.
VAR.: *JULIETA.*

JULIANA — forma derivada de Júlia. A Igreja venera duas santas de igual nome.
Veja *JULIANO.*

JULIANO — *latim*: **Julianus** (que pertence a Júlio).
Veja *JÚLIO*.

JULIÃO — variante de Juliano.
Veja *JULIANO*.
São Julião, festejado a 9 de janeiro.

JULIETA — diminutivo de Júlia. Popularizou-se depois do drama de Shakespeare, *Romeu e Julieta*.

JÚLIO — *latim*: **Julius** (cheio de juventude).

JULITA — a Igreja venera duas santas com esse nome.

JÚNIA — *latim*: **Juvenis** (jovem).
Veja *JUNIANO*.

JUNIANO — nome derivado de Júnia.
São Juniano, festejado a 13 de agosto.

JUNQUEIRA — Vem do antigo *português*: **juncal** (coleção de plantação de juncos).

JUPARANÃ — *tupi*, cujo significado é: mar de rãs.

JUPIRA — personagem principal de um romance de Bernardo Guimarães.
OBS.: Não se recomenda a grafia: **Jupyra.**

JURACI — *tupi*: **Yura**, concha + **cy**, mãe, o que vem a significar: mãe das ostras.
OBS.: Não se recomenda a grafia: **Juracy.**

JURANDIR — *tupi*, cujo significado é: o que foi trazido pela luz do céu.

JUREMA — *tupi*: **Iu-r-ema** (espinheiro suculento). Nome de certas plantas entorpecentes do Brasil, que produzem sono.

JURIPARI — entidade guerreira das selvas amazonenses. O maestro Vila-Lobos, inspirado nessa lenda, escreveu um bailado.

JURITES — da mitologia romana. Deusas que presidiam aos juramentos.

JURUPARI — *tupi*, cujo significado é: demônio que tapa a boca dos que dormem.

JUSCELINO — *gótico*: **Gaud, gauz, goz**, ainda sem significado conhecido. Nome de um presidente da República do Brasil (Juscelino Kubitschek de Oliveira), fundador de Brasília.

JUSSIENA — planta *jussiena pilosa*, conhecida por Cruz de Malta.

JUSTA — significação literal.
Santa Justa, festejada a 19 de julho.
Veja *JUSTINO, JUSTINA*.

JUSTINA — forma feminina de Justo.
Veja *JUSTO*.

JUSTINIANO — *latim*: de **Justino** (ligado a Justino).

JUSTINO — antigo *francês*: **Justine** (o justo, o reto).
Veja *JUSTO*.

JUSTO — *latim*: **Iustus** (o justo).

JUVENAL — *latim*, cujo significado é: da juventude, da mocidade.

JUVENCA — ninfa que Júpiter transformou numa fonte.

JUVÊNCIO — *latim*, cujo significado é: mocidade.

JUVENTA — deusa que os romanos invocavam quando seus filhos deixavam a toga pretexta.

JUVENTINO — derivado de Juvêncio, mesmo significado.
Veja *JUVÊNCIO*.

Teu nome, flor, o teu nome
recorda a polpa de um figo
na boca de quem tem fome.

H. Castriniano

KENNEDY

K

K, letra que, embora não pertencente ao alfabeto português, é usada em nomes próprios estrangeiros no Brasil. Substituída, às vezes, por **C**, como **Karl** (Carlos), **Konrad** (Conrado).

KAAB — poeta árabe, contemporâneo de Maomé, autor do *Alcorão*.

KABIR — nome de famoso poeta indiano.

KADICHARI — foi a primeira esposa de Maomé. Nasceu no ano 564 da era cristã. Viúva de dois maridos, bastante rica, tinha 40 anos quando se casou com o profeta, que contava apenas 25 anos. Segundo alguns intérpretes do *Alcorão*, Maomé casou-se por interesse monetário.

KALIDASA — famoso poeta hindu, autor de vários poemas escritos em sânscrito.

KAMADEVA — divindade hindu correspondente ao Zeus dos gregos.

KANOPE — nome de origem mitológica egípcia, cujo significado é: princípio fundador, criador e benfeitor.

KAPILA — filósofo hindu, fundador da escola sanquia, de origem materialista.

KAREN — diminutivo de Catarina: Veja este nome.

KARL — *teutônico*: **Karl** (forte, viril), correspondente ao nosso Carlos. Veja este nome.

KASSIM — nome muito usado para vários califas do mundo árabe.

KELDA — antigo *nórdico*: **Kelda** (primavera).
Veja *KELLY*.
DIM.: *KELLY*.

KELLY — diminutivo de Kelda e também do *irlandês*: **Ceallach** (donzela guerreira).
Veja *KELDA*.

KELVIN — *irlandês*: **Caolabhuinn** (do rio estreito).

KENDALL — *anglo-saxão*: **Caindale** (vale brilhante, vale do rio brilhante).

KENERINO — santo, festejado a 5 de março.

KENNEDY — *irlandês*: **Cinneididh** (cabeça encapuzada, cabeça dentro do elmo).

KENT — antigo *gaulês*: **Cant** (branco, brilhante).

KEPLER — famoso astrônomo alemão. Nasceu em Wurtemberg no ano de 1571 e morreu em 1630.

KILIANO — santo, festejado a 8 de julho.

KIM — *anglo-saxão*: **Cyne** (chefe) ou do *chinês*: **Kim** (ouro).

KONRAD — *teutônico*: **Kuonraet** (conselheiro ousado), corresponde ao nosso Conrado.

KRISHNA — divindade hindu. É considerado pelos indianos como a 8.ª encarnação de Vichnu.

Quis bordar teu nome amado
e roubei uns fios de ouro
das tranças do teu cabelo,
tão longas e perfumadas...

Depois do nome bordado,
com aquele cabelo louro,
cuidei ver o Setestrelo
nas sete letras douradas.

Auta de Souza

LOTÁRIO

L

LABÃO — *hebraico*, cujo significado é: branco, alvo. Pai de Lia e de Raquel. Deu uma e outra, sucessivamente, em casamento a Jacó.

LABÉRIO — foi comediógrafo romano.

LABIENO — tribuno romano.

LACERDA — *espanhol*: **La cerda** (a cerda). Usado como sobrenome.

LACÍNIA — nome de Juno, tomado de Lacínio, cidade da Itália, onde a deusa tinha um célebre templo.

LÁCIO — em *latim*: **Latere** (região habitada por povos latinos). Tinha tal nome, porque nessa região Saturno se escondera, quando foi expulso do céu.

LADÁRIO — *latim*, cujo significado é: ladainha.

LADISLAU — *teutônico*: **Vladislau**. São Ladislau, festejado a 29 de junho.

LAÉRCIO — nome de origem grega. Laércio era natural da Laércia, na Cilícia, Grécia Antiga.

LAERTE — *grego*, cujo significado é: formiga.

LAGO — sobrenome de origem geográfica.

LAGUNA — *espanhol*: **Laguna** (lagoa).

LAIO — *grego*, cujo significado é: povo. Rei de Tebas. Casou-se com Jocasta, que houve dele Édipo. Nome mitológico.

LAÍS — *grego*, cujo significado é: a popular, a democrática.

LAJES — sobrenome de origem geográfica.

LALO — *latim*, do verbo **lallare** (cantar para adormecer as crianças).

LAMAR — *teutônico*: **Landa-mari** (país famoso, terra famosa).

LAMBERTO — *teutônico*: **Land-bercht** (país brilhante, terra brilhante).

LAMEIRA — sobrenome de origem geográfica.

LAMENHA — *árabe*, cujo significado é: quem é?

LAMEQUE (LAMECH) — *hebraico*, cujo significado é: pobre. Patriarca hebreu, que viveu, **segundo a Bíblia**, antes do dilúvio universal.

LAMPREIA — sobrenome que antigamente era alcunha.

LANA — diminutivo de Helena.
Veja *HELENA*.

LANDELINO — santo, festejado a 15 de junho.

LANDERICO — santo, festejado a 10 de junho.

LANDIM — sobrenome de origem de uma povoação portuguesa.

LANDOALDO — santo, festejado a 19 de março.

LANDOLFO — *germânico*: **Land** (terra) e **wulf** (lobo), isto é, lobo do país, lobo da terra, o defensor da pátria.
Nome de diversos príncipes lombardos.

LANDULFO — *germânico*: **Land** (terra) e **wulf** (lobo), lobo da terra, o defensor da pátria.
Veja *LANDOLFO*.
OBS.: Os nomes acima que começam com **land** (terra) têm origem no *teutônico* ou *germânico*. **Land** ainda continua no germânico, alemão, holandês e inglês.

LANE — *inglês medieval*: **Lane** (do caminho estreito).

LANETE — antigo *franco-inglês*: **Lane-et** (do pequeno caminho estreito).

LAOCONTE — nome de origem mitológica. Príncipe real de Tróia, filho de Príamo e Hécuba. Foi sumo sacerdote de Apolo.

LAODÂMIA — *grego*, cujo significado é: que doma o povo. Filha de Acasto e de Astidâmia.

LAÓDICE — *grego*: **Laos** (povo) e **dike** (justiça), o que faz justiça ao povo. Laódice foi mulher de Antíoco e mãe de Celeuco Nicator, rei da Síria.

LAPA — sobrenome de origem geográfica.

LARA — Na mitologia latina, **Lara** era a náiade filha do rio Almão.

LARANDA — derivado de Lara.
Veja *LARA*.

LARANJEIRAS — sobrenome de origem botânica.

LARINA — jovem que acompanhava Camila nos combates.

LARISSA — *grego*: **Larissa** (cheia de alegria).

LATÂNCIO — *latim*, cujo significado é: que bebe leite. Escritor cristão, nascido no ano 250 da nossa era.

LATERANO — *latim*: **Latus, lateris** (que está ao lado).

LATINA — *latim*: **Latus** (largo, flanco). Forma feminina de Latino. Que se refere à língua e à civilização dos povos latinos. Forma feminina de Latino.
Veja *LATINO*.

LATINO — *latim*: **latus** (largo, flanco). Natural do Lácio. Latino Coelho, um dos maiores escritores da língua portuguesa. Latino foi, também, antigo rei da Itália.
São Latino, festejado a 24 de março.
Veja *LATINA*.

LAUDELINO — *latim*, cujo significado é: o que merece louvor, o que louva.

LAUDEMIR — nome de um jovem príncipe da Bélgica.

LAUDICENA — *grego*, cujo significado é: que doma o povo.

LAUDO — *latim*, cujo significado é: eu louvo.

LAUFEY — *teutônico*, cujo significado é: ilha arborizada, Laufey era a mãe do perverso Lóqui.

LAURA — *latim*: **Laurea** (coroa de folhas de louros).
VAR.: *LAURETA, LAURITA, LORITA, LORNA*.

LAURÊNCIO — *latim*: **Laurentuis** (o coroado de louros).
Veja *LOURENÇO*.

LAURENTINO — *latim*, cujo significado é: natural da região de Laurento.

LAURIANA — *latim*, cujo significado é: loura.
Santa Lauriana, festejada a 24 de maio.

LAURIANO — *latim*, relativo a Lauro, de Lauro.

LAURINDO — derivado de Lauro.

LAURO — *latim*, cujo significado é: loureiro.

LAUSO — mitologia latina; Lauso era filho de Numitor e irmão de Réia Sílvia.

LAVÍNIA — *latim*: **Lavare** (a purificada). Na mitologia latina, Lavínia era a filha do Rei Latino e de sua mulher Amata.

LAVÍNIO — nome da cidade construída por Enéias em honra de sua esposa Lavínia.

LAVRADOR — sobrenome que antigamente era alcunha.

LAVRAS — cidade com este nome por causa das jazidas que lá existem.

LÁZARO — *hebraico*, cujo significado é: Deus é meu socorro.
VAR.: *ELEAZAR*.

LEA — *anglo-saxão*: **Leah** (do prado cheio de pastagens).
Veja *LEE*.
VAR.: *LÉIA*.

LEAL — sobrenome que antigamente era alcunha.

LEANDRO — *greco-latino*, cujo significado é: homem-leão.

LEÃO — *latim*: **Leo, leonis** (leão).
São Leão, festejado a 15 de abril.

LEBRÃO — sobrenome, que antigamente era alcunha.

LEBRE — sobrenome, que antigamente era alcunha.

LECANORA — planta, uma espécie de líquen. *Lecanora escorlenta.*

LEDA — *latim*: **Laeta** (alegre). Na mitologia grega, Leda era a mãe de Helena de Tróia.

LEE — *anglo-saxão*: **Leah** (do prado cheio de pastagens).
Veja *LEA, LÉIA.*

LÉIA — variante de Lea.
Veja *LEA, LEE.*

LEILA — *árabe*: **Layla** (negra como a noite).
VAR.: *LILA.*

LEILANE — *havaiano*: **Lei-Lani** (flor celestial).

LEITE — sobrenome que antigamente era alcunha.

LEIVAS — sobrenome de origem mineral.

LÉLIA — forma feminina de Lélio.
Veja *LÉLIO.*

LÉLIO — *grego*: **Lalos** (falar), portanto, significa: tagarela, falador.
Veja *LÉLIA.*

LÉLIS — sobrenome de origem italiana.

LEME — sobrenome de origem flamenga, que antigamente se escrevia: **Lemk.**

LEMOS — sobrenome de origem espanhola.

LEMUEL — *hebraico*: **Lemu'el** (consagrado a Deus). Forma feminina: **Lemuela.**

LEMUELA — forma feminina de Lemuel.

LENA — *latim*: **Lena** (sedutora). Diminutivo de Helena.
Veja *HELENA.*

LENCASTRE — *inglês*: **Lancaster** (fortaleza do rio).

LÊNIS — *latim*: **Lenis** (suave, macia, branda).

LENORA — variante de Eleonora que, por sua vez, vem de **Leonor.**
Veja *ELEONORA.*

LEO — *latim*: **Leo** (leão).
Veja *LEA, LÉIA.*

LEOCÁDIA — *latim*, cuja significação é: relativo a leão, do leão. Feminino de Leocádio.
Santa Leocádia, festejada a 9 de dezembro.

LEOCÁDIO — *latim*, cuja significação é: relativo a leão, do leão.

LEOCRÍCIA — santa, festejada a 15 de março.

LEOMIL — sobrenome originário de uma localidade de Portugal.

LEONAM — anagrama do nome Manoel que, por sua vez, vem do *hebraico*: **Immanu-el** (Deus conosco).
Veja *MANOEL.*

LEONARDO — antiga *língua franca*: **Leon-hard** (leão bravo).
São Leonardo, festejado a 6 de novembro.

LEONATO — um dos generais de Alexandre, o Grande. Faleceu no ano 322 a. C.

LEÔNCIO — *latim*, cujo significado é: semelhante a um leão.

LEONEL — *antigo francês*: **Lionel** (leão novo, filhote de leão). Feminino **Leonila.**

LEÔNIA — *grego*: **Leon** através do *latim*: **Leo** (leonina).

LEÔNIDAS — *grego*, cujo significado é: em forma de leão.
São Leônidas, festejado a 23 de abril.

LEONÍDIO — derivado de Leônidas.
Veja *LEÔNIDAS*.

LEONILA — forma feminina de Leonel, cujo significado é: leoa pequena.

LEONILDA — *germânico*: **Lew** (leão) e **hild** (força, batalha) que combate como um leão.
Veja *LEOVIGILDO*.

LEONOR — *árabe*, cujo significado é: o Senhor é a minha luz.

LEONTINA — *latim*: **Leo** (semelhante a leão).
Veja *LEÃO*.

LEOPOLDINA — feminino de Leopoldino.
Veja *LEOPOLDINO*, *LEOPOLDO*.

LEOPOLDINO — derivado de Leopoldo.
Veja *LEOPOLDO*.

LEOPOLDO — *teutônico*: **Leut-pald** (ousado para o povo).
Veja *LEOPOLDINA*, *LEOPOLDINO*.

LEOVIGILDO — *teutônico*, cujo significado é: digno de amor, valioso.

LÉPIDO — *latim*: **Lepidus** (gracioso, engraçado).

LEPTINO — nome de um orador ateniense, contemporâneo de Demóstenes, e bem assim de um general grego.

LETÍCIA — *latim*: **Laetitia** (alegria).

LETO — *latim*, cujo significado é: alegre.
São Leto, festejado a 6 de setembro.

LEUCÂNIA — deusa dos antigos latinos.

LEVI — *hebraico*: **Lewi** (unido, ajuntado).

LEVINA — santa, festejada a 22 de junho.

LEVINDO — *latim*, cujo significado é: canhoto.

LEVINO — derivado de Levindo.

LIA — *hebraico*, cujo significado é: de olhos tristes e cansados.

LIANA — *francês* antigo: **Liane** (vinha trepadeira).

LIBÂNIA — *grego*, cujo significado é: incenso.
Santa, festejada a 6 de setembro.
Veja *LIBÂNIO*.

LIBÂNIO — *grego*, cujo significado é: incenso. Retórico grego. Nasceu em Antióquia no ano 214 de nossa era. Ensinou em Constantinopla. Nicomídia é sua cidade natal.
São Libânio, festejado a 19 de outubro.
Veja *LIBÂNIA*.

LIBÉLULA — bonita espécie de borboleta.

LÍBERA — santa festejada a 21 de abril.

LIBERAL — sobrenome que antigamente era alcunha.

LIBERALINO — nome de homem, derivado de Liberal.

LIBERATA — *latim*, cujo significado é: libertada.
Santa Liberata, festejada a 16 de janeiro.

LIBERATO — *latim*, cujo significado é: libertado.

LIBERATOR — *latim*, cujo significado é: o Libertador.

LIBÉRIO — *latim*, cujo significado é: livre.

LÍBIA — santa, festejada a 15 de junho.

LIBINA — foi uma famosa rainha da Boêmia.

LIBÓRIO — *latim*, cujo significado é: natural da região de Libora (Espanha).

LICAON — filho de Pelasgo. Rei da Arcádia, fundou Licosura, a cidade mais antiga de sua pátria. Da mitologia.

LICÉRIA — santa, festejada a 6 de janeiro.
Veja *LICÉRIO*.

LICÉRIO — santo, festejado a 27 de agosto.
Veja *LICÉRIA*.

LICÍNIA — *latim*: **Licinius** (de cabelos lisos). Forma feminina de Licínio.
Veja *JÚLIO* e *LICÍNIO*.

LICÍNIO — *latim*: **Licinius** (de cabelos lisos). Nome de alguns homens eminentes.
Veja *LICÍNIA*.

LÍCIO — *grego*, cujo significado é: ave lício ou uma ave por nome de **lício**.

LICO — foi rei de Tebas.

LICOMEDES — foi rei de Ciros e pai de Deidomia. Da mitologia.

LICURGO — *grego*, cujo significado é: caçador de lobos, o que afasta os lobos.

LÍDIA — *grego*: **Lydia** (mulher da Lídia). Lídia era uma região da Ásia Menor.

LIDUÍNA — santa, festejada a 14 de abril.

LÍGIA — *latim*, cujo significado é: natural da Lígia. Lígia é uma região da antiga Alemanha.

LIGÓRIO — *italiano*: **Liguori** (natural de Liguori). Sobrenome de origem italiana.

LÍGULA — *latim*: **Ligula (espátula).**

LILA — derivado de **Lee**.
Veja *LEE*.

LILI — mitologia latina. Monstro de influência perigosa para as crianças e as mulheres.

LÍLIA — *latim*, cujo significado é: lírio.
Veja *LILIANE*.

LILIANE — *latim*: **Lilium** (lírio).
Veja *LÍLIA*.

LILIOSA — *latim*, cujo significado é: branca ou pura.
Santa Liliosa, festejada a 27 de junho.

LILY — forma diminutiva de Lília.
Veja *LILI* e *LÍLIA*.

LIMA — sobrenome de origem botânica.

LIMENTINA — deusa que velava pela soleira da porta. Mitologia latina.

LIMPO — sobrenome que antigamente era alcunha.

LINA — diminutivo de Adelina.
Veja *ADELINA*.

LINCEU — nome de alguns homens notáveis da Grécia.

LINCOLN — *anglo-saxão*: **Lincolne** (da colônia através do lago).

LINDA — *espanhol*: **Linda** (linda, bonita).

LINDALVA — forma aglutinada de **linda+alva**, daí Lindalva.

LINDÓIA — nome de fantasia criado pelo poeta José Basílio da Gama.

LINDOLFO — *teutônico*, cujo significado é: o lobo protetor.

LINÉIA — *escandinavo*: **Lind** (limeira, pé de lima).

LINEU — *alemão*: **Linnen** (linho).

LINHARES — sobrenome de origem toponímica.

LINO — *latim*: **Linum**, através do *grego*: **Linon** (linho) planta têxtil. Foi nome de um papa.
Veja *LINA*.

LINS — sobrenome tirado de uma cidade da Alemanha. Antigamente se grafava **Linz.**

LIRA — Usado como sobrenome.

LISA — diminutivo de Elisabete.
Veja *ELISABETE.*

LISABETE — variante de Elisabete.
Veja *ELISABETE.*

LISANDRO — *grego*, cujo significado é: o que liberta o homem.

LISÂNIAS — *grego*, cujo significado é: o que dissipa a tristeza.

LISBINO — santo, festejado a 15 de setembro.

LISBOA — *fenício*: **Alis ubbo** (alegre seio do mar). Usado como sobrenome.

LISE — forma diminutiva de Isabel.
Veja *ISABEL.*

LISELOTTE — forma diminutiva de Isabel.
Veja *ISABEL.*

LISETE — variante de Elisabete através do francês **Lisette**.

LISETTA — forma diminutiva de Isabel.
Veja *ISABEL.*

LÍSIAS — *grego*: **Lyo** (desatar, soltar), o que solta ou liberta. Nome de um grande orador ateniense e de um general grego.

LISIPO — escultor grego, natural de Siciônia. Nasceu no ano 350 a. C.

LÍSIS — filósofo grego, discípulo de Pitágoras. É tido como autor dos versos *Áureos.*
Há autores que consideram Lísis como uma variante de Lísias.

LISISTRATO — escultor grego, parente de Lisipo. É considerado o inventor da arte plástica e dos modelos de cera e barro.
Veja *LISIPO.*

LISSANDRA — forma feminina de Lisandro.
Veja *LISANDRO.* Há quem escreva Lisandra e Lissandro.

LÍVIA — forma feminina de Lívio.
Veja este nome.

LÍVIO — *latim*: **Lividus** (pálido, lívido).

LIVINO — santo, festejado a 12 de novembro.

LIVRAMENTO — sobrenome de origem religiosa.

LIZ — forma diminutiva de Elisabete.
Veja *ISABEL* e *ELISABETE.*

LIZA — forma diminutiva de Isabel.
Veja *ISABEL.*

LOBÃO — sobrenome, aumentativo de **lobo**. Antigamente era alcunha.

LOBATO — sobrenome, cujo significado é: filhote de lobo.

LOBO — *latim*: **Lupus** (lobo). Usado como sobrenome, mas antigamente era alcunha.

LÓIS — diminutivo de Luísa. Na mitologia americana, Lóis é a entidade que se sincretizou ou tomou o lugar dos orixás africanos.

LOLA — diminutivo de Dolores. Este nome corresponde ao português: **Dores**.

LOLITA — diminutivo de Dolores. Este nome corresponde ao português: **Dores.**

LOMBARDO — *latim*: **Longo bardus** (de barba longa).

LOPES — derivado de **lobo**. Sobrenome que significa: de lobo, daí **Lopo**.

LOPO — *latim*: **Lupus** (lobo). Há autores que admitem sua origem do *vasconço:* **lupus (grosso).**

LORENA — *latim*: **Lotharii regnum** (reino do Lotário).

LORETA — diminutivo de Laura e, também, forma feminina de Loreto. Veja este nome.

LORETO — *latim*, cujo significado é: bosque de loureiros.

LOROLEI — *teutônico*, cujo significado é: sereia do Reno. Nome mitológico.

LOT — *hebraico*, cujo significado é: o que esconde, o que cobre com um véu.

LOTÁRIO — *teutônico*, cujo significado é: guerreiro famoso.

LOTENO — santo, festejado a 1.º de setembro.

LÓTUS — *grego*: **Lotos** (a flor de lótus).

LOUERCY — forma aglutinada de Lourdes + Darcy, daí Louercy.
Veja *LOURDES* e *DARCY*.

LOURDES — nome de origem desconhecida. Não é recomendável a sua grafia.
Veja *LURDES*.

LOUREIRO — sobrenome de origem vegetal.

LOURENÇA — forma feminina de Lourenço.
Santa Lourença, festejada a 8 de outubro.
Veja *LOURENÇO*.

LOURÊNCIO — *latim*: **Laurentius** (laureado).
Veja *LOURENÇO*.

LOURENÇO — *latim*: **Laurentius**.
Veja *LOURÊNCIO*.

LOURIVAL — *latim*: **Laurus** (que tem louros).

LOUSADA — sobrenome de origem geográfica.

LUCANO — *latim*: **Lucus** (bosque, do bosque).
Lucano é nome de um poeta latino e de um santo.
São Lucano, festejado a 30 de outubro.

LUCAS — Nome do 3.º evangelista. Festa a 18 de outubro. É padroeiro dos médicos.

LUCÉLIA — forma feminina de Lucélio.
Veja *LUCÉLIO*.

LUCÉLIO — forma derivada de Lúcio.
Veja *LÚCIO* E *LUCÉLIA*.

LUCENA — sobrenome de origem espanhola. Nome de uma localidade da Espanha.

LUCERNA — cidade suíça, muito procurada pelos turistas.

LUCI — título de uma poesia lírica de Guilherme Wordsworth, poeta inglês.
Veja *LUCY*.

LÚCIA — forma feminina de Lúcio. Veja este nome.

LUCIANO — derivado de Lúcio, cujo significado é: ligado a Lúcio.
São Luciano, festejado a 7 de janeiro.

LÚCIDA — forma feminina de Lúcido.
Veja *LÚCIDO.*

LUCÍDIO — *latim*, cuja tradução é: luminoso.

LÚCIDO — do vernáculo português, cujo significado é: brilhante, esclarecido.
Veja *LÚCIDA.*

LUCILA — *latim*, cujo significado é: luminosa. A Igreja venera duas santas com esse nome.

LUCILIANO — santo, festejado a 3 de junho.

LUCÍLIO — *latim*, cujo significado é: luz, luminoso. O mais antigo dos poetas latinos.
Nasceu no Lácio, no ano 149 a. C.

LUCINA — *latim*, cujo significado é: luz. Deusa pagã que presidia os partos.

LUCINDA — santa, festejada a 30 de junho.

LÚCIO — *latim*: **Lux** (luz, nascido com o dia, nascido com a manhã).

LUCÍOLA — diminutivo de Lúcia.
Veja *LÚCIA.*

LUCRÉCIA — dama romana famosa por sua virtude. Mulher de Tarquínio Collatino.

LUCRÉCIO — *latim*, cujo significado é: Poeta latino, autor do poema *De Natural Rerum* (O Direito das Coisas). Nasceu no ano 95 a. C.

LUCY — título de uma poesia lírica de Guilherme Wordsworth, poeta inglês. Recomenda-se a grafia: Luci.

LUDGERO — *teutônico*, cujo significado é: guerreiro célebre.

LUDMILA — *eslavo*: **Ljudumilu** (amada do povo).

LUDOLFO — *teutônico*, cujo significado é: lobo ilustre.

LUDOMIRO — santo, festejado a 30 de setembro.

LUDOVICO — *teutônico*, cujo significado é: ilustre na guerra.

LUÍS — *teutônico*: **Hlodoviko** (guerreiro famoso).

LUÍSA — forma feminina de Luís.
Veja *LUÍS.*

LUMINOSA — santa, festejada em Pavia no dia 9 de maio.

LUPÉRCIO — *latim*, cujo significado é: o que afasta o lobo.

LUPERCO — *latim*, o mesmo que Lupércio.

LUPIANO — santo, festejado a 1.º de julho.

LUPICINO — santo, festejado a 21 de março.

LUPINO — santo, festejado a 20 de abril.

LURDES — nome de origem desconhecida. Não é recomendável a grafia Lourdes.
Nossa Senhora de Lurdes, festejada a 11 de fevereiro.
Veja *LOURDES.*

LUSBEL — variante de **Lúcifer** (portador da luz) Corresponde ao *grego*: **Fósforo** (portador da luz).

LUSIA — variante de Lúcio.
Veja *LÚCIO, LUZIA.*

LUSO — do vernáculo português, o mesmo que português.

LUTERO — *teutônico*, cujo significado é: alto, famoso.

LUZERNA — nome de certa planta (arbusto).

LUZIA — variante de Lúcio.
Veja *LÚCIO, LUSIA.*

LUZO — aquele que reluz ou cintila

A harmonia que escuto, ouvindo-o, é tanta,
que imagino — que doido — uma gaiola
e onde cada letra é uma ave, e canta...

Humberto de Campos

MAGNO

M

MAB — a fada dos sonhos. Alguns a consideram rainha das fadas e dão-lhe por marido Oberon.

MABEL — *latim*, cujo significado é: amável.

MACAON — um dos últimos filhos de Esculápio. Da mitologia.

MACÁRIA — forma feminina de Macário.
Santa Macária, festejada a 8 de abril. Veja *MACÁRIO*.

MACÁRIO — *grego*, cujo significado é: afortunado, feliz.

MACAXERA — *tupi*, **maka'xera.** Nome do **demônio, diabo.**

MACBETH — foi um príncipe escocês. Sua vida é um labirinto de crimes, os quais deram assunto a Shakesperare para uma de suas tragédias.

MACEDO — sobrenome de origem geográfica.

MACEDON — santo, festejado a 27 de março.
Veja *MACEDÔNIO*.

MACEDÔNIO — *grego*: **Makedonos** (eminente, excelso).
São Macedônio, festejado a 24 de janeiro.
Veja *CELSO*.

MACEIÓ — *tupi*, cujo significado é: coisa alada, provida de asas.

MACHADO — sobrenome surgido em combate quando um guerreiro português rompeu a **machado** as portas de Santarém, num assalto.

MACIEIRA — sobrenome originário de uma povoação portuguesa.

MACIEL — sobrenome originário de uma povoação portuguesa.

MACRINA — forma feminina de Macrino.
Santa Macrina, festejada a 19 de julho.
Veja *MACRINO*.

MACRINO — santo, festejado a 17 de setembro.
Veja *MACRINA*.

MACUNAÍMA — *caraíba*, cujo significado é: o bom que trabalha à noite. Imortalizado no romance de Mário de Andrade.

MADALENA — **Magdalene** (de Magdala). Há autores que dão a Madalena a significação de magnífica.
Veja *MAGDALA*.

MADEIRA — sobrenome de origem botânica que antigamente era alcunha.

MADELBERTA — santa, festejada a 7 de setembro.

MADELINA — **Magdalene** (de Magdala). Derivado de Madalena.
Veja *MADALENA*.

MADIRO — santo, festejado a 3 de março.

MADRESSILVA — planta que dá flores cheirosas, brancas, raiadas de vermelho.

MADRI — *árabe*, cujo significado é: águas correntes.

MADUREIRA — sobrenome de origem geográfica. Localidade portuguesa.

MAFALDA — variante de Matilde, cujo significado é: guerreira que combate com energia.
Veja *MATILDE*.

MAFRA — sobrenome de origem geográfica. Cidade portuguesa.

MAGALÉSIAS — variante de Megalésias. Veja este nome.

MAGALHÃES — sobrenome de origem geográfica.

MAGALI — de origem provençal, que corresponde ao nosso Margarida.
Veja *MARGARIDA*.

MAGDA — variante de Madalena.
Veja *MADALENA*. É também considerado diminutivo de Madalena.

MAGDALA — Antiga cidade da Palestina onde nasceu Maria Madalena.

MAGÉ — *tupi*, cujo significado é: pajé, feiticeiro.

MAGINO — santo, festejado a 25 de agosto.

MAGNA — *latim*, cujo significado é: grande.
Santa Magna, festejada a 3 de dezembro.
Veja *MAGNO*.

MAGNELITA — pedra-ímã ou óxido de ferro.

MAGNÊNCIA — santa, festejada particularmente em Lagny a 26 de novembro.

MAGNO — *latim*: **Magnus** (grande, magno).
Veja *MAGNUS*.

MAGNÓLIA — flor ou a árvore de magnólia.

MAGNUS — *latim*: **Magnus** (grande, magno).
Veja *MAGNO*.

MAHERBAL — foi grande general cartaginês, contemporâneo de Aníbal.

MAIA — *grego*, cujo significado é: parteira; já em sânscrito **Maia** significa **ilusão**.

MAÍDA — diminutivo de Madalena.
Veja *MADALENA*.

MAIRON — anagrama de Marino.
Veja *MARINO*.

MALAQUIAS — *hebraico*, cujo significado é: o profeta, o enviado.

MALHEIROS — sobrenome de origem geográfica.

MALINDA — *grego*: **Meilichos** (a gentil, a cortês).

MALTA — sobrenome de origem geográfica.

MALVA — *grego*: **Malako** (macio) ou *latim*: **Malva** (flor de malva).

MALVINA — *irlandês*: **Maolmin** (chefe polido, cortês) ou do *teutônico* cujo significado é: a que gosta de discutir, a que gosta de disputar.

MAMEDE — *árabe*: **Mohamed** (louvado, amado).
Veja *MAOMÉ*.

MAMON — *hebraico*: **Mamon** (dinheiro).

MANACÁ — planta odorífera e terapêutica, do Brasil.

MANASSÉS — *hebraico*, cujo significado é: esquecimento. Rei de Judá, filho e sucessor de Ezequias.

MÂNCIO — *latim*, cujo significado é: o adivinho.

MANCO-CAPAC — personagem lendária dos incas, herói e sábio, que, segundo algumas lendas, era originário da Ásia.

MANDUCA — forma deturpada que os índios davam a **Manoel.**
Veja *MANECO*.

MANECO — forma deturpada que os negros davam a **Manoel.**
Veja *MANDUCA*.

MANES — *latim*: **Dii Manes** (os deuses Manes). Gênios que os antigos confundiam ora com as almas dos mortos, ora com as divindades infernais.

MANFREDO — *teutônico*, cujo significado é: homem da paz.

MANGABEIRA — sobrenome de origem botânica.

MANHUAÇU — *tupi*, cujo significado é: chuva copiosa.

MANHUMIRIM — *tupi*, cujo significado é: chuva pouco abundante.

MANOEL — *hebraico*: **Immanu-el** (Deus conosco).
Veja *EMANOEL, ELMANO, LEONAM, MANUEL*.
DIM.: *MANÉ, MANEZINHO, MANOLO, MANECO, NECO*.
VAR.: *ELMANO, LEONAM* (por anagrama).

MANOLO — forma abreviada do espanhol para o nosso Manoel.
Veja *MANOEL*.

MANON — forma diminutiva francesa, corresponde ao nosso vernáculo Mariazinha, Marieta. Principal personagem da ópera do mesmo nome: *Manon Lescaut*, de Puccini.

MANRICO — *teutônico*: **Mannreich** (homem rico).

MANSUETO — *latim*, cujo significado é: manso.

MANSUR — *árabe*, cujo significado é: vencedor, vitorioso.
Veja *VÍTOR, VITÓRIO, VICENTE, NICANOR*.

MANTIQUEIRA — *tupi*, cujo significado é: a chuva goteja, a água verte.

MANUEL — o mesmo que **Manoel**.
Veja *MANOEL*.

MAOMÉ — *árabe*: **Mohamed** (amado, louvado).
Veja *MAMEDE*.

MARA — *hebraico*: **Marah** (amargosa).

MARACAJU — *tupi*, cujo significado é: ponta de terras altas.

MARAMBAIA — *tupi*, cujo significado é: cerco do mar, arrecifes.

MARANEI — *guarani*, uma espécie de vestais no templo de Mbocabog.

MARANGUAPE — *tupi*, cujo significado é: vale da luta.

MARANHÃO — *tupi*, cujo significado é: mar grande, mar que corre. Sobrenome de origem geográfica.

MARBÔ — vocativo de Iemanjá, na mitologia africana.

MARÇAL — *latim*, cujo significado é: marcial.

MARCELA — feminino de Marcelo.
Veja *MARCELO*.

MARCELINA — forma feminina de Marcelino.
Santa Marcelina, festejada a 17 de junho.

MARCELINO — *latim*, cujo significado é: que descende de Marte.
São Marcelino, festejado a 18 de junho.
Veja *MARCELINA* e *MARCELO*.

MARCELO — *latim*: **Marcellus**, nome de personalidades romanas famosas.
Veja *MARCELA, MARCELINO*.
DIM.: *MARCELINO*.

MÁRCIA — *latim*: **Marcia** (que pertence a Marte; marcial, guerreira).
Veja *MARCELA, MÁRCIO*.

MARCIAL — *latim*, cujo significado é: marcial, guerreiro.
Veja *MARÇAL*.

MARCIANA — *latim*, cujo significado é: que descende de Marte.
Santa Marciana, festejada a 9 de janeiro.
Veja *MARCIANO, MARCELINA, MARCELINO, MARCELO*.

MARCIANO — *latim*, cujo significado é: de Marcos, ligado a Marcos.
Veja *MARCO, MARCOS*.
VAR.: *MARCÍLIO*.

MARCÍLIO — variante de Marciano.
Veja este nome.

MÁRCIO — *latim*: **Martius**, nome sob o qual os guerreiros invocavam Júpiter.

MARCIONILA — santa, festejada a 9 de janeiro.

MARCIONILO — diminutivo de Márcio. Veja este nome.

MARCO — *latim*: **Marcus**.
Veja *MARCOS*. A melhor forma gráfica é **Marcos**.

MARCOLINO — derivado de Marcelino. Veja este nome.

MARCOS — *latim*: **Marcus.**
Veja *MARCO*. Esta é melhor grafia que **Marco.**

MARGARETE — variante de Margarida, que por sua vez veio de Margarita (pérola).
Veja *MARGARIDA*.

MARGARIDA — *latim*: **Margarita** (pérola).
Veja *MARGARETE*.
VAR.: *MARGARETE, MÍRIAM*.
DIM.: *MARGA, MARGÔ, MAG, GRETA, META, PEG, RITA*.

MARGOT — diminutivo de Margarida. Veja este nome.

MARIA — *hebraico*: **Miriam,** que significa **Senhora, Soberana.**

MARIANA — de **Maria+Ana** = Mariana.

MARICÁ — *tupi*, cujo significado é: espinheiro.

MARIEL — forma aglutinada de **Maria + Ariel.**

MARIELSA — forma aglutinada de **Mariel+Elsa**.

MARIETA — diminutivo *francês*: **Mariette** de Maria, daí Marieta.

MARILDA — variante de Marília. Veja este nome.

MARILENA — forma aglutinada de **Maria+Helena.**

MARÍLIA — forma poética de **Maria,** nome criado por Tomás Gonzaga (Dirceu) para sua amada Maria Joaquina Dorotéia de Seixas.

MARILU — um composto de Maria e Luísa.

MARINA — *latim*: **Marina** (do mar). Na mitologia latina é epíteto de **Vênus,** nascida das ondas do mar.

MARINHO — *latim*: **Marinus** (do mar).
Veja *MARINA*. Usado mais como sobrenome.

MARINO — *latim*: **Marunus** (do mar). Usado mais como sobrenome.

MÁRIO — *latim*: **Marius,** nome de famosa família romana.

MARION — forma diminutiva francesa que corresponde ao nosso Marieta, Mariazinha.
Veja *MANON, MARIETA, MARIAZINHA*.

MARISA — forma aglutinada de **Maria+Luísa,** ou também de **Maria+Elisa.**

MARISTELA — *latim*: **Mare+stella** (estrela-do-mar), portanto significa: estrela-do-mar.

MARIU — título de uma linda valsa-canção de Biccio, compositor italiano.

MARIZ — sobrenome de origem geográfica.

MARLA — derivado inglês de Maria.

MARLENE — derivado de Madalena.
Veja *MADALENA*.

MARLI — vem do nome de uma povoação francesa.

MARLON — antigo francês: **Esmerillon** (pequeno falcão).

MARSÍLIO — termo originado do francês, de Marselha.

MARTA — *aramaico*: **Martha** (dona-de-casa, senhora da casa).
Santa Marta, festejada a 29 de julho.

MARTANA — santa, festejada a 2 de dezembro.

MARTE — *ariano*: **Mar** (másculo guerreiro).

MARTIM — *latim*: **Martinus** (que faz guerra, guerreiro).
Veja *MARTINS*. Também ligado a Marte.

MARTINHA — diminutivo de Marta.
Veja *MARTA*.
Santa Martinha, festejada a 30 de janeiro.

MARTINIANO — variante de Martinho. Veja este nome.

MARTINO — diminutivo de Martim.
Veja *MARTIM, MARTINS*.

MARTINS — *latim*: **Martinus** (que faz guerra, guerreiro).
Veja *MARTIM*.

MARUÍ — *tupi*, cujo significado é: rio das moscas.

MARVEL — antigo *francês*: **Merveille** (maravilha).

MARY — forma inglesa para o nosso Maria.
Veja *MARIA, MARION, MARISA, MARISTELA , MARIAZINHA, etc.*

MARYEM — forma aglutinada de **Mary + Emílio.**

MARYIDO — forma aglutinada de **Mary + Guido.**
Veja *MARIA* e *GUIDO*.

MASCARENHAS — sobrenome de origem toponímica. Localidade portuguesa.

MATATIAS — *hebraico*, cujo significado é: dom de Deus.

MATEUS — *hebraico*: **Mattithyah** (dom de Jeová).
São Mateus, festejado a 21 de setembro.

MATIAS — forma abreviada de Matatias. Veja este nome.

MATILDE — *teutônico*: **Mat-hilde** (guerreira que combate com energia).
Veja *MAFALDA*.
Santa Matilde, festejada a 14 de março.

MATOS — sobrenome de origem botânica.

MATOSO — sobrenome de origem botânica.

MATURINO — santo, festejado a 1.º de novembro.

MATUSALÉM — *hebraico*, cujo significado é: o que maneja a lança.

MATUTINA — *latim*, cujo significado é: matinal, da manhã.
Santa Matutina, festejada a 27 de março.

MAUÁ — *tupi*, cujo significado é: coisa elevada, coisa alta.

MAUD — forma abreviada inglesa para Matilde.
Veja *MATILDE*.

MAURA — A Igreja Católica venera duas santas com esse nome.

MAURICÉA (MAURICÉIA) — epíteto dado à cidade de Recife, relembrando Maurício de Nassau.

MAURÍCIO — *latim*, derivado de **Maurus** (de pele escura, mouro).
Veja *MAURO*.
São Maurício, festejado a 22 de setembro.

MAURÍLIO — derivado de Mauro. Veja este nome.
São Maurílio, festejado a 13 de setembro.

MAURO — *latim*: **Maurus** (de pele escura, mouro).
Veja *MAURÍCIO, MAURÍLIO*.

MÁXIMA — superlativo de *grande*, forma feminina de Máximo.
Veja *MÁXIMO*.

MAXIMILIANO — formado da fusão latina **Maximus** + **Emilianus** = Maximiliano.
Veja *EMILIANO, MÁXIMO.*

MAXIMINIANO — derivado de **Máximo**.
Veja *MÁXIMO.*

MAXIMINO — derivado de **Máximo.** Veja este nome.

MÁXIMO — *latim*, cujo significado é: o maior.

MAZAGÃO — *árabe*, cujo significado é: água quente.

MEARIM — *tupi*, cujo significado é: o rio do povo.

MECEJANA — *árabe*, cujo significado é: prisão.

MECENAS — foi valido de Augusto, oriundo dos antigos reis da Etrúria.

MEDÉA (MEDÉIA) — foi célebre mágica, filha da grande mágica Hypséa, de quem herdou sua ciência.

MEDEIROS — sobrenome de origem toponímica. Em Portugal, **medeiro** é o lugar onde há **medas** de milho.

MEFÍTIS — *latim*: **Mephitis** (exalação pestilencial).

MEGALÉSIAS — *grego*: **Megale** (grande). Megalésias eram as festas romanas que se realizavam em honra da Mãe dos Deuses, isto é, Cibele.
Veja *CIBELE.*

MEIRA — sobrenome de origem espanhola.

MEIRELES — sobrenome derivado de **Meira.** Veja este nome.

MELAMPO — famoso adivinho e médico grego dos tempos fabulosos.

MELÂNIA — *grego*: **Melanos** (preto, escuro).
Veja *MELÂNIE.*
VAR.: *MELÂNIE.*

MELÂNIE — *grego*: **Melanos** (preto, escuro).
Veja *MELÂNIA.*

MELÂNIO — santo, festejado a 6 de janeiro.

MELCHIOR — *hebraico*, cujo significado é: o rei da luz. Foi o nome de um dos Três Reis Magos, que a Igreja celebra no Dia de Reis, a 6 de janeiro.
VAR.: *BELCHIOR.*

MELIAGRO — filho de Eneu e de Altéa. Nome de um general de Alexandre e de um poeta grego.

MELINA — forma diminutiva de Carmela que, por sua vez, vem do *hebraico*: **Karmel** (jardim de Deus).
Veja *CARMELA.*

MELINDA — *grego*: **Meilichos** (a cortês, a gentil).
Veja *MALINDA.*

MELISSA — *grego*: **Melissa** (mel; abelha).

MELISSO — filósofo eclético, natural de Samos. Foi um dos discípulos de Parmênides e floresceu no ano 450 a. C.

MELITÃO — *latim*, cujo significado é: natural da Ilha de Malta, melitense.
Veja *MILITÃO.*

MELITINA — *latim*, cujo significado é: doce como mel.
Santa Melitina, festejada a 26 de setembro.
Veja *MELITO.*

MELITO — *latim*, cujo significado é: doce como mel.
São Melito, festejado a 24 de abril.
Veja *MELITINA.*

MELO — sobrenome de origem geográfica.

MELPONE — é uma das nove musas gregas, que preside as artes líricas e a tragédia.

MELQUÍADES — nome de um famoso general ateniense.
São Melquíades, festejado a 10 de dezembro.

MELQUIOR — *hebraico*: **Melk** (rei) e **ur** (luz), ou seja, o rei da luz.

MELQUISEDEQUE — *hebraico*, cujo significado é: o rei da justiça.

MELVINA — *irlandês*: **Maolmin** (chefe cortês, polido).
Veja *MALVINA*.

MEM — antigo *português*: **Mendo**, de origem obscura.

MEMBI — flauta do *tupi* ou *nheengatu*.

MENACELA — mulher de Manco-Capac; segundo o folclore peruano, foi ela que introduziu a arte dos tecidos na terra dos incas.

MENAHEM — rei de Israel, o qual reinou durante os anos 766 a 754 a. C.
Menahem Begin, primeiro-ministro de Israel.

MENANDRO — foi um poeta cômico ateniense.
São Menandro, festejado a 28 de abril.

MÊNCIO — *chinês*: **Meng Tseu** que, ao passar para o português, tomou o nome de **Mêncio.**

MENDANHA — sobrenome de origem espanhola.

MENDES — sobrenome que significa: de Mem, relativo a Mem, parente de Mem. Mendes na mitologia egípcia era a divindade adorada na cidade que tinha o mesmo nome.

MENDONÇA — sobrenome de origem espanhola.

MENELAU — *grego*, cujo significado é: o que não se curva ao povo.

MENELÉU — santo, festejado a 22 de junho.

MENES — monarca que fundou o império egípcio. É também fundador de Mênfis. Reinou mais ou menos em 2450 a. C.

MENESES — *espanhol*, cujo significado é: os naturais do vale do rio Mena.

MÊNFIS — cidade muito antiga construída às margens do rio Nilo.

MENIPO — *grego*, cujo significado é: aquele que sustenta o cavalo. Foi poeta satírico, natural de Gadara.

MENON — *grego*, cujo significado é: durável. Personagem fabulosa, filho de Titão e Aurora, na mitologia.

MENOTTI — sobrenome do patriota italiano Ciro Menotti. Deriva, provavelmente, do nome Domênico (domingo).

MENTOR — sábio grego, amigo de Ulisses, a quem este confiou a educação de seu filho. Nome de antigo escultor e de um general da Antiguidade.

MERCEDES — **do *espanhol*. Significa: mercês, graças.**
Nossa Senhora das Mercês, festejada a 24 de setembro.

MEREDITE — antigo *galês*: **Maredud** (dia mortal).

MERGULHÃO — sobrenome que antigamente era alcunha.

MESQUITA — sobrenome e nome de várias povoações portuguesas.

MESSIAS — *hebraico*, cujo significado é: ungido.

MESSINA — cidade da Sicília, Itália.

MESTATÁSIO — apelido de Pedro Boaventura Trapssi, grande poeta italiano.

MICAELA — forma feminina de Miguel.
Veja *MIGUEL*.

MICHEL — variante de Miguel.
Veja *MIGUEL*.

MIGUEL — *hebraico*: **Mikhael** (Quem é como Deus?). Forma feminina: Micaela.
VAR.: *MICHEL*.

MILCÍADES — *grego*, cujo significado é: vermelhão.

MILITÃO — variante de Melitão. Veja este nome.

MILITINO — santo, festejado a 15 de setembro.

MILO — santo, festejado a 23 de fevereiro.

MILOCA — derivado de Emília.
Veja *EMÍLIA*.

MÍLTON — *grego*: **Miltos** (rubro, vermelho). Famoso poeta inglês, autor do *Paraíso Perdido*.

MIMI — diminutivo de Míriam. Este nome se vulgarizou pelo mundo inteiro com a ópera *La Bohème* de Puccini.

MINA — *teutônico*: **Minne** (amor).

MINDINA — santa, festejada a 26 de maio.

MINERVA — *latim*: **Minerva**, deusa da inteligência.
Veja *MINERVINA*.

MINERVINA — derivado de Minerva, cujo significado é: dedicada a Minerva.

MINERVINO — dedicado a Minerva. São Minervino, festejado a 31 de dezembro.

MIQUELINA — diminutivo de Micaela. Veja este nome.

MIRA — *latim*: **Mira** (maravilhosa). **Mira** não é forma derivada de **Miracema** como alguns autores pensam.

MIRACEMA — *tupi*, cujo significado é: gente que nasce.

MIRANDA — *latim*, cujo significado é: que deve ser admirada. Sobrenome de origem geográfica e nome de uma cidade de Portugal.

MÍRIAM — *hebraico*: **Miryam** (senhora). Daí veio o nome de Maria. Veja este nome.

MIRNA — *irlandês*: **Muirne** (gentil, polida). Não se deve usar a grafia **Myrna.**

MIRTES — *grego*: **Myrtos** (murta).

MIRTO — *grego*, cujo significado é: murta.

MISAEL — derivado de Miguel. Veja este nome.

MITRA — deus muito antigo dos persas. Deus da luz.

MITZI — forma diminutiva alemã que corresponde ao nosso vernáculo Maria.

MIZAEL — um dos anjos bons que forma a milícia celeste.
São Mizael, festejado a 16 de dezembro.

MIZZI — forma diminutiva alemã que corresponde ao nosso vernáculo Maria.
Veja *MARIA*, *MITZI*.

MOAB(E) — um dos filhos de Lote, que deu nome à tribo dos moabitas.

MOACIR — *tupi*, cujo significado é: o que faz sofrer.

MOAMEDE — *árabe*, cujo significado é: altamente louvado.
Veja *MAOMÉ, MOHAMMED.*

MOCOCA — *tupi*, cujo significado é: a plantação, o roçado.

MODESTINA — forma feminina de Modesto.

MODESTINO — diminutivo de Modesto. Veja este nome.

MODESTO — *latim*, cujo significado é: moderado, modesto.

MOEMA — nome criado pelo poeta Santa Rita Durão no seu poema *Caramuru.*

MOHAMMED — *árabe*, cujo significado é: altamente louvado. Dá-se preferência à forma gráfica Maomede, Maomé.
Veja *MAOMEDE, MAOMÉ.*

MOISÉS — *hebraico*: **Mosheh** (salvo das águas).

MOLLY — diminutivo inglês para o nosso Maria.
Veja *MARIA, MARIETA, MITZI, MIZZI*, etc.

MONA — *grego*: único, singular, ou do *italiano*: **Mona** (minha senhora), ou do *irlandês*: **Muadhnait** (a nobre). Lembre-se da famosa **Mona Lisa** de Leonardo da Vinci.

MONALISA — o mesmo que Gioconda, célebre tela de Leonardo da Vinci.

MONCORVO — sobrenome de origem geográfica

MÔNICA — *grego*: só, sozinha, viúva.
Santa Mônica, mãe de Santo Agostinho, festeja-se a 4 de maio.
DIM.: *MONA.*

MONITOR — *latim*, cujo significado é: censor, conselheiro.
São Monitor, festejado a 10 de novembro.

MONIZ — sobrenome de origem *teutônica.*

MONJARDIM — *italiano*: **Mongiardino** (meu jardim).

MONTALVÃO — sobrenome que provém de uma localidade portuguesa.

MONTALVERNE — sobrenome de origem geográfica. É o nome de um monte na Itália.

MONTE — sobrenome de origem geográfica.

MONTENEGRO — sobrenome de origem toponímica. É uma região da Iugoslávia.

MONTEVIDÉU — *latim*: **Monte video** (vejo um monte).

MONTEZUMA — nome de dois monarcas do México, antes da conquista espanhola.

MONTINO — *latim*: **Mons, montis** (monte).

MOOCA — *tupi*, cujo significado é: pouso, rancho.

MORAIS — antigo *português*, cujo significado é: o bosque de amoreiras, as amoreiras.

MOREIRA — sobrenome tirado da antiga forma: **amoreira** (pé de amora).

MORENO — sobrenome que antigamente era alcunha.

MORFEU — *grego*: **Morfos, morfé** (imagem, forma), nome do deus do sono na mitologia grega.

MORGANA — *bretão*: **Mor** (mar) + **gwen** (belo), mar bonito, mar belo.

MOSCOSO — sobrenome de origem espanhola.

MOTA — *teutônico*, cujo significado é: monte de terra.

MOURA — sobrenome de origem geográfica.

MOURÃO — sobrenome derivado de uma localidade de Portugal.

MOUTINHO — sobrenome de origem geográfica.
Veja *MOUZINHO*.

MOUZINHO — sobrenome, variante de Moutinho. Veja este nome.

MOZAR — *germânico*, cujo significado é: de ânimo forte.
Veja *MOZART*.

MOZART — *germânico*, cujo significado é: de ânimo forte. Mozar seria a melhor forma gráfica portuguesa.
Veja *MOZAR*.

MÚCIA — forma feminina de Múcio.

MUCIANO — derivado de Múcio.
São Muciano, festejado, na Grécia, a 3 de julho.
Veja *MÚCIA*, *MÚCIO*.

MÚCIO — *latim*: **Mutus** (mudo, muda).
Veja *MÚCIA*, *MUCIANO*.
São Múcio, festejado a 11 de maio.

MUNHOZ — antigo *espanhol*, cujo significado é: de Munho.

MÚRCIA — epíteto de Vênus, porque a murta lhe era consagrada.

MURILO — sobrenome do famoso pintor espanhol Bartolomeu Murilo. Hoje é usado como nome.

MUSA — santa, festejada a 2 de abril.

MUSIDORA — *grego*: **Mousadoros** (prenda das musas).

MUZAMBINHO — *quimbundo*, cujo significado é: adivinhação.

Feito de riso e doçura,
aura do céu respeitável,
teu nome santo, inefável,
tão puro que os lábios meus
têm susto de proferi-lo,
desperdiçar-lhe os odores...
Amália!... é o abrir das flores
pronunciado por Deus.

Tobias Barreto

NEMO

N

NABI — *hebraico*, cujo significado é: que prevê, vidente.

NABOR — *hebraico*, cujo significado é: luz do Profeta.

NABU — personagem fabuloso da genealogia do povo caldeu.

NABUCO — forma abreviada de Nabucodonosor. Usado como sobrenome.

NABUCODONOSOR — rei de Nínive. Reinou do ano 667 a 647 a. C.

NADI — língua *carajá*, significa: mãe.

NÁDIA — este nome possui duas origens: 1) do *sânscrito*, cujo significado é: espírito de luz. Personagem de Rabindranath Tagore; 2) do *russo*, cujo significado é: esperança, sendo uma forma diminutiva russa de *Nadezda*.

NADIR — termo *árabe* usado em Astronomia que indica o oposto de zênite, o ponto do céu oposto ao zênite.

NAGIBE — *árabe*, cujo significado é: inteligente.

NÁIADE — ninfa ou deusa das águas.

NAIDA — *latim*: **Naiade** (ninfa das águas).

NAIR — possivelmente é uma redução do *árabe:* **nair-al-zaurak** (a estrela brilhante do navio).

NAIRA — que significa nobreza, é uma personagem de Camões.

NALDO — forma abreviada de Arnaldo, Reinaldo, etc.
Ceja *ARNALDO, REINALDO.*

NANCI — *francês*, cujo significado é: cheia de graça.
Veja *NANCY.*

NANCY — é nome de uma cidade francesa e usado no Brasil como nome de batismo.

NAOMI — *hebraico*: **Naomi** (o agradável).

NAPOLEÃO — *grego*, cujo significado é: o leão da floresta.

NARA — *anglo-saxão*: **Nearra** (o que está bem próximo, mais próximo).

NARCEU — santo, festejado a 15 de julho.

NARCISO — *grego*, cujo significado é: o que adormece. Narciso era um belo rapaz que se apaixonou pela própria sombra refletida na água, daí a expressão **narcisismo**, estado em que certas pessoas ficam enamoradas de si mesmas.
São Narciso, festejado a 29 de outubro.

NASCENTES — sobrenome de origem geográfica. Localidade portuguesa. Antenor Nascentes, filólogo brasileiro.

NASCIMENTO — nome de homem e de mulher. Aparece sempre em conjunto e ligado por **do**: Maria do Nascimento, José do Nascimento. É uma homenagem ao nascimento de **Jesus**.

NÁSSER — nome de origem árabe. Násser é o maior e mais interessante criador de fábulas da Arábia.

NATÃ — *hebraico*: **Nathan** (prenda de Deus, presente de Deus). É melhor forma gráfica que Natan.
Veja *NATAN.*
VAR.: *DONATO.*

NATACHA — diminutivo russo de Natália.
Veja *NATÁLIA.*

NATAL — nome comum a diversas divindades, todas relativas ao nascimento.

NATÁLIA — *latim*: **Natalis** (nascimento ou dia natalício).
VAR.: *NATÁLIE, NATALINA.*
Veja *NATÁLIE.*
DIM.: *NATACHA.*

NATALÍCIO — nome de homem. Vem do latim: relativo ao nascimento.

NATÁLIE — variante de Natália.
Veja *NATÁLIA, NATALINA, NATACHA.*

NATALINA — feminino de Natalino.

NATALINO — *latim:* **Natalis** (nascimento ou dia natalício).
Veja *NATÁLIA, NATÁLIE, NATALINA, NATACHA.*

NATAN — *hebraico*: **Nathan** (uma prenda de Deus, doado de Deus). A forma gráfica moderna é Natã.

NATANAEL — *hebraico*: **Nethan-el** (prenda de Deus).
Veja *NATANIEL.* Este nome corresponde a Jônatas.

NATANIEL — *hebraico*: **Nethan-el** (prenda de Deus).
Veja *NATANAEL.*

NATÉRCIA — nome formado por anagrama de Caterina, forma antiga de Catarina, usado por Camões.
Veja *CATARINA*.

NATIVIDADE — *espanhol*: **Navidad** (nascimento). Invocação à Natividade de Nossa Senhora.
Nossa Senhora da Natividade, festejada a 8 de setembro.

NAUM — o mesmo que Neemias.
Veja *NEEMIAS*.

NAVAS — sobrenome de origem espanhola. Povoação da Espanha.

NAVITO — santo, festejado a 5 de julho.

NAZARÉ — *hebraico*, cujo significado é: guarda, sentinela. Nome de uma cidade de Israel.

NAZÁRIO — *hebraico*, cujo significado é: aquele que se consagra a Deus.
São Nazário, festejado a 27 de julho.

NEANDRO — *grego*: **Neos+aner** (novo+homem), homem novo, jovem.

NECESSIDADE — *latim*: **Necessitas** (necessidade). Na mitologia latina, Necessidade era a deusa alegórica filha da Fortuna.

NEEMIAS — *hebraico*: **Nikan+Jah** (consolar+Senhor), consolado pelo Senhor. Veja *NAUM*.

NEFTALI — *hebraico*, cujo significado é: minha luta.

NEGRÃO — sobrenome, que antigamente era alcunha.

NEGREIROS — sobrenome, derivado talvez de Negrellos, localidade de Portugal.

NEIDE — possivelmente do *grego*: **Neo (nadar)**, logo: nadadora.
Veja *NEUSA*.

NEIVA — sobrenome de origem geográfica. Povoação de Portugal.

NÉLI, NELI, NELLY — forma abreviada inglesa e alemã de Helena. Prefere-se a forma Neli em português.

NÉLIA — diminutivo de Helena.

NELIE — diminutivo de Helena.

NELITA — diminutivo de Helena.

NELLY — diminutivo de Helena.

NÉLSON — *anglo-saxão*: **Neil-son** (filho de campeão).
Veja *NÍLSON*.
VAR.: *NÍLSON*.

NEMESES — deusa vingadora dos crimes. Da mitologia.

NEMÉSIO — *grego*: **Nemesis**, a distribuidora, de **nemô**, distribuo, logo: deusa do Destino.
Doutor da Igreja do fim do século IV. É autor de um tratado sobre o título: *Natureza do Homem*.
São Nemésio, festejado a 19 de novembro.

NEMO — *latim*: **Nemo** (ninguém). É personagem de um romance de Júlio Verne.

NÊNIA — mitologia latina, deusa que presidia aos funerais e aos cantos lúgubres em honra dos falecidos.

NEÓFITA — *grego*, cujo significado é: convertida à nova fé. Forma feminina de Neófito.
Santa Neófita, festejada a 17 de abril.
Veja *NEÓFITO*.

NEÓFITO — *grego*: **Neo** (novo) + **fitos** (folha, planta), portanto **significa**: nova planta.
Veja *NEÓFITA*.

NEOMÁSIA — santa, festejada a 17 de fevereiro.

NEOMEDES — santo, festejado a 17 de fevereiro.

NEON — santo, festejado a 24 de abril.

NEPOMUCENO — *tcheco*: **Nepomuck**, cidade onde nasceu São João Nepomuceno.

NERÉA — santa, festejada a 12 de março.

NEREU — mitologia greco-romana, é o nome de um deus marinho.

NÉRI — proveniente do sobrenome de São Felipe Néri. Sobrenome de origem religiosa.

NÉRIA — *latim*: **Neria, Neriene** e **Nerio**, deusa dos sabinos, mulher de Marte.

NERINA — *grego*: **Nereine** (filha de Nereu), deus marinho (de **neo**, nadar).

NERO — *latim*: **Nero, Neronis**. Famoso imperador romano, que incendiou Roma.

NESTOR — *grego*, um dos heróis homéricos do cerco de Tróia.

NESTÓRIO — variante de Nestor.
Veja *NESTOR*.

NETA — diminutivo de Jane.
Veja *JANE, JANETE*.

NEUSA — possivelmente do *grego*: **neo** (nadar), a nadadora.
Veja *NEIDE*.

NÊUTON — *anglo-saxão*: **Niewtun** (nova cidade ou Estado). A grafia certa é **Newton.**
Veja *NEWTON*.

NEVES — sobrenome de origem religiosa.
Nossa Senhora das Neves, festejada a 5 de agosto.

NÉVIO — *latim*: **Naevus**, cujo significado é: com sinais na pele, verruguento.

NEWTON — *anglo-saxão*: **Niewtun** (da cidade nova, do novo Estado).
Veja *NÊUTON*.

NICÁCIO — *grego*, cujo significado é: vitorioso.
São Nicácio, festejado a 11 de outubro.

NICANDRO — *grego*, cujo significado é: vencedor de homens.
São Nicandro, festejado a 15 de março.

NICANOR — *grego*, cujo significado é: o vencedor de homens.

NICE — *grego*: **Nike** (vitória).
Veja *NICÉFORO*.

NICÉFORO — *grego*: **nike** (vitória) + **foros** (que traz, que conduz), o que conduz à vitória. A Igreja venera dois santos com esse nome.

NICHOLAS — forma diminutiva de Nicolau.
Veja *NICOLAU, NICO, NICOLA, NICOLAS, NICOLET, NICOLETTE, NICOLINA, NICOLINO, NIELS*.

NÍCIA — forma variante de Nice.
Veja *NICE*.

NÍCIAS — *grego*, cujo significado é: o vitorioso.

NICO — forma diminutiva de Nicolau.
Veja *NICOLAU, NICHOLAS, NICOL, NICOLA, NICOLINA*, etc.

NICODEMOS — *grego*, cujo significado é: o vencedor do povo.

NICOL — forma diminutiva de Nicolau.
Veja *NICHOLAS, NICOLA, NICOLETTE*, etc.

NICOLA — forma diminutiva de Nicolau.
Veja *NICHOLAS, NICOLETTE*, etc.

NICOLAS — *grego*: **Nikolaos** (povo vitorioso).
Veja *NICOLAU*.
DIM.: *COLE, NICOL, CLAUS*.

NICOLAU — *grego*: **Nikolaos** (povo vitorioso).
Veja *NICOLAS, NICOLE, NICOLINO*.
São Nicolau, festejado a 10 de setembro.

NICOLE — *grego*: **Nikolaos**.
Veja *NICOLAS, NICOLAU*.

NICOLET(TE) — forma diminutiva de Nicolau.
Veja *NICOLAU*, etc.

NICOLINA — forma feminina de Nicolino.
Veja *NICOLAU, NICOLETTE*, etc.

NICOLINO — diminutivo de Nicolau.
Veja *NICOLAU, NICOLAS, NICOLE*.

NICOMEDES — *grego*, cujo significado é: aquele que planeja a vitória.
São Nicomedes, festejado a 15 de setembro.

NIELS — forma diminutiva dinamarquesa para Nicolau.
Veja *NICOLAU, NICOL, NICOLETTE*, etc.

NILCE — forma variante de Nice.
Veja *NICE*.

NILDA — anagrama do nome **Linda**.

NILO — famoso rio egípcio.

NÍLSON — variante de Nélson.
Veja *NÉLSON*.

NÍLTON — palavra de origem desconhecida, talvez variante de Mílton.
Veja *MÍLTON*.

NILZA — etimologia desconhecida, talvez seja a forma feminina de **Nílson**.

NINA — *espanhol*: **Niña** (menina). Há quem diga que Nina é o feminino de Nino, nome de origem assíria.
Veja *NINO*.

NINFA — *grego*, cujo significado é: noiva, jovem.
Santa Ninfa, festejada a 15 de novembro.

NÍNIVE — cujo significado é: a bela. Nome de uma cidade da antiga Assíria.

NINO — *assírio*, cujo significado é: habitação.
Veja *NINA*.

NÍOBE — filha de Tântalo e mulher de Amphilon. Da mitologia.

NISA — mulher do sacerdote egípcio Sepa.

NISE — anagrama de Inês.
Veja *INÊS*.

NITERÓI — *tupi*, cujo significado é: água escondida.

NÍVEA — *latim*: **Nívea** (branca), ou seja, branca como a neve. Forma feminina de Níveo.
Veja *NÍVEO*.

NÍVEO — *latim*: **Nívea** (branco), ou seja, branco como a neve.
Veja *NÍVEA*.

NOBRE — sobrenome que antigamente era alcunha.

NÓBREGA — sobrenome de origem geográfica.

NOÉ — *hebraico*: **Noah** (repouso; conforto). Não confundir com **Noel**.

NOEL — *francês*: **Noël** (Natal).

NOEMI — variante de Noêmia.
Veja *NOÊMIA*.

NOÊMIA — *hebraico*, cujo significado é: flor de beleza.
Veja *NOEMI*.

NORA — diminutivo de Helena.
Veja *HELENA*.

NORBERTO — *teutônico*: **Norberaht** (herói brilhante) ou do antigo *norueguês*: **Njorth-biart-r** (brilho nórdico).
São Norberto, festejado a 6 de junho.

NÓRCIA — *latim*: **Nortia**, deusa da Fortuna entre os etruscos.

NORMA — nome de mulher de origem gaulesa. Popularizou-se com a ópera de Bellini, cuja ação se passa na Gália.

NORONHA — forma moderna do antigo *espanhol*: **Loroña** (Loronha).

NÓRTON — *anglo-saxão*: **North-tum** (cidade do Norte).

NORUEGA — *anglo-saxão*: **Norway** (caminho do norte).

NOVAIS — sobrenome de origem toponímica.

NÚBIA — *egípcio*: **Nub** (ouro), terra do ouro. É uma região da África.

NUMA POMPÍLIO — segundo rei dos romanos, nascido em Cures, cidade dos sabinos. Foi feito rei em 714 a. C. O nome **Numa** vem da palavra grega mal interpretada: **nomos** (lei).

NUMÍCIO — nome de um pequeno rio do Lácio, do qual Ana, irmã de Dido, se tornou ninfa.

NUMÍDIA — *latim*: **Numidia**. Região da África. Alguns de seus reis têm seus nomes ligados à história romana.

NÚNCIO — *latim*, cujo significado é: mensageiro.
São Núncio, festejado a 10 de outubro.

NUNO — *hebraico*: **Nun** (peixe) ou do *latim*: **nunnus** (avô).

Nem o arrulho enternecido
das pombas, nem do arvoredo
esse amoroso arruído
quando escuta algum segredo
pela brisa repetido;
nem esta saudade pura
do canto do sabiá
escondido na espessura,
nada respira doçura
como o teu nome, Sinhá.

Machado de Assis

ORLANDO

O

OBDIAS — *hebraico*: **Obed** (servo) e **Jah** (Senhor), **logo**: servo do Senhor.

OBERON — rei dos gênios do ar. Tinha por mulher Titânia ou, segundo outros, a fada Mab. Da mitologia escandinava.

OBERTO — *germânico*: **Hug** (espírito, inteligência) ou de **aud, od** (patrimônio) + **bert** (brilhante) e **land** (terra, país, região) logo: de brilhante inteligência na Terra ou o ilustre patrimônio no país.

OCIREMA — anagrama da palavra América.
Veja alguns anagramas importantes como: *ELMANO, LEONAM, NATÉRCIA, IRACEMA* etc.

ODA — forma feminina de Odo.
Santa Oda, festejada a 27 de novembro.
Veja *ODO*.

ODÉLIA — *anglo-francês*: **Odel** (uma pequena com saúde). Forma feminina de Odélio.
Veja *OTÍLIA, ODETE.*

ODÉLIO — *anglo-francês*: **Odel** (um pequeno com saúde).
Veja *ODÉLIA, ODÍLIA, OTÍLIA, ODETE.*

ODENATO — príncipe árabe. Foi assassinado, por um sobrinho, no ano 267 a. C.

ODÉRICO — santo, festejado a 20 de fevereiro.

ODESSA — *grego*: **Odysseia** (a longa jornada, a Odisséia).

ODETE — *anglo-francês* que mais tarde deu o francês: **Odette.**
Veja *ODÍLIA, ODÍLIO.*

ODILA — alguns autores dão como diminutivo de Ode.
Santa Odila, festejada a 13 de dezembro. É padroeira da Alsácia.
Veja *ODA, ODO, ODILON.*

ODÍLIA — forma feminina de **Odílio.**

ODÍLIO — *anglo-francês*: **Odel.**
Veja *ODÉLIO.*

ODILO — variante de Odílio.
Veja *ODÍLIA, ODÍLIO, ODETE.*

ODILON — forma variante de Odo, segundo alguns autores. Odilon foi doutor da Igreja.
Santo Odilon, festejado a 1.º de janeiro.

ODIN — o deus supremo na mitologia escandinava. Simboliza inúmeras coisas: a guerra, a sabedoria, a poesia.

ODIR — forma variante de Odo.
Veja *ODO, ODILA, ODENATO, ODA*, etc.

ODO — *germânico*: **Ead, od, ot, aut, aud** (propriedade, riqueza, felicidade). Os nomes anteriores derivaram dessas formas germânicas.

ODON — forma variante de Odo.
Veja *ODO, ODIR, ODILON, ODILA, ODENATO*, etc.

ODÓRIA — *latim*: **Odor** (cheiro). Deusa dos odores e dos perfumes.

ODORICO — *teutônico*, cujo significado é: senhor de propriedade.

ODUÍNO — *germânico*: **Od** (propriedade) + **win** (amigo), logo: amigo da propriedade.

ODULFO — *germânico*: **Od** (propriedade) + **wulf** (lobo), logo: lobo da propriedade.

ODUVALDO — *germânico*: **Od** (propriedade) e **waldan** (governar), logo: o que governa a propriedade.

OFÉLIA — *grego*: **Ophis** (serpente, cobra).

OFIR — nome de um reino lendário, de que fala a Bíblia sem contudo localizá-lo.

OGER — cavalheiro contemporâneo de Carlos Magno, Rolando e Olivério.
Santo Oger, festejado a 10 de setembro.

OITICICA — nome de uma árvore da qual surgiu, mais tarde, esse sobrenome ligado a fatos nacionalistas na época da Independência do Brasil.

OLAVO — antigo *nórdico*: **Oleif-r** (o sobrevivente ancestral).

OLEGÁRIO — *teutônico* antigo: **Oldegário** cujo significado é: forte, poderoso.

OLGA — antigo *nórdico*: **Halag** (santa, sagrada). Há quem dê origem ao *russo*: **Oleg** (sagrado, santo).

OLÍMPIA — lugar da Grécia onde se realizavam os Jogos Olímpicos.

OLÍMPIO — *grego*, referente ao Olimpo, monte onde moravam os deuses.

OLINDA — *latim*: **Olida** (fragrante). Há autores que admitem sua origem a Olinda, personagem literária do poema *Amadis de Gaula*.
Veja *OLINDINA*.
DIM.: *OLINDINA*.

OLINDINA — diminutivo de Olinda.
Veja *OLINDA*.

OLINTO — *grego*, cuja significação é: figo que não amadurece.

OLIVA — sobrenome de origem espanhola.

OLIVÁRIO — nome sob o qual Hércules tinha um templo na décima primeira região de Roma.

OLIVEIRA — sobrenome de origem botânica. Árvore consagrada a Apolo e a Júpiter, e mais particularmente a Minerva.

OLIVER — antigo *nórdico*: **Olvaerr** (bondoso) ou antigo *francês*: **Oliver** (oliveira, pé de azeitona). Corresponde ao português **Oliveira.**

OLIVÉRIO — *latim*, forma derivada de oliveira (azeitona). Segundo outros provém do *germânico*: **heil** (saúde) + **wehr** (defesa) ou do *céltico*: **oll** (tudo) + **wer** (ardente), logo aquele que defende a saúde, aquele que é ardoroso, etc.

OLÍVIA — *latim*: **Olivia**.
Veja *OLIVEIRA*, *OLIVER*, *OLÍVIO*.

OLÍVIO — variante de Olivo, Oliva. Este nome tem a mesma origem que Oliveira, Oliver, Olívia, etc.

OMA — *árabe*: **Amir** (comandante). É o feminino de Omar.

OMAR — *árabe*: **Omar** (o supremo; seguidor do profeta; riqueza).

OMERO — variante de Homero. Veja este nome.

ONDINA — *teutônico*. Era o nome de uma divindade das águas.

ONÉLIA — etimologia desconhecida, talvez seja uma variante de Ofélia.

ONÉSIMO — *grego*, cujo significado é: proveitoso, útil.

ONOFRE — *egípcio*, cujo significado é: boi sagrado, boi preto.

ORESTES — *grego*: **Oreias** (montanhês, aquele que habita as montanhas).

ORFEU — da mitologia grega, que tocava lira com alta perfeição. Sua vida sempre esteve envolta numa infinidade de mitos.

ORIANA — *latim*: **Oriens** (a madrugada) ou de **Aurea** (dourada).

ORICEMA — anagrama do nome Américo. Não tem origem tupi como muitos autores atribuem.

ORIEL — *latim*: **Aurelia** (dourada). Ligados à mesma origem temos Orielda, Orlena, Orália.

ORÍGENES — *greco-egípcio*, cujo significado é: descendente do deus **Hor.**

ORLANDINO — diminutivo de Orlando. Veja este nome.

ORLANDO — *teutônico*: **Ruodlant** (do país famoso).
Veja *ROLANDO*.
VAR.: *ROLIM*, *ROLANDO*, *ROLDÃO*.

ORLEANS — sobrenome de origem toponímica e nome de uma cidade francesa. A família imperial do Brasil é Orleans e Bragança.

ORMEO — anagrama de Romeo.
Veja *ROMEO*.

ORTIGÃO — sobrenome que antigamente era alcunha.

ORTIZ — *espanhol*, cujo significado é: chácaras. Usado como sobrenome.

OSCAR — antigo *nórdico*: **Os-kar** (lança de Deus, combatente divino). Oscarina é a forma feminina.

OSCARINA — forma feminina de Oscar.
Veja *OSCAR*.

OSÉAS (OSÉIAS) — *hebraico*, cujo significado é: Salvador. O mesmo que Jesus, Josué, Isaías. O primeiro dos profetas menores.
Santo Oséias, festejado a 4 de julho.

OSIAS — um dos reis de Judá.

OSÍRIS — *egípcio*, cujo significado é: o de muitos olhos.

OSMAR — *anglo-saxão*: **Os-maer** (a glória dos ases).

OSMOND — *anglo-saxão*: **Osmund** (protetor divino).

OSMUNDO — santo, festejado a 4 de dezembro.

OSNI — *hebraico*, cujo significado é: Deus ouviu.

OSÓRIO — *basco*, cujo significado é: matador de lobos.

OSVALDINA — feminino de Osvaldo. Veja este nome.

OSVALDO — *anglo-saxão*: **Oswald** (Deus poderoso, poder de Deus). Melhor forma gráfica que Oswaldo.

OSVINO — *teutônico*, cujo significado é: amigo de Deus.

OTACÍLIO — *grego*, cujo significado é: que escuta.

OTÁVIA — *latim*: **Octavia** (oitava filha). Forma feminina de Otávio.

OTAVIANO — variante de Otávio. Veja este nome.

OTÁVIO — *latim*: **Octavius** (oitavo filho).
Veja *OTÁVIA, OTAVIANO.*
VAR.: *OTAVIANO.*

OTELO — variante de Otílio que, por sua vez, vem de Oto.
Veja *OTÍLIO, OTO.*

OTÍLIA — *teutônico*, cujo significado é: rica.
Santa Otília, festejada a 13 de dezembro.

OTÍLIO — variante de Oto. Veja este nome.

OTO — *teutônico*: **Otto, Otho** (rico, poderoso).
Veja *OTELO, OTÍLIO.*
VAR.: *OTELO, OTÍLIO.*

OTON — *teutônico*, cujo significado é: rico. Nome de muitos homens célebres na Europa.
São Oton, festejado a 2 de junho.

OTONIEL — *hebraico*, cujo significado é: o leão de Deus.

OVÍDIO — *latim*, cujo significado é: de ovelha, referente a ovelha.

OZIAS — *hebraico*, cujo significado é: a fortaleza do Senhor.

OZIEL — *hebraico*, cujo significado é: a força de Deus.

Seu nome tem a cor de um céu triste e remoto:
tem nas letras azuis um arco-íris aberto;
quando o ouço pronunciar, em cada letra noto
um rio parece entrar por um deserto,
buscando a esfera ideal de algum país ignoto.

Luís Murat

PARSIFAL

P

PACAEMBU — *tupi*, cujo significado é: arroio das pacas.

PACHECO — sobrenome de origem espanhola.

PACÍFICO — *latim*, cujo significado é: homem da paz.

PADILHA — sobrenome de origem espanhola.

PÁDUA — sobrenome de origem toponímica. Nome de uma cidade italiana onde nasceu Santo Antônio.

PAIM — sobrenome de origem inglesa, trazido por um nobre que veio com a rainha de Portugal **Dona Filipa de Lencaster**.

PAIS — sobrenome: de Paio, de Palágio, da família de Paio. Paio é nome antigo, hoje em desuso, e nada tem a ver com plural de **Pai** como muitos pensam.

PAIVA — sobrenome de origem geográfica. Nome de um rio de Portugal.

PAIXÃO — sobrenome de origem religiosa, da Paixão de Cristo.

PALÁDIO — *grego*, cujo significado é: consagrado a Palas, divindade mitológica greco-romana.

PALEMON — gramático latino do tempo de Tibério.
São Palemon, festejado a 11 de janeiro.

PALHARES — sobrenome de origem toponímica.

PALMA — *latim*: **Palma** (palmeira, palma). Usado em nomes de pessoas que nascem no dia de Domingo de Palmas.
Veja *PALMEIRA, PALMIRA*.
VAR.: *PALMEIRA, PALMIRA*.

PALMEIRA — variante de Palma, sobrenome que antigamente era alcunha.
Veja *PALMA*.

PALMIRA — variante de Palma. Palmira era uma antiga cidade da Síria: cidade das palmeiras, cidade das tâmaras.

PALOMA — *espanhol*: **Paloma** (pomba).

PAMELA — *greco-latino*: **Pam-meli** (todo-mel), muito doce.

PAMPLONA — sobrenome geográfico, cidade da Espanha.

PANCRÁCIO — *grego*, cujo significado é: o que vence tudo, forte na luta.
São Pancrácio, festejado a 12 de maio.

PANDORA — *grego*: **Pan** (tudo) + **doron** (dádiva), logo: dotado de tudo.

PÂNFILO — *grego*, cujo significado é: amigo de todos.

PANTALEÃO — *grego*, cujo significado é: forte no físico e no moral, leão em tudo.
São Pantaleão, festejado a 27 de julho.

PANTÉIA — *grego*: **Pantheios** (de todos os deuses).

PANTOJA — sobrenome de origem espanhola.

PAQUEQUER — *tupi*, cujo significado é: dormida das pacas, isto é, onde dormem as pacas.

PAQUETÁ — *tupi*, cujo significado é: as pacas.

PARÁ — *tupi*, cujo significado é: mar. Nome de um Estado do Brasil.

PARACAMBI — *tupi*, cujo significado é: onde os rios se encontram.

PARACELSO — médico e alquimista (1493-1541). Depois de viajar por toda a Europa, estabeleceu-se em Basiléa, onde regeu a cadeira de Medicina e pretendeu revolucionar esta ciência; não obstante, sua inteligência e cultura foram postas de lado pelos seus discípulos e morreu quase abandonado.

PARAGUAÇU — *tupi*, cujo significado é: grande seio de mar.

PARAÍBA — *tupi*, cujo significado é: rio imprestável, rio ruim para a navegação (por causa das pedras).

PARAIBUNA — *tupi*, cujo significado é: rio ruim e escuro, rio muito fundo.

PARAITINGA — *tupi*, cujo significado é: rio branco ruim, rio ruim e branco.

PARANAGUÁ — *tupi*, cujo significado é: enseada do rio grande.

PARANAÍBA — *tupi*, cujo significado é: rio grande ruim.

PARANAPANEMA — *guarani*, cujo significado é: rio grande sem peixe.

PARANAPUÃ — *tupi*, cujo significado é: ilhas do mar. Paranapuã é o nome antigo da Ilha do Governador (Rio de Janeiro).

PARANHOS — sobrenome de origem geográfica, cujo significado é: defendido com honra.

PARAOPEBA — *tupi*, cujo significado é: rio de águas rasas, rio raso.

PARATI — *tupi*, cujo significado é: mar branco.

PARAÚNA — *tupi*, cujo significado é: rio caudaloso e negro.

PARDAL — sobrenome que antigamente era alcunha.

PAREDE (S) — sobrenome de origem geográfica.

PARENTE — sobrenome honorífico, que o rei de Portugal dava a um ou outro fidalgo que lhe houvesse prestado relevantes serviços.

PARÍSIO — santo, festejado a 18 de junho.

PARMÊNIO — santo, festejado a 22 de abril.

PARREIRA(S) — sobrenome de origem botânica.

PARSIFAL — *árabe*, cujo significado é: cavaleiro de bom agouro. Parsifal é o grande herói das lendas medievais.

PASCAL — *italiano*: **Pascale**; **Pasquale** (nascido na Páscoa). Dá-se aos meninos nascidos na Páscoa.
São Pascoal, festejado a 17 de maio.

PASCOAL — *latim*, cujo significado é: que se alimenta.
A Igreja venera dois santos com esse nome.

PASSOS — sobrenome de origem religiosa, alusivo aos **passos** do Senhor na Via Sacra.

PASTOR — *latim*, cujo significado é: que guarda os rebanhos.
São Pastor, festejado a 6 de agosto.

PASTORINO — diminutivo de Pastor.

PATRÍCIA — forma feminina de Patrício. Nome com o qual a deusa egípcia Ísis tinha um templo na quinta região de Roma.
Veja *PATRÍCIO, PATRÍCIOS*.

PATRÍCIO — *latim*: **Patricius** (nome romano).
Veja *PATRÍCIA, PATRÍCIOS*.
São Patrício, festejado a 17 de março.

PATRÍCIOS — plural de Patrício. Patrícios, nome que os romanos davam a oito divindades, a saber: JANO, SATURNO, o GÊNIO, PLUTÃO, BACO, o SOL, a LUA e a TERRA.
Veja *PATRÍCIO*.

PAULA — feminino de Paulo.
DIM.: *PAULETE, PAULINA, PAOLA, PAULITA*.

PAULETE — diminutivo de Paula. Veja este nome.

PAULINA — diminutivo de Paula. Veja este nome.

PAULINO — diminutivo de Paulo. Veja este nome.

PAULO — *latim*: **Paulus** (de baixa estatura, pequeno).
Veja *PAULA, PAULETE, PAULINA, PAULINO*
DIM.: *PAULINO*.
São Paulo, festejado a 29 de junho.

PAULO AFONSO — nome freqüente no Brasil como exaltação patriótica da cachoeira de Paulo Afonso, no rio São Francisco.

PAVÊNCIA — *latim*: **Pavens** (amedrontado). Deusa com a qual os romanos metiam medo às crianças.

PAZ — *latim*: **Pax** (tranqüilidade). Usado como sobrenome.

PEDRA(S) — sobrenome de origem geográfica.
VAR.: *PEDREIRA*.

PEDREIRA — variante de Pedra. Veja este nome. Usado como sobrenome.

PEDRINO — diminutivo de Pedro. Veja este nome.

PEDRO — *latim*: **Petrus** (rocha ou pedra). Ou do *grego*: **Petra** (pedra). Jesus disse ao apóstolo Pedro: **Tu és Pedro e sobre essa pedra edificarei minha Igreja**.
DIM.: *PEDRINHO, PEDRITO*.
VAR.: *PEDROSA, PEDROSO*.
São Pedro, festejado a 29 de junho.
São Pedro Nolasco, festejado a 31 de janeiro.

PEDROSA — variante de Pedro, cujo significado é: abundante em pedras.
Veja *PEDRO*.

PEDROSO — variante de Pedro, cujo significado é: abundante em pedras.
O mesmo que Pedrosa.
Veja *PEDRO*.

PEGGY — forma diminutiva de Margarida, em inglês.

PEIXE — sobrenome que antigamente era alcunha.
DIM.: *PEIXOTO*.

PEIXOTO — diminutivo de Peixe.
Veja *PEIXE*.

PELÁGIO — *grego*, cujo significado é: aquele que vem do mar, marinheiro. A forma antiga era **Pelaio**.

PELÓPIDAS — *grego*, cujo significado é: cara preta.

PELOTAS — o nome **pelota** era o de um couro inteiriço de boi, adaptado em forma de cesto e usado na travessia de rios.

PENA — sobrenome, cujo significado antigo era **penha**, **pedra**. Usado como sobrenome.

PENAFIEL — sobrenome de origem geográfica. É uma cidade de Portugal.

PENAFORTE — *catalão*: **Pennafort**, usado como sobrenome do santo Raimundo **Pennafort**.

PENALVA — sobrenome de origem geográfica. É uma povoação de Portugal.

PENEDO — sobrenome de origem geográfica.

PENHA — **sobrenome de origem geográfica e religiosa.**

PENIDO — derivado de **Pena** (pedra, penha), é sobrenome de origem geográfica.

PENTEADO — sobrenome que antigamente era alcunha.

PEÔNIA — *latim*: medicinal. De Peão, deus da medicina.

PEPA — diminutivo espanhol para o nome Josefa.

PEPINO — nome de origem italiana. Diminutivo de Giuseppe.

PEPITA — diminutivo de Josefina.
Veja *JOSEFINA*.

PEQUENO — sobrenome que antigamente era alcunha.

PERCIVAL — antigo *francês*: **Perceval** (vale da broca).

PERDIGÃO — sobrenome que antigamente era alcunha.

PEREGRINO — *latim*, cujo significado é: estrangeiro.

PEREIRA — sobrenome de origem vegetal.

PERESTRELO — sobrenome de uma família italiana que passou para Portugal no século XIV.

PERGENTINO — santo, festejado a 3 de junho.

PERI — *tupi*, cujo significado é: esteira de junco. É também o nome de uma divindade persa, dotada de beleza, mas terrível. Nada tem a ver com o nome inglês **Perry.**

PÉRICLES — *grego*, cujo significado é: muito glorioso, muito ilustre.

PERILO — *grego*, cujo significado é: que olha em torno.
São Perilo, festejado a 5 de dezembro.

PERMÍNIO — santo, festejado a 3 de novembro.

PERNAMBUCO — *tupi*, cujo significado é: pedra furada, buraco que faz o mar.

PERO — variante de Pedro, hoje em desuso. Pero Vaz de Caminha, escrivão da armada do Almirante Pedro Álvares Cabral, na descoberta do Brasil.

PÉROLA — *castelhano*: **Perla** (pérola).

PERPÉTUA — forma feminina de Perpétuo. Santa Perpétua, festejada a 6 de março.

PERPÉTUO — *latim*, cujo significado é: o que sempre dura.
Veja *PERPÉTUA*.

PERSEU — herói grego, filho de Júpiter e Danaé. Da mitologia.

PESSOA — *latim*: **Persona** (pessoa). Usado como sobrenome.

PESTANA — sobrenome que antigamente era alcunha.

PETRARCA — *grego*: **Petros** (pedra) + **arki** (governo), ou seja, governo duro, forte, de pedra. Petrarca, italiano (1304-1374). Suas poesias, dedicadas a Laura de Noves, tornaram-no célebre.

PETRÔNIA — feminino de Petrônio.
Veja *PETRÔNIO*.
DIM.: *PETRONILHA*.

PETRONILA — forma feminina de Petronilo.
Veja *PETRONILO*.

PETRONILHA — diminutivo de Petrônia. Veja este nome.

PETRONILHO — *latim*, cujo significado é: regato que corre por entre pedras.

PETRONILO — forma diminutiva de Petrônio.
Veja *PETRONILA*, *PETRÔNIO*.

PETRÔNIO — nome de um poeta e prosador romano.
Veja *PETRÔNIA*.
DIM.: *PETRONILHO*.

PETÚNIA — *tupi*, cujo significado é: flor vermelha.

PIA — santa, festejada a 11 de outubro.

PIAÇAGÜERA — *tupi*, cujo significado é: porto velho.

PIANCÓ — *tupi*, cujo significado é: pomba que geme.

PIEDADE — nome de origem religiosa. Usa-se mais freqüentemente **Maria da Piedade.**

PIERCE — antigo *anglo-francês*: **Piers** (rocha ou pedra).

PILAR — *espanhol*: **Pilar** (pilar, fonte).

PILATOS — *latim*: **Pilatus** (armado de lança).

PIMENTA — sobrenome de origem botânica.
Veja *PIMENTEL*.
DIM.: *PIMENTEL*.

PIMENTEL — diminutivo de Pimenta. Veja este nome.

PINA — sobrenome de origem espanhola.

PINDAMONHANGABA — *tupi*, cujo significado é: fábrica de anzóis.

PINHEIRO — sobrenome de origem vegetal.

PINHO — sobrenome de origem vegetal.

PINIANO — santo, festejado a 31 de dezembro.

PINTO — sobrenome que antigamente era alcunha.

PIO — *latim*, cujo significado é: piedoso, pio.

PIRACICABA — *tupi*, cujo significado é: lugar de peixe.

PIRAÇUNUNGA — *tupi*, cujo significado é: peixe que ronca. Mantém-se a forma **Pirassununga** por tradição. Cidade do interior de São Paulo.

PIRAGIBE — *tupi*, cujo significado é: braço do peixe, ou **barbatana.**

PIRAJÁ — *tupi*, cujo significado é: viveiro de peixes.

PIRAJU — *tupi*, cujo significado é: peixe dourado.

PIRANGA — *tupi*, cujo significado é: vermelho.

PIRAPAMA — *tupi*, cujo significado é: peixe batendo.

PIRAPORA — *tupi*, cujo significado é: peixe que salta.

PIRAQUARA — *tupi*, cujo significado é: buraco de peixe.

PIRATINI — *tupi*, cujo significado é: peixe seco.

PIRATININGA — *tupi*, cujo significado é: o seca-peixe (local onde o rio transborda e põe os peixes no seco).

PIRES — latim e variante de Pedro: da família de Pedro ou relativo a Pedro. Nada tem que ver com **pires** de xícara.

PITÁGORAS — *grego*: **Ágora** (praça, foro), logo: orador da praça, do foro. Pitágoras foi o fundador da Escola Pitagórica ou Itálica.

PITANGA — sobrenome que antigamente era alcunha.

PITANGUI — *tupi*, cujo significado é: rio das crianças.

PÍTIA — *grego*: **Python** (profeta ou adivinho).

PIUM-Í — *tupi*, cujo significado é: rio dos mosquitos.

PIZARRO — sobrenome de origem espanhola.

PLÁCIDA — forma feminina de Plácido. Veja este nome.

PLACÍDIA — *latim*, **cujo significado** é: pacífica.
Santa Placídia, festejada a 11 de outubro.
Veja *PLACÍDIO*.

PLACÍDIO — *latim*, cujo significado é: pacífico.
São Placídio, festejado a 1.º de setembro.
Veja PLACÍDIA.

PLÁCIDO — *latim*, cujo significado é: sossegado, tranqüilo.
Veja *PLÁCIDA*.
São Plácido, festejado a 5 de outubro.

PLATÃO — *grego*: **Platos** (largo), ou seja, o que tem espáduas largas.
Platão foi célebre filósofo grego. É considerado um dos gênios da Huma-

nidade. Deixou cabedal literário, compreendendo filosofia, política, etc.

PLAUTO — *latim*, cujo significado é: aquele que tem pés chatos e largos.

PLÍNIO — *latim*, cujo significado é: completo, cheio, pleno.

PLUTARCO — *grego*: **Ploutos** (riqueza) + **arkos** (governo), logo: governo que dirige, aquele que administra a riqueza. Plutarco é o autor de *Vida dos Homens Ilustres da Grécia e de Roma*.

POÁ — *tupi*, cujo significado é: riacho alto.

POCONÉ — *tupi*, cujo significado é: apanhar, prender.

POIARES — sobrenome de origem geográfica. Nada tem que ver com a língua tupi, como muitos acham.

POLIANA — nome composto de **Poli** (inglês: **Polly**) + **Ana** = Poliana.
Veja *LUCIANA* (**Lúci** + **Ana**), *MARIANA* (**Mari** + **Ana**), *ROSAMARIA* (**Rosa** + **Maria**), etc.

POLÍBIO — *grego*, cujo significado é: opulento, rico.

POLICARPO — *grego*, cujo significado é: o que produz muitos frutos.
São Policarpo, festejado a 26 de janeiro.

POLIDORO — *grego*, cujo significado é: aquele que é muito liberal, o que muito dá ou distribui.

POLÔNIO — variante de Apolônio. Veja este nome.

POMBAL — sobrenome de origem geográfica. Localidade de Portugal.

POMONA — *latim*: **Pomona** (deusa dos frutos). De **pomum** (fruto).

POMPÉIA — *latim*, nome de mulheres romanas famosas.

POMPEU — dialeto *umbro*, cujo significado é: o quinto.
Veja *PÔNCIO, PONCIANO, POMPÍLIO*.

POMPÍLIO — variante de Pompeu.
Veja *POMPEU*.

PONCIANO — *latim*, de Pôncio, ligado a Pôncio.
Veja *PÔNCIO*.

PÔNCIO — variante de Pompeu. Veja este nome.

PONTES — sobrenome de origem geográfica.

PONTÍFICES — *latim*: **Pontem facere** (fazedores de pontes).

PORANGABA — *tupi*, cujo significado é: beleza.

PORCINO — diminutivo de Pórcio. Referente a porco.

PORCIÚNCULA — sobrenome de origem religiosa, da Igreja de Nossa Senhora de Porciúncula, em Assis, na Itália.

PORFÍRIO — *grego*, cujo significado é: revestido de púrpura.
São Porfírio, festejado a 25 de fevereiro.

PORTELA — sobrenome de origem geográfica. Localidade de Portugal.

PORTO — sobrenome de origem geográfica. Cidade do Porto, em Portugal.

PORTUGAL — *latim*: **Portu Cales** (o porto de Cales). É um nome evidentemente geográfico.

POSEIDON — deus do oceano na mitologia grega.

POSSÍDIO — santo, festejado a 17 de maio.

POSSIDÔNIO — *grego*, cujo significado é: consagrado ao deus Poseidon ou Posseidon.

POSSINO — santo, festejado a 6 de maio.

POTENGI — *tupi*, cujo significado é: rio dos camarões.

POTI — *tupi*, cujo significado é: camarão.

POTIGUARA — *tupi*, cujo significado é: comedor de camarão.
OBS.: Era nome injurioso que uma tribo dava aos seus inimigos.

PÓVOA — palavra arcaica que primitivamente significava **pequena povoação**. Usado como sobrenome.

PRAÇA — sobrenome de origem geográfica.

PRATA — sobrenome que antigamente era alcunha.

PRAXEDES — *grego*: **Praxis** (ação), ativo, operoso, laborioso.

PRAZERES — nome de mulher, de origem religiosa. Nossa Senhora dos Prazeres, Maria dos Prazeres.

PRECIOSA — *latim*, cujo significado é: valiosa. Nome de mulher.

PRENTICE — *inglês medieval*: **Prentice** (aprendiz, discípulo, aluno).

PRESLEY — *anglo-saxão*: **Preostleah** (habitante dos campos dos padres).

PRIMA — feminino de Primo.
Veja *PRIMO*.

PRIMAVERA — *latim*: **Primo vere**. (primavera).

PRIMITIVO — *latim*, cujo significado é: nascido em primeiro lugar.

PRIMO — *latim*: **Primus** (primeiro filho).
Veja *PRIMA*.

PRIOR — *latim*, cujo significado é: primeiro.
São Prior, festejado a 17 de junho.

PRISCA — *latim*, cujo significado é: antiga.
Santa Prisca, festejada a 18 de junho.

PRISCILA — *latim*: **Priscilla** (do passado ou dos tempos primitivos).

PRISCILIANO — variante de Prisco. Veja este nome.

PRISCO — *latim*, cujo significado é: antigo, dos tempos primitivos.

PROCÓPIO — *grego*, cujo significado é: aquele que progride, o que ganha.

PROCTOR — *latim*: **Procurator** (administrador).
VAR.: *PROCTER*.

PROENÇA — antigo nome de *Provença*. Sobrenome de origem geográfica.

PROMETEU — *grego*: **Pro** (antes) + **medomat** (aconselho), logo: sensato, ajuizado.

PROPÉRCIO — *latim*, cujo significado é: nascido antes do tempo, prematuro.

PROPRIÁ — *tupi*, cujo significado é: dente de cobra.

PRÓSPERA — feminino de próspero.
Veja *PRÓSPERO*.

PRÓSPERO — *latim*: **Prosperus** (auspicioso, próspero, favorável).
Veja *PRÓSPERA*.

PROTÁGORAS — o primeiro na tribuna judiciária. Sofista de Abdero (Grécia). Discípulo de Demócrito, viveu no século V a. C.

PROTÁSIA — santa, festejada a 20 de maio.

PROTÁSIO — *grego*, cujo significado é: a primeira parte, o primeiro trecho.

PROTEU — na mitologia grega, Proteu foi um dos muitos filhos de Poseidon, senhor do oceano.

PROVIDÊNCIA — mitologia romana. Era a divindade alegórica que tinha um templo na Ilha de Delos.

PRUDÊNCIA — *latim*: **Prudentia** (prudência, cautela).

PRUDÊNCIO — *latim*: **Prudentius** (prudente, cauteloso).
Veja *PRUDÊNCIA*.
VAR.: *PRUDENTE*.

PRUDENTE — variante de Prudêncio. Veja este nome.

PTOLOMEU — *grego*, cujo significado é: guerreiro.

PÚBLIO — *latim*, cujo significado é: formoso, belo.

PULQUÉRIA — *latim*: **Pulchra** (bonita, bela).
Santa Pulquéria, festejada a 7 de julho.

PUREZA — nome de mulher. Uma das invocações da Virgem: Nossa Senhora da Pureza.

PURIFICAÇÃO — nome de mulher. Uma das invocações da Virgem: Nossa Senhora da Purificação, festejada a 2 de fevereiro.

Mais importante do que muitas riquezas é a escolha de bom nome.

Provérbios 22-1

QUIRINO

Q

QUADROS — sobrenome espanhol.

QUARESMA — sobrenome de origem religiosa.

QUEIRÓS — sobrenome português de origem geográfica.

QUENTAL — sobrenome de origem geográfica.

QUERUBIM — nome de origem religiosa.

QUINTANILHA — sobrenome português de origem geográfica.

QUINTELA — sobrenome português de origem geográfica.

QUINTILA — santa, festejada a 19 de março. Forma feminina de Quintilo. Veja *QUINTILO*.

QUINTILIANO — *latim*, cujo significado é: quinto.

QUINTILO — santo, festejado a 8 de março.
Veja *QUINTILA*.

QUINTINO — santo, festejado a 31 de outubro.

QUIRINO — *latim*. Nome romano. Nome de Rômulo depois de morto.

QUITÉRIA — santa, festejada a 22 de maio.

Os bons antecedentes começam da criação do bom nome.

Al-Harizi

RÓBINSON

R

RABELO — sobrenome de origem geográfica. Povoação de Portugal Antigo.

RABINDRANATH — nome de um dos maiores poetas da atualidade. Rabindranath Tagore.

RACHID — *árabe*, cujo significado é: o justo, o reto.

RADAMANTO — filho de Júpiter e de Europa. Da mitologia.

RADAMÉS — *egípcio*: **Ra** (deuses) + **més** (filho), logo: filho de deuses.

RAFAEL — *hebraico*: **R'phael** (Deus o curou).
Veja *RAFAELA*.
São Rafael, festejado a 24 de outubro.

RAFAELA — feminino de Rafael. Veja este nome.

RAIMUNDO — *gótico*: **Ragin-mund** (protetor ou o sábio poderoso).

RAINHA — *latim*: **Regina** (rainha).
Veja *RAINHO*.

RAINHO — sobrenome que deriva de alcunha: filho de mulher que tinha a alcunha de **Rainha**.

RAISSA — antigo *francês*: **Raison** (crente, pensador).

RAMALHO — sobrenome de origem geográfica.

RAMIRES — de Ramiro, relativo a Ramiro.
Veja *RAMIRO*.

RAMIRO — *teutônico*, cujo significado é: guerreiro famoso.

RAMON — variante de Raimundo. Veja este nome.

RAMOS — sobrenome de origem religiosa, extraído do Domingo de Ramos.

RAMSÉS — *egípcio*: **Ra** (nome de deuses) + **més** (filho), logo: filho de deuses.

RANDOLFO — *anglo-saxão*: **Randwulf** (combatente com escudo).

RANGEL — sobrenome de origem espanhola.

RANI — *hindu*: **Rani** (rainha).

RANIERI — *germânico*: **Ragin** (inteligência, conselho) + **hari** (exército), logo: o conselheiro do exército.

RANULFO — *teutônico*, cujo significado é: combatente prudente.

RAPOSO — sobrenome que antigamente era alcunha.

RAQUEL — *hebraico*: **Rachel** (mansa como a ovelha).

RAUL — *anglo-saxão*: **Raed-wulf** (combatente prudente). Entrou no português por via francesa **Raoul**.
Veja *RAULINO*.
DIM.: *RAULINO*.

RAULINO — diminutivo de Raul. Veja este nome.

REALENGO — do antigo termo **Real**, que pertence ao rei. Realengo é palavra do português arcaico, hoje em desuso. Atribui-se ao termo **Real Engenho**.

REBECA — *hebraico*: **Ribqah** (a que liga, a que une).

REBELO — variante de Rabelo que, por sua vez, é também sobrenome de origem geográfica.
Veja *RABELO*.

REDONDO — sobrenome de origem topográfica, originado de um local de Portugal onde havia enorme pedra arredondada.

RÉGIA — epíteto de deusa da Fortuna.

REGINA — *latim*: **Regina** (rainha).
Veja *RAINHA*.
Santa Regina, festejada a 7 de julho.

REGINALDO — *anglo-saxão*: **Regen-wald** (o que governa por meio de conselhos).

RÉGIS — sobrenome de origem religiosa, tirado de São Francisco Régis, santo do século XVII.

RÉGULO — *latim*, cujo significado é: pequeno rei, reizinho.

REI — *latim*: **Rex, regis** (rei).

REINALDO — variante de Reginaldo. Veja este nome.

REINARDO — *teutônico*: **Regin-hard** (bravo poderoso).

REINOLDO — variante de Reginaldo. Veja este nome.

REIS — sobrenome de origem religiosa, primitivamente aplicado às pessoas que nasciam no Dia de Reis.
Dia de Reis, a 6 de janeiro (**Reis Magos**).

REMÉDIOS — nome de mulher, abreviação de Maria dos Remédios, uma das invocações de Nossa Senhora, festejada a 13 de janeiro.

REMÍGIO — *latim*, cujo significado é: remador.
São Remígio, festejado a 1.º de outubro.

REMO — irmão gêmeo de Rômulo. Veja este nome.

RÊMULO — capitão latino de Tíbur, cujas armas fizeram parte da presa de Euríalo, amigo de Niso.

RENATA — *latim*: **Renata** (nascida novamente, renascida).
Veja *RENATO*.

RENATO — *latim*: **Renatus** (nascido novamente, renascido).
Veja *RENATA*.

RENÊ — variante através do francês. O mesmo que Renato.

RESEDÁ — *francês*: **Reseda**.

RESENDE — sobrenome de origem geográfica e de várias localidades de Portugal.
OBS.: A grafia **Rezende** deve ser evitada, porque desde a sua origem foi sempre com s.

REX — *latim*: **Rex** (rei).

RIBAMAR — sobrenome de origem geográfica (Portugal).

RIBAS — sobrenome de proveniência espanhola.

RIBEIRO — sobrenome de origem geográfica.

RICARDA — forma feminina de Ricardo. Veja este nome.

RICARDINO — diminutivo de Ricardo. Veja este nome.

RICARDO — *anglo-saxão*: **Richard** (senhor poderoso).
Veja *RICARDA, RICARDINO*.
DIM.: *RICARDINO*.
São Ricardo, festejado a 3 de abril.

RICO — *anglo-saxão*: **Reiks** (poderoso).

RINALDO — variante de **Reinaldo** e **Reginaldo**. Veja estes nomes.

RISA — *latim*: **Risus** (riso).

RITA — diminutivo de **Margaret** (inglês) ou do italiano **Margherita**.
Veja *MARGARIDA*.
Santa Rita de Cássia, festejada a 22 de julho.

RIZA — variante de Risa. Veja este nome.

ROBERTA — feminino de Roberto. Veja este nome.

ROBERTO — *anglo-saxão*: **Hrothbeorht** (brilhante na glória).
Veja *ROBERTA*.
DIM.: *ROBIM*.

ROBIM — diminutivo de Roberto. Veja este nome.

RÓBINSON — em inglês significa: filho de **Robim**.
Veja *ROBIM*.

RODERICO — *teutônico*: **Ruod-rik** (príncipe poderoso).
Veja *RODRIGO*.
VAR.: *RODRIGO*.

RÓDIA — *grego*: **Rhodos** (rosa).
Veja *ROSA*.

RODOLFO — variante de Rudolfo. Veja este nome.

RODOVALHO — *teutônico*, cujo significado é: o que governa com fama.

RODRIGO — variante de Roderico. Veja este nome.

RODRIGUES — variante de Rodrigo, cujo significado é: ligado a Rodrigo.

ROGACIANO — *latim*, cujo significado é: a quem se roga, a quem se pede.

ROGATA — *latim*, cujo significado é: a que nasceu por meio de rogos do céu.

ROGER — *teutônico*: **Ruod-ger** (afamado na lança).
Veja *ROGÉRIO*.

ROGÉRIO — *teutônico*: **Ruod-ger** (afamado na lança).
Veja *ROGER*.

ROLANDA — feminino de Rolando.
Veja *ROLANDO*.

ROLANDO — *teutônico*: **Ruod-lant** (da terra famosa).
Veja *ROLANDA*.
VAR.: *ROLDÃO*.

ROLDÃO — variante de Rolando. Veja este nome.

ROLIM — sobrenome de origem flamenga.

ROMANA — peculiar a Roma. Santa, festejada a 5 de outubro.

ROMANO — natural de Roma.
Veja *ROMÃO*.
VAR.: *ROMÃO*.

ROMÃO — variante de Romano. É a forma popular de **Romano.**
Veja *ROMANO*.
São Romão, festejado a 28 de fevereiro.

ROMARIZ — sobrenome de origem toponímica.

ROMEIRO — sobrenome de origem religiosa: homem que vai em romaria.
VAR.: *ROMERO*.

ROMERO — variante de Romeiro. Veja este nome.

ROMEU — *italiano*: **Romeo** (peregrino a Roma). Este nome tornou-se popular depois da obra de Shakespeare *Romeu e Julieta*.
OBS.: **Romeiro** (português), **Romero** (espanhol), **Romeo** (italiano), todos com a mesma significação: homem que vai a Roma, homem que vai em romaria. A palavra **romaria** vem de **Roma**.

ROMILDA — *teutônico*: **Ruom-hildi** (donzela da batalha gloriosa).

ROMUALDO — *teutônico*, cujo significado é: aquele que governa com fama, senhor famoso.
São Romualdo, festejado a 7 de fevereiro.

RÔMULO — *latim*: **ROMULUS** (o fundador de Roma, segundo a lenda).

RONALDO — *germânico*: **Runa** (mistério) + **waldan** (governar), logo: o que governa com mistério.

ROQUE — *perso-latino*, cujo significado é: o levantado, o alto. São Roque é o santo protetor contra a peste.
São Roque, festejado a 16 de agosto.

ROSA — *grego*: **Rhodos** (rosa). Rosa é uma das flores mais conhecidas no mundo.
Santa Rosa de Lima, festejada a 30 de agosto.

ROSABELA — nome formado de Rosa + Bela = Rosabela.

ROSALBA — nome formado de Rosa + Alba (alva, branca) = Rosalba.

ROSALI — variante de Rosa. Veja este nome.

ROSÁLIA — variante de Rosa. Veja este nome.
Santa Rosália, festejada a 4 de setembro.

ROSALIE — variante de Rosa. Veja este nome.

ROSALINA — diminutivo de Rosália. Veja este nome.

ROSALINDA — *espanhol*: **Rosalinda** (linda rosa). É um nome formado de Rosa + Linda = Rosalinda.

ROSALVA — *latim*, cujo significado é: rosa branca.

ROSALVO — forma masculina de Rosalba. Veja este nome.

ROSAMARIA — nome formado de Rosa + Maria = Rosamaria.

ROSAMUNDO — *teutônico*: **Rozomund** (famoso protetor).

ROSANA — *anglo-saxão*: **Roseanne** (rosa graciosa). É também um nome formado de Rosa + Ana = Rosana.

ROSÁRIA — forma feminina de Rosário. Veja este nome.

ROSÁRIO — nome de origem religiosa que, no início, aplicava-se aos meninos nascidos no dia da festa do Rosário, no dia 7 de outubro.

ROSAURA — variante de Rosária. Veja este nome.

ROSELENA — nome formado de Rosa + Elena = Roselena.
Veja *ROSABELA, ROSALBA, ROSALINDA, ROSAMARIA.*

ROSENDO — *teutônico*, cujo significado é: expedição gloriosa.

ROSETA — diminutivo de Rosa. Veja este nome.

ROSETE — diminutivo de Rosa. Veja este nome.

ROSINA — diminutivo de Rosa. Veja este nome. Rosina tornou-se um nome popular depois do lançamento de *O Barbeiro de Sevilha,* de Rossini, onde a personagem principal chama-se **Rosina**.

ROSINHA — diminutivo de Rosa. Veja este nome.

ROSITA — diminutivo de Rosa. Veja este nome.

ROSVALDO — *teutônico*: **Roswalt** (cavalo poderoso).

ROXANA — *persa*: **Raokhshna** (brilhante, o despertar do dia, a aurora).

RUBEM — *hebraico*: **R'ubhen** (Vês um filho de Deus?).
VAR.: *RUBENS.*

RUBENS — variante de Rubem. Veja este nome.

RUBI — *latino*: **rubinu** (avermelhado).
VAR.: *RUBIM.*

RUBIM — variante de Rubi. Veja este nome.

RUDOLFO — *teutônico*: **Ruod-wolf** (lobo combatente).
Veja *RODOLFO.*
VAR.: *RODOLFO.*

RUFINA — forma feminina de Rufino. Veja este nome.

RUFINO — *latim*, cujo significado é: ruivo.

RUFUS — *latim*: **Rufus** (de cabelos de fogo, vermelhos).

RUI — *francês*: **Roi** (rei). Há autores que admitem a origem deste nome como sendo abreviação de Rodrigo, cuja evolução foi **Roigo, Roi, Ruy, Rui**. Não se recomenda a grafia **Ruy**. (Ruy Barbosa).

RUIZ — forma abreviada de Rodrigo. Veja este nome.

RUTE — *hebraico*: **Ruth**: (plena de beleza, bela).

RUTÍLIO — *latim*: **Rutilus** (ruivo aloirado). Rutílio é um minério de cor semelhante à do ouro. É encontrado no Brasil. Foi também o nome de um conquistador romano.

Descamba aquele astro esplêndido,
Ristori, o assombro, o portento,
E surges no firmamento,
Formosa estrela do amor.

Entusiasmada, frenética,
Agita-se a alma do povo...
Em seu nome, ao astro novo,
Venho trazer esta flor!

Artur Azevedo

SÓCRATES

S

SÁ — *gótico*: **sala** (casa). Sobrenome originado de várias localidades de Portugal.

SAAVEDRA — sobrenome de origem espanhola.

SABARÁ — *tupi*, cujo significado é pedra luzente.

SABAÚNA — *tupi*, cujo significado é: concha preta.

SABEL — santo, festejado a 17 de junho.

SABINA — *latim*: **Sabina** (donzela sabina). É também a forma feminina de Sabino. Veja este nome.

SABINIANO — variante de Sabino. Veja este nome.

SABINO — *latim*: **Sabinus** (um homem que pertence ao povo sabino). Há autores que dão origem ao deus **Sabus**. Veja *SABINIANO, SABINA*.
VAR.: *SABINIANO.*

SABRA — *hebraico*, cujo significado é: repousar.

SABUGOSA — sobrenome de localidade de Portugal.

SACRAMENTO — sobrenome de origem religiosa.

SADI — *árabe*: **Saady** (natural de Saad). Não é recomendável a grafia Sady.

SAFIRA — *grego*: **Sappheiros** (pedra de safira, da cor de safira). Há autores que dão origem ao hebraico, cujo significado é: ser bela.

SAIÃO — antigo *português*: **saião** (carrasco). Primitivamente foi usado como alcunha e mais tarde como sobrenome.

SAID — *árabe*, cujo significado é: feliz.

SALADINO — *árabe*, cujo significado é: arma da fé.

SALAMBÔ — *fenício*: **Shalam Baal** (a paz de Deus).

SALATIEL — *hebraico*, cujo significado é: aquele que eu pedi a Deus.

SALAZAR — sobrenome de origem espanhola.

SALDANHA — sobrenome de origem espanhola.

SALES — sobrenome de origem religiosa. Sales é um castelo na **Sabóia**, onde nasceu São Francisco de Sales, no século XVI.

SALGADO — antigo *português*: **salgado** (engraçado, malicioso). Sobrenome que antigamente era alcunha.

SALGUEIRO — sobrenome de origem botânica.

SALOMÃO — *hebraico*: **Shelomon** (o pacífico).
Veja *SOLOMÃO*.

SALOMÉ — *hebraico*: **Shalom** (paz).
Veja *SALOMÃO, SOLOMÃO*.

SALÚSTIA — *latim*, cujo significado é: salvação.
Santa Salústia, festejada a 14 de setembro.

SALUSTIANO — variante de Salústio. Veja este nome.

SALÚSTIO — *latim*, cujo significado é: a salvação.
Veja *SALUSTIANO*.
VAR.: *SALUSTIANO*.

SALVADOR — sobrenome de origem religosa: o Salvador.

SÁLVIA — *latim*: **Salvia**. Nome romano de mulher.

SALVIANO — nome de origem latina: **Salvius**.

SAM — *hebraico*: **Shama** (ouvir). É também a forma diminutiva de Samuel.

SAMANTA — *aramaico*: **Samantha** (o ouvinte).
Veja *SAM, SAMUEL*.

SAMARA — *hebraico*: **Shemariah** (guardada por Deus, protegida de Deus).

SAMPAIO — forma aglutinada de **San Payo, São Payo, São Paulo, Sampayo, Sampaio**.

SAMUEL — *hebraico*: **Shemuel** (seu nome é Deus).
Veja *SAMUELA*.

SAMUELA — forma feminina de Samuel. Veja este nome.

SANCHES — derivado de Sancho, que pertence a Sancho. Veja este nome.

SANCHO — nome de origem espanhola.

SANDE — sobrenome de origem geográfica.

SANDOVAL — *teutônico*, cujo significado é: o verdadeiro que governa.

SANDRA — diminutivo de Alexandra. Veja este nome.

SANSÃO — *hebraico*: **Simshon** (homem de sol, homem esplêndido). Homem dotado de força descomunal, conforme tradição dos hebreus. Vulto semelhante criaram os gregos: Hércules.

SANTA — *latim*: **Sancta** (santa). Nome de mulher.
Veja *SANTOS*.

SANTARÉM — forma aglutinada de **Sancta Irena**, alterado pelo povo para **Santa Eirene** e daí **Santarém.**

SANTIAGO — forma aglutinada de **São Tiago**, na Espanha.

SANTINO — santo, festejado a 22 de setembro.

SANTOS — *latim*: **Sanctus** (santo). Usado como sobrenome.
Veja *SANTA*.

SAPUCAÍ — *tupi*, cujo significado é: rio dos galos.

SAQUAREMA — *tupi*, cujo significado é: a catinga dos socós. A lagoa tem fundo de lama, rica em mariscos, os socós.

SARA — *hebraico*: **Sarah** (a princesa).

SARAIVA — sobrenome de proveniência espanhola.

SARDINHA — sobrenome que primitivamente era alcunha.

SARMENTO — *espanhol*: **Sarmiento**, usado como sobrenome.

SÁTIRO — *grego*, cujo significado é: sedutor, sátiro.

SATURNINA — *latim*, cujo significado é: saciada.
Santa Saturnina, festejada a 4 de junho.

SATURNINO — *latim*, cujo significado é: dedicado a Saturno, deus da mitologia greco-romana.
São Saturnino, festejado a 29 de novembro.

SAUL — *hebraico*: **Sha'ul** (o solicitado, o alcançado por meio de orações).

SAULO — o mesmo que Saul.
Veja *SAUL*.

SEABRA — sobrenome de origem espanhola.

SEBASTIANA — forma feminina de Sebastião.

SEBASTIÃO — *grego*, cujo significado é: sagrado, reverenciado.
Veja *SEBASTIANA*.
VAR.: *TIÃO, TIANA*.
São Sebastião, festejado a 20 de janeiro. Padroeiro da Cidade do Rio de Janeiro.

SECO — sobrenome que primitivamente era alcunha.

SECUNDINO — *latim*, cujo significado é: aquele que nasceu em segundo lugar.

SECUNDO — *latim*, o mesmo significado que **Secundino**.

SEGADAS — sobrenome que primitivamente era alcunha.

SEIXAS — *latim*, cujo significado é: seixos, pedras.

SELENA — *grego*: **Selene** (a lua).

SÉLIA — variante de Selena. Veja este nome.

SELINA — variante de Selena. Veja este nome. Recomenda-se a grafia **Celina** e não Selina.

SELMA — variante de Anselmo. Veja este nome.

SEM — *hebraico*, cujo significado é: fama, reputação.

SEMELA — *latim*: **Semel** (uma vez, uma única vez).

SEMIRA — *hebraico*: **Shemiramoth** (a altura do céu).

SEMÍRAMIS — *assírio*, cujo significado é: pomba amorosa.

SENA — diminutivo de Selena.

SENADOR — nome de homem, hoje em desuso. Há dois santos com este nome, São Senador, festejados respectivamente a 28 de maio e 26 de setembro.

SÊNECA — *latim*: **Senex** (velho). Nome de dois romanos notáveis: um retórico e um filósofo.

SENHORINHA — variante de Senhora.

SEPETIBA — *tupi*, cujo significado é: sapezal, cerrado de sapê.

SEPTÍMIO — nome de homem, hoje em desuso. Significa: o sétimo filho.

SEPÚLVEDA — sobrenome de origem espanhola.

SERAFIM — nome de origem hebraica. Indica uma das nove ordens dos Anjos.

SERAFINA — feminino de Serafim. Veja este nome.

SERAPIÃO — significa: consagrado a Serápis, deus egípcio que resultava da fusão de duas divindades, **Osíris** e **Ápis**.

SÉRGIO — *latim*: **Sergius**.

SERGIPE — *tupi*, cujo significado é: rio dos siris.

SERIDÓ — *tupi*, cujo significado é: abundante de caranguejos.

SERINHAÉM — *tupi*, cujo significado é: a panela de caranguejos.

SERPA — sobrenome de origem geográfica. É uma localidade de Portugal.

SERRA — sobrenome de origem toponímica.

SERRANO — sobrenome que primitivamente era alcunha.

SERRÃO — antigo *português*: **Serrão** (serrador, aquele que serra).

SERTÓRIO — *latim*, cujo significado é: alfaiate.

SÉRVULO — *latim*: **Servulus** (escravo de baixa categoria, inferior).

SERZEDELO — sobrenome de origem geográfica.

SESIMBRA — sobrenome de origem geográfica. Há também as formas gráficas: **Cezimbra, Cesimbra**.

SETE — *hebraico*: **Sheth** (o indicado, o apontado). Nada tem que ver com o algarismo sete (7).

SÉTIMO — *latim*: **Septimus** (o sétimo filho).

SEVERIANO — *latim*: **Severus** (rigoroso, austero).
Veja *SEVERINO*.
VAR.: *SEVERINO*.

SEVERINO — variante de Severiano. Veja este nome.

SEVERO — *latim*: **Severus** (severo, grave). A Igreja comemora dois santos com esse nome.

SEZEFREDO — variante de Sigefredo. Veja este nome.

SHEILA — *gaulês*: **Sile** (pronúncia irlandesa de Cecília).

SHIRLEY — ***anglo-saxão***: **Scirleah (do prado brilhante).**

SIBILA — *latim*: **Sibylla** (profetisa). Era nome de uma célebre pitonisa ou adivinha, cujas predições eram confusas, daí o adjetivo **sibilino** para uma exposição confusa.

SIDNEI — *anglo-saxão*: **Sydey**, do antigo *francês*: **Saint-Denis.** De São Dinis. Alternativa fenícia: **Sidon** (da cidade de Sidon). A forma gráfica **Sidney** é inglesa.
VAR.: *SIDÔNIA, SIDÔNIO.*

SIDÔNIA — variante feminina de Sidnei. Veja este nome.

SIDÔNIO — variante masculino de Sidnei. Veja este nome.

SIGEBERTO — *teutônico*, cujo significado é: ilustre pelas suas vitórias.

SIGEFREDO — *teutônico*, cujo significado é: aquele que traz a paz pela vitória.
Veja *SEZEFREDO.*
VAR.: *SEZEFREDO.*

SIGFRIDO — *germânico*: **Sieg** (vitória) + **fred** (paz), o que dá a paz com a vitória.

SIGISMUNDO — *teutônico*: **Sigimund** (protetor vitorioso).

SILAS — variante de Silvano. Silas era o companheiro de São Paulo, segundo a Bíblia.
Veja *SILVANO.*

SILENO — *grego*: **Silos** (zombador). Semideus, mentor de Baco, ao qual acompanhou na sua expedição à Índia. Da mitologia.

SILVA — *latim*: **Silva** (floresta, mato).

SILVANA — *latim*, cujo significado é: das selvas.
Santa Silvana, festejada a 10 de julho.

SILVANO — *latim*: **Silvanus** (habitante da floresta).
Veja *SILVA, SILAS.*
VAR.: *SILVA.*

SILVEIRA — sobrenome derivado de **Silva.**
Veja *SILVA.*

SILVÉRIO — *latim*, cuja significação é: da floresta, das selvas. Sobrenome que tem a mesma origem de Silveira. Veja este nome.

SILVÉSTER — *latim*: **Silvester** (da floresta). Tem a mesma origem que Silveira, Silvério.
VAR.: *SILVESTRE.*

SILVESTRE — variante de Silvéster. Veja este nome.

SÍLVIA — *latim*: da selva. Tem a mesma origem de Silveira, Silvéster, Silvestre.
VAR.: *SILVA, SYLVIA, SILVANA.*

SILVINO — *latim*, cujo significado é: da selva. Tem a mesma origem de Silveira, Silvéster, Silvestre, Sílvia. Veja estes nomes.

SÍLVIO — *latim*, cujo significado é: da selva. Tem a mesma origem de Silvério, Silveira, Silvéster, Silvestre, Sílvia, Silvino. Veja estes nomes.

SIMÃO — *hebraico*: **Shim'on** (ouvinte, aquele que ouve).
Veja *SIMEÃO, SIMONE, SIMONETE.*
São Simão, festejado a 28 de outubro.
VAR.: *SIMEÃO, SIMÕES.*

SIMEÃO — variante de Simão. Veja este nome.
São Simeão, festejado a 5 de janeiro.

SIMÕES — variante de Simão, cujo significado é: de Simão.

SIMONE — *hebraico*: **Shim'on** (ouvinte, aquele que ouve).
Veja *SIMÃO, SIMEÃO.*

SIMPLICIANO — variante de Simplício.
Veja *SIMPLÍCIO*.

SIMPLÍCIO — *latim*, cujo significado é: simples.
Veja *SIMPLICIANO*.

SINCLAIR — *francês*: **St. Clair** (da cidade de Saint Clair).

SINÉSIO — *grego*, que indica prudência, sabedoria.

SINFRÔNIO — *grego*, cujo significado é: que pensa ou sente como os outros.

SINIMBU — *tupi*, cujo significado é: aquele que brilha.

SINTRA — sobrenome de origem toponímica (Portugal), que no Brasil se escreve com **C** (Cintra).

SINVAL — *teutônico*, cujo significado é: aquele que comanda uma expedição.

SIQUEIRA — variante de **Sequeira** que tem origem obscura.

SIRENE — *grego*: **Seiren** (que canta docemente).

SISENANDO — *teutônico*, cujo significado é: encantamento.

SOARES — antigo *português*: **Soeiro** (de Soeiro, ligado a Soeiro). Este nome acha-se hoje em desuso.

SOBRAL — sobrenome de origem portuguesa.

SÓCRATES — nome de famoso filósofo grego.

SODRÉ — sobrenome de origem inglesa.

SOEIRO — nome de homem já em desuso tanto no Brasil como em Portugal. Deste nome temos o derivado Soares, usado como sobrenome.

SOFIA — *grego*: **Sophia** (sabedoria). A capital da Bulgária é **Sófia**, que tem a mesma origem.

SÓFOCLES — *grego*: **Sofos** (sábio) + **kleos** (glória), logo: sábio glorioso. Sófocles foi um poeta trágico. Nasceu no ano 495 a. C.

SOFRÔNIO — *grego*, cujo significado é: prudente.

SOLANGE — *francês*: **Solange**. Usado como nome de mulher.

SOLANO — natural da região espanhola de **Solana**.

SOLEDADE — nome de origem religiosa. Nossa Senhora da Soledade, isto é, a solidão em que se viu a Virgem por ocasião da paixão de Cristo.

SOLIMÃO — variante de Salomão. Veja este nome.

SOLOMÃO — *hebraico*: **Shelemon** (o pacífico).
Veja *SALOMÃO*.

SÓLON — *grego*: **Solon**. Primeiro legislador grego.

SÔNIA — variante de Sofia. Veja este nome.

SOROCABA — *tupi*, cujo significado é: lugar de romper.

SÓSTENES — *grego*, cujo significado é: a força que salva.

SOTERO — *grego*, cujo significado é salvador.
São Sotero, festejado a 22 de abril.

SOUSA — nome de uma povoação e rio de Portugal.

SOUTELO — diminutivo de Souto: pequeno bosque.

SOUTO — sobrenome de origem geográfica. Significa: bosque, morador do bosque.

SOUTO MAIOR — *espanhol*: **Sottomayor**. Sobrenome de origem geográfica.

SPENCER — *anglo-saxão*: **Spencer** (dispenseiro).

SPINOLA — sobrenome de origem italiana, introduzido em Portugal no tempo das grandes navegações.

STANLEY — *anglo-saxão*: **Stanleah** (morador das rochas, aquele que mora nas rochas).

STELA — *latim*: **Stella** (estrela). É preferível a grafia Estela.
Veja *ESTELA*, *ESTER*.

SUAÇUNA — *tupi*, cujo significado é: veado negro.

SUCENA — sobrenome de origem árabe.

SUETÔNIO — *latim*, cujo significado é: o que se acostuma.

SULAMITA — *hebraico*, cujo significado é: a perfeita.

SUSANA — *hebraico*: **Shoshannah** (lírio gracioso, lírio; a pura).
DIM.: *SUSETE*, *SUSIE*, *SUZY*.

SUSETE — diminutivo de Susana. Veja este nome.

SUSIE — diminutivo de Susana. Veja este nome.

SUZY — diminutivo de Susana. Veja este nome.

Ó, Filomena,
Se eu fosse como tu,
Tirava a urucubaca
Da cabeça do Dudu!

J. Praxedes

Na cabeça do Dudu,
Já subiu uma macaca
E, por isso, coitadinho,
Ele tem urucubaca!

Raul Pederneiras

TÊMIS

T

TABAJARA — *tupi*, cujo significado é: o senhor da aldeia.

TABATINGA — *tupi*, cujo significado é: barro branco.

TABITA — *grego*: **Tabitha** (gazela).

TACIANA — santa, festejada a 12 de janeiro.

TACIANO — *latim*, cujo significado é: de Tácio.

TÁCIO — Tito Tácio, rei dos Sabinos.

TÁCITA — *latim*: **tacita** (calada). Deusa do silêncio. Feminino de Tácito.

TÁCITO — *latim*: **tacitus** (calado). Veja *TÁCITA*.

TADÉIA — forma feminina de Tadeu. Veja este nome.

TADEU — *hebraico*: aquele que louva.

TAÍS — penitente egípcia do século IV d. C. Sua festa celebra-se a 8 de outubro.

TALÁSIO — nome de um senador romano do tempo de Rômulo.

TALASSA — *grego*: **Thalassa** (do mar).

TALÉIA — *grego*: **Thaleia** (florescente; luxuriante).
Veja *TÁLIA*.
VAR.: *TÁLIA*.

TALES — *grego*, cujo significado é: verdejar.

TÁLIA — variante de Taléia. Nome de uma das Musas do teatro.

TALITA — *aramaico*: **Talitha** (menina).

TAMANDARÉ — *tupi*, cujo significado é: aquele que deu origem à raça.

TAMAR — *hebraico*, cujo significado é: palmeira.

TAMARINDO — sobrenome de origem botânica.

TAMBAÚ — *tupi*, cujo significado é: marisco preto.

TAMUZ — deus sírio, muito cultuado, célebre pela sua beleza.

TANCREDO — *teutônico*, cujo significado é: rei dos conselheiros.

TÂNIA — forma diminutiva russa para Estefânia.

TÂNTALO — um dos heróis da mitologia latina.

TAQUAREMBÓ — *tupi*, cujo significado é: taquara fina.
Veja *TAQUARI*.

TAQUARI — *tupi*, cujo significado é: taquara fina.
Veja *TAQUAREMBÓ*.

TARQUÍNIO — *latim*, cujo significado é: aquele que é natural de Tarquinos.

TARSILA — santa, festejada a 24 de dezembro.
Veja *TARSÍSIO*.

TARSÍSIO — etimologia incerta, talvez de Tarso, cidade da Cilícia.
Veja *TARSILA*.

TASSO — nome do grande poeta Torquato Tasso.

TATUÍ — *tupi*, cujo significado é: rio dos tatus.

TAUÁ — *tupi*, cujo significado é: argila, barro.

TAUBATÉ — *tupi*, cujo significado é: aldeia grande.

TAVARES — sobrenome de origem geográfica.

TAVEIRA — *latim*: do antigo nome próprio **Talavus**.

TÁVORA — sobrenome de origem geográfica. Cidade e rio de Portugal.

TECLA — *grego*, cujo significado é: glória de Deus.
Santa Tecla, festejada a 23 de setembro.

TEDIM — sobrenome de origem geográfica.

TEFÉ — sobrenome de origem geográfica.

TÉIA — *grego*: **Thea** (deusa).

TEIXEIRA — *latim*: **Taxus** (teixo). Usado como sobrenome.

TELÊMACO — *grego*, cujo significado é: aquele que combate de longe.

TELES — antigo *português*: **Telo** (de Telo, ligado a Telo). O **nome Telo** desapareceu há muito tempo.

TELMO — derivado de Sant'Elmo, por sua vez corruptela de Santo Erasmo.

TÊMIS — deusa da Justiça na mitologia greco-romana.

TEMÍSTOCLES — *grego*, cujo significado é: célebre por sua justiça.

TEMPERANÇA — divindade alegórica. Era representada sob a figura de uma mulher com um freio ou uma taça.

TENREIRO — antigo *português*: **terneiro** (novilho).

TEOBALDO — *teutônico*: **Theudobald** (o mais ousado do povo).

TEÓCRITO — *grego*: **Theos** (Deus) + **kritos** (escolho), logo: o escolhido por Deus. Poeta bucólico, nascido em Siracusa.

TEODOLINDA — *germânico*: **Thiuda, diot** (povo) + **lind** (serpente, escudo), a serpente, o escudo do povo, isto é, a defensora do povo.

TEODOMIRO — *teutônico*, cujo significado é: famoso pelo povo.

TEODORA — forma feminina de Teodoro. Veja este nome.

TEODORICO — *teutônico*: **Theudoric** (senhor do povo).

TEODORO — *grego*: **Theodoros** (dado por Deus, dádiva do Senhor).
Veja *TEODORA*.
São Teodoro, festejado a 9 de novembro.

TEODÓSIA — feminino de **Teodósio**.
Veja *TEODÓSIO*.

TEODÓSIO — *grego*: **Theodosio** (dado por Deus).
Veja *TEODÓSIA*.

TEÓFANES — *grego*: **Theos** (Deus) + **fainomai** (apareço), logo: aquele que aparece ou aquele a quem Deus aparece.

TEOFÂNIA — *grego*: **Theophaneia** (manifestação de Deus).

TEÓFILA — forma feminina de Teófilo. Veja este nome.

TEÓFILO — *grego*: **Theophilos** (amigo de Deus).
Veja *TEÓFILA*.

TEÓGENES — *grego*, cujo significado é: nascido de Deus.
São Teógenes, festejado a 3 de janeiro.

TEOTÔNIO — *teutônico*, cujo significado é: popular, do povo.

TÉRCIA — *latim*: **Tertia** (terceira filha).
Veja *TERCIO*.

TÉRCIO — *latim*: **Tertius** (terceiro filho).
Veja *TÉRCIA*.

TERENCE — *latim*: **Terentius**.

TERÊNCIA — feminino de Terêncio.
Veja *TERÊNCIO*.

TERÊNCIO — *grego*: **Tereos** (guardião). Não confundir este nome com **Terence**.
Veja *TERÊNCIA*.

TERÊNSIS — *latim*: **Terere** (malhar os cereais, pisar o trigo na eira). Não confundir este nome com **Terence, Terêncio**.

TERESA — aquela que é natural da ilha de Tera. No antigo *português* Teresa era **Taraija**, depois **Tareja**, por fim **Teresa**.
Santa Teresa de Jesus, festejada a 15 de outubro.

TERESINHA — diminutivo de Teresa que popularizou-se depois da canoni-

zação de Santa Teresinha do Menino Jesus.
Santa Teresinha, festejada a 3 de outubro.

TERPSÍCORE — *grego*, cujo significado é: encantar. Terpsícore é a deusa da dança.

TERTULIANO — *latim*: **Tertius** (terceiro filho).
Veja *TÉRCIO*.

TERTULINO — santo, festejado a 4 de agosto.

TESEU — um dos deuses da mitologia latina.

TIAGO — falso diminutivo de **Santo Iago**.
São Tiago, festejado a 25 de julho.

TIBAJI — *tupi*, cujo significado é: o rio do pouso.

TIBÉRIO — *latim*: **Tiber** (Tibre) rio que banha a cidade de Roma. Tibério foi um imperador romano.

TIBÚRCIO — *latim*, cujo significado é: natural de Tíbur.
Veja *TIBURTINO*.
São Tibúrcio, festejado a 11 de agosto.

TIBURTINO — derivado de Tibúrcio. Veja este nome.

TICIANO — *latim*, cujo significado é: venerável. Célebre pintor veneziano (1477-1576).
São Ticiano, festejado a 3 de março.

TIETÊ — *tupi*, cujo significado é: muito fundo.

TIJUCA — *tupi*, cujo significado é: brejo.

TILDA — diminutivo de Matilda. Veja este nome.

TIMON — *grego*, cujo significado é: que venera.
São Timon, festejado a 19 de abril.

TIMÓTEO — *grego*: **Timotheos** (o que honra a Deus).
São Timóteo, festejado a 24 de janeiro.

TINA — diminutivo de Cristina. Veja este nome.

TINOCO — diminutivo de Antônio. Veja este nome.

TIRRENO — um dos deuses da mitologia latina. Tirreno é filho de Átis. Deu seu nome a uma região da Itália, chamada Tirrênia ou Etrúria.

TIRSO — santo, festejado a 28 de janeiro.

TITA — *latim*: **Titulus** (um título de honra). Não é feminino de Tito.
Veja *TITO*.

TITÂNIA — *grego*: **Titan** (gigante).

TITO — *grego*: **Titos** (dos gigantes). Não é masculino de Tita.
Veja *TITA*.

TOBIAS — *hebraico*: **Tobhiyah** (o Senhor é bom; agradável a Deus).

TOCANTINS — *tupi*, cujo significado é: bico de tucano.

TOLEDO — sobrenome de origem toponímica; cidade da Espanha.

TOLENTINO — sobrenome de origem toponímica e nome de uma cidade italiana onde nasceu São Nicolau de Tolentino.

TOLOSA — sobrenome de origem geográfica. É uma cidade da Espanha.

TOMÁS — *aramaico*: **Teoma** (gêmeo), daí para o *grego*: **Thomas** e o *português*: **Tomás.**
Veja *TOMÁSIA*, *TOMÉ*.
São Tomás de Aquino, festejado a 7 de março.
VAR.: *TOMÉ*.

TOMÁSIA — forma feminina de Tomás. Veja este nome.

TOMÉ — variante de Tomás. Veja este nome.
São Tomé, festejado a 21 de dezembro.

TONHO — diminutivo de Antônio. Veja este nome.

TÔNI — diminutivo de Antônio. Veja este nome.

TÔNIA — diminutivo de Antônia. Veja este nome.

TONICO — diminutivo de Antônio. Veja este nome.

TOPÁZIO — nome de uma pedra preciosa. Do *grego*: **Topázion**.

TORQUATO — *latim*, cujo significado é: o que traz um colar.

TORRES — sobrenome de origem toponímica.

TOTOCA — diminutivo de Antônio. Veja este nome.

TRAJANO — um dos melhores imperadores romanos. Nasceu no ano 52 d. C., na Itálica, Espanha, próximo de Sevilha. Os romanos deram-lhe a alcunha de "Ótimo" e de "Pai da Pátria".

TRANCOSO — sobrenome de origem geográfica.

TRANQUILINO — *latim*, cujo significado é: calmo, sossegado. Vem de **tranqüilo**.

TRASÍBULO — *grego*: **Thrasys** (ousado) + **boulé** (conselho), logo: conselheiro ousado.

TRAVASSOS — sobrenome de origem geográfica. Em Portugal escreve-se **Travaços.**

TRISTÃO — *céltico*: **Trystan** (narigudo). Celebrizou-se depois da ópera de Wagner *Tristão e Isolda.*

TUDE — santa, advogada dos que sofrem de tosse.
Santa Tude, festejada a 25 de julho.

TUFI — *árabe*, cujo significado é: boa ventura. Há autores que dão origem de Tufi (Taufic) ao nome *grego*: **Theophilos** (amigo de Deus).

TÚLIA — *céltica*: **Taithleach** (pacífico, quieto). Nada tem que ver com **Túlio**.

TÚLIO — nome do mais famoso orador romano: **M. Túlio Cícero**.

TUPÃ — *tupi*, cujo significado é: o deus supremo.

TUPINAMBÁ — de raça tupi.

TURMALINA — *cingalês*: **Toramalli** (pedra de turmalina).

O nome é como uma planta sensível, uma vez emurchecido, tende sempre a secar.

Ana Pându

ULISSES

U

UBÁ — *tupi*, cujo significado é: o que se colhe da árvore; canoa feita de árvore.

UBALDINO — diminutivo de Ubaldo. Veja este nome.

UBALDO — *teutônico*, cujo significado é: espírito ousado.
Veja *UBALDINO*.
DIM.: *UBALDINO*.

UBERABA — *tupi*, cujo significado é: água cristalina.

UBIRAJARA — *tupi*, cujo significado é: o senhor da lança. Nome de um romance célebre de José de Alencar.

UCHOA — *basco* através do *espanhol*, cujo significado é: lobo.

UDA — *teutônico*: **Udo** (aquele que é próspero).

UÍLIAM — *anglo-saxão*: **Willihelm** (protetor resoluto). Não é recomendada esta forma gráfica. É preferível o nome **William**. Veja este nome.

ULA — *teutônico*: **Ula** (proprietário hereditário).

ULHOA — *basco* através do *espanhol*, cujo significado é: galinha.

ÚLIMA — *árabe*: **Alim** (a sábia, a culta).

ULISSES — *grego*: **Odysseus** (o irritado).

ÚLMER — *nórdico*: **Ulf-maerr** (lobo famoso).

ULPIANO — *latim*, de **Úlpio**, nome de antiga família romana.
São Ulpiano, festejado a 3 de abril.

ULRICO — *teutônico*: **Wolf-rik** (lobo-guia).

ÚLTIMA — *latim*: **Ultima** (a derradeira).

ULVA — *gótico*: **Wulfila** (lobo).

UMBELINA — santa, festejada a 21 de agosto.

UMBELINO — *latim*, cujo significado é: pequena sombra.

UMBERTO — variante de Humberto. Veja este nome.

UNA — *latim*: **Una** (um, juntos).

UÓLACE — *anglo-saxão*: **Waleis** (homem do País de Gales). Não se recomenda essa grafia. Prefere-se **Wallace**. Veja este nome.

URÂNIA — *grego*: **Ourania** (celestial).

URBANO — *latim*: **Urbanus** (citadino, natural da cidade).
Santo Urbano, festejado a 17 de dezembro.

URIAS — *hebraico*: **Uriyah** (chama de Jeová).
Veja *URIEL*.
VAR.: *URIEL*.

URIEL — variante de Urias. Veja este nome.

URSINO — *latim*, cujo significado é: pequeno urso.
Santo Ursino, festejado a 9 de novembro.

ÚRSULA — *latim*: *Ursula* (pequena ursa).
Santa Úrsula, festejada a 21 de outubro.

URSULINA — diminutivo de Úrsula. Veja este nome.

URUBUPUNGÁ — *tupi*, cujo significado é: o grasnar dos urubus.

URUBURETAMA — *tupi*, cujo significado é: terra dos urubus.

URUÇANGA — *tupi*, cujo significado é: água fria.

O nome fica até mesmo quando o corpo se vai.

Ana Pându

VASCO DA GAMA

V

VÁGNER — *alemão*: **Wagner** (aquele que faz vagões).
Veja *WAGNER*.

VALADARES — sobrenome de origem toponímica.

VALDA — *teutônico*: **Waldo** (guia, dirigente).
Veja *WALDA, WALDO*.

VALDEMAR — *teutônico*: **Waldo-mar** (governador) ou do *anglo-saxão*: **Weald-maer** (famoso, poderoso).
Veja *WALDEMAR*.
VAR.: *VALDEMIRO, VALDOMIRO*.

VALDEMIRO — variante de Valdemar. Veja este nome.

VALDIR — veja *WALDYR*.

VALDO — *teutônico*: **Waldo** (governador).

VALDOMIRO — variante de Valdemar. Veja este nome.

VALENÇA — sobrenome de origem toponímica.

VALÊNCIA — deusa adorada pelos primeiros habitantes da Itália.

VALÊNCIO — santo, festejado a 25 de maio.

VALENTE — sobrenome que primitivamente era alcunha.

VALENTIM — *latim*: **Valentinus** (valoroso, forte, com saúde, saudável).

VALENTINA — forma feminina de Valentim.
Santa Valentina, festejada a 25 de julho.
Veja *VALENTIM*.

VALENTINIANO — derivado de Valentim. Veja este nome.

VALÉRIA — feminino de **Valério**.
Veja *VALÉRIO*.

VALERIANA — variedade de vegetal terapêutico.
Santa Valeriana, festejada a 15 de novembro.

VALERIANO — *latim*: **Valerianus (forte, poderoso)**.
Veja *VALÉRIO*.

VALÉRIO — *latim*, cujo significado é: cheio de saúde.
Veja *VALERIANO, VALÉRIA*.

VALFREDO — *teutônico*: **Waldi-frid** (governador pacífico).
Veja *WALFRED*.

VALÔNIA — *latim*: **Valles** (do vale).

VALPARAISO — sobrenome de origem toponímica.

VALQUÍRIA — de **Walkirias**, mulheres de grande beleza, que carregavam para o Walhalla os guerreiros mortos em combate.

VALTENO — natural da Escócia, é santo da Igreja.
São Valteno, festejado a 2 de agosto.

VÁLTER — *teutônico*: **Walthari** (dirigente do exército, guerreiro poderoso).
Veja *WALTER*.

VALVERDE — sobrenome de origem toponímica.

VANDA — *teutônico*: **Wando, Wendi** (peregrino, caminheira). Santa Vanda, protetora dos peregrinos.
Veja *WANDA*.

VANESSA — designativo de um gênero de lindas borboletas.

VAREJÃO — sobrenome que primitivamente era alcunha.

VARGAS — sobrenome de origem espanhola.

VASCO — derivado de **Velasco**.

VASCONCELOS — diminutivo de **Vasconço.**

VASQUES — sobrenome, ligado a Vasco.
Veja *VAZ*.

VAZ — sobrenome ligado a Vasco.
Veja *VASQUES*.

VEIGA — sobrenome de origem toponímica.

VELHINHO — sobrenome que primitivamente era alcunha.

VELHO — sobrenome que primitivamente era alcunha.

VELOSO — antigo *português*: **Velloso** (cheio de pêlos, peludo).

VENÂNCIO — *latim*, cujo significado é: o que caça.
São Venâncio, festejado a 18 de maio.

VENCESLAU — *eslavo*, cujo significado é: coroado de glória.
Veja *WENCESLAU*.

São Venceslau, festejado a 19 de setembro.

VENERANDA — *latim*, cujo significado é: respeitável.
Santa Veneranda, festejada a 14 de novembro.

VENERANDO — *latim*, cujo significado é: o que deve ser venerado.

VENÍLIA — mitologia latina. Venília era a mulher de Dauno, irmã de Amata e mãe de Turno.

VENINA — santa, festejada a 17 de dezembro.

VENTURA — *espanhol*: **Ventura** (felicidade, boa sorte).

VERA — *latim*: **Vera** (verdadeira).

VERAS — *latim*: **Verus** (verdadeiro).
Veja *VERA*.

VERENA — *teutônico*: **Varin** (protetor, defensor).

VERGUEIRO — antigo *português*: **vergueiro** (o que verga, o que dobra).

VERÍSSIMO — derivado de **Veras**, cujo significado é: muito verdadeiro.

VERÔNICA — variante de Berenice que, por sua vez, vem do grego **Berenike** (portadora de vitória).
Veja *BERENICE*.
OBS.: Verônica é o nome da mulher que enxugou o rosto de Jesus, na Via Dolorosa.
Santa Verônica, festejada a 13 de janeiro.

VESPASIANO — *latim*: **Vesper** (tarde, noite), o que nasceu à noite. Há autores que dão origem à mosca denominada **vespa**, daí Vespasiano (mordido por vespas). Foi imperador romano, nascido em Reato no ano 7.º d. C.

VEVILA — *céltico*: **Bebhin** (donzela harmoniosa, melodiosa).

VIANA — sobrenome de origem toponímica.

VICÊNCIA — feminino de Vicêncio.
Veja *VICÊNCIO*.

VICÊNCIO — *latim*: **Vicentius** (aquele que vence, vencedor).
Veja *VICÊNCIA*.

VICENTE — *latim*: **Vicentius** (aquele que vence, vencedor).
São Vicente, festejado a 22 de janeiro.
São Vicente de Paula, festejado a 19 de julho.
DIM.: *VICENTINO*.

VICENTINO — diminutivo de Vicente. Veja este nome.

VIDAL — derivado do sobrenome **Vital** (vital, de vida).

VIDIGAL — sobrenome de origem toponímica.

VIEGAS — *árabe-português*, cujo significado é: filho de Egas.

VIEIRA — sobrenome de origem toponímica.

VIGÍLIO — *latim*, cujo significado é: vigilante. Nome de dois santos e de um papa.

VILALOBOS — sobrenome de origem espanhola.

VILAR — sobrenome de origem toponímica.

VILELA — sobrenome de origem toponímica.

VILFREDO — *teutônico*: **Waldi-frid** (dirigente da paz, o que quer a paz).

VILHENA — sobrenome de origem espanhola.

VILMAR — *teutônico*: **Willa-mar** (resoluto, famoso).

VINAGRE — sobrenome que primitivamente era alcunha.

VINCIANA — santa, festejada a 11 de setembro.

VINHAIS — sobrenome de origem toponímica.

VINÍCIO — *latim*: **Vinus** (vinicultor, viticultor).

VINOLA — *teutônico*: **Wini-holdo** (amigo gracioso).

VIOLANTE — *latim*: **Viola** (violeta). DIM.: *VIOLANTINA*.

VIOLANTINA — diminutivo de Violante. Veja este nome.

VIOLETA — *francês*: **Violette** (violeta).

VIRGÍLIO — *latim*: **Virgilius** (verga, vara).
Veja *VIRGILO*.

VIRGILO — *latim*: **Virgilius** (verga, vara, vareta).
Veja *VIRGÍLIO*.

VIRGÍNIA — *latim*: **Virginia** (virginal).

VIRGÍNIO — *latim*: **Virgineus** (virgem; capaz ao matrimônio).
Veja *VIRGÍNIA*.

VIRIATO — *céltico*, cujo significado é: bracelete.

VIRIDIANA — *latim*, cujo significado é: florescente, vivente.
Santa Viridiana, festejada a 13 de fevereiro.

VIRIDIANO — *latim*, cujo significado é: verde.

VISEU — sobrenome de origem toponímica.

VITA — *latim*: **Vita** (vida).

VITAL — *latim*, cujo significado é: próprio da vida.
Veja *VIDAL*.
VAR.: *VITALINO*.

VITALINA — *latim*, cujo significado é: cheia de vida, rica de vida. Nome de uma musicista brasileira.

VITALINO — variante de Vital. Veja este nome.

VITÉLIO — *latim*, cujo significado é: vitela. Imperador romano nascido no ano 15 d. C. Foi assassinado pelo povo que o fez em pedaços, jogando-o no Tibre.

VITO — nome de origem italiana.

VÍTOR — *latim*: **Victor** (vencedor).
São Vítor, festejado a 21 de julho.

VITÓRIA — *latim*: **Victoria** (vitória).

VITORIANO — derivado de Vitória.
São Vitoriano, festejado a 23 de março.

VITÓRIA-RÉGIA — gigantesca flor aquática da Amazônia. Deve seu nome à Rainha Vitória, da Inglaterra.

VITORINA — *latim*, cujo significado é: vencedora.
Santa Vitorina, festejada a 26 de novembro.

VITORINO — diminutivo de Vítor.
Veja *VÍTOR*.

VIVALDO — *germânico*: **Wig** (combate) + **wald** (dirigir, governar), o que dirige o combate.

VIVEIROS — sobrenome de origem toponímica.

VIVÊNCIA — santa, festejada, particularmente, na Colônia, a 17 de março.
Veja *VIVÊNCIO*.

VIVÊNCIO — *latim*, cujo significado é: vivente, que vive, vital.
São Vivêncio, festejado a 13 de janeiro.
Veja *VIVÊNCIA*.

VIVIANA — *latim*: **Viva** (com vida, viva). Viviana é uma das fadas das lendas européias antigas.

Veja *BEBIANO*.

VAR.: *BEBIANO, BIBIANO*.

VIVINA — santa, festejada a 17 de dezembro.

VLADIMIR — variante de Valdemiro. Veja este nome.

VLADISLAU — *eslavo*: **Vladi-slava** (dirigente glorioso).

VÓLNEI — *teutônico*: **Vollmi** (espírito do povo, nacional).

VOTURANTIM — *tupi*, cujo significado é: ladeira branca.

Kakká, moço pimpão, filho dileto
De Dom Chico Peru, rei destronado.
Foi Galeno de nome; aposentado,
Tornou-se de estadista um bom projeto.

Moacir Piza

WAGNER

W

W, letra que, embora não pertencente ao alfabeto português, é usada em nomes próprios estrangeiros no Brasil. Substituída por **U**, ou **V**, conforme o valor fonético, como **Wagner** (Vagner), **Walda** (Valda), **Waldemar** (Valdemar), etc.

WAGNER — *alemão*: **Wagner** (fabricante de vagão), corresponde ao nosso Vagner.

WALDA — *teutônico*: **Waldo** (aquele que governa), corresponde ao nosso Valda.

WALDEMAR — *teutônico*: **Waldomar** (governador famoso), corresponde ao nosso Valdemar.

WALDIMAR — forma aglutinada de **Wald+Maria**, daí Waldimar. Melhor forma gráfica: Valdimar.

WALDO — *teutônico*: **Waldo** (governador) ou do *anglo-saxão*: **Weald** (poderoso), corresponde ao nosso Valdo.

WALDYR — *germânico*: **Wald** (dirigir, governar, comandar), o que governa, o que comanda. Recomenda-se a grafia: Valdir.

WALFRED — *teutônico*: **Waldi-frid** (governador pacífico), corresponde ao nosso Valfredo.

WALLACE — *anglo-saxão*: **Waleis** (homem do País de Gales, galês). Modernamente tem aparecido a forma aportuguesada **Uólace**, mas não deve ser aceita.
DIM.: *WALLIS*.

WALLIS — diminutivo de Wallace. Veja este nome.

WALTER — *teutônico*: **Walthari** (condutor de exército, guerreiro poderoso), corresponde ao nosso Válter.

WANDA — *teutônico*: **Wando, Wendi** (caminhante, peregrino), corresponde ao nosso Vanda.

WASHINGTON — sobrenome de George Washington, primeiro presidente dos Estados Unidos. No Brasil tivemos **Washington** Luís, ex-presidente da República do Brasil.

WELLINGTON — *anglo-saxão*: **Weolingtun** (de uma família de próspera posição). Tem aparecido a forma portuguesa **Uelínton**, mas não deve ser acolhida.

WENCESLAU — *eslavo*: **Wenceslava** (entrelaçado de glória), corresponde ao nosso Venceslau.

WENEFRIDA — santa, festejada a 3 de novembro. Melhor forma gráfica seria Venefrida.

WERNER — *teutônico*: **Warin-hari** (guerreiro defensor). Tem aparecido a forma Vérner.

WERTER — *germânico*: **Wert (digno)** e **heri** (exército), logo: digno guerreiro. Em português seria Verter.

WILBUR — *teutônico*: **Willaperht** (brilhante resoluto).

WILFRED — *teutônico*: **Willi-frid** (pacífico resoluto), corresponde ao nosso Vilfredo.

WILFRID — santo, festejado a 12 de outubro. Melhor forma gráfica seria Vilfrido, em português.

WILHELMINA — *teutônico*: **Willihelm** (protetor resoluto), corresponde ao nosso Guilhermina.

WILLIAM — *teutônico*: **Willi-helm** protetor resoluto). Tem aparecido a forma **Uíliam** que deve ser evitada.

WILMA — diminutivo de Wilhelmina (Guilhermina), corresponde ao nosso Vilma.

WILMAR — *germânico*: **Willo** (vontade) + **mari** (célebre), logo: célebre pela vontade. Melhor forma gráfica em português seria Vilmar, que já existe.

WILSON — *anglo-saxão*: **Willisone** (filho de William). Tem aparecido a forma **Uílson** que não deve ser imitada.

WILTON — *anglo-saxão*: **Wylltun** (de uma fazenda primaveril). Tem aparecido a forma **Uílton** que não deve ser imitada.

WINDSOR — *anglo-saxão*: **Wendlesora** (banco de areia fronteiriço que serve de limite a uma terra, região).

WINOLA — *teutônico*: **Wini-holdo** (amigo gracioso), corresponde ao nosso Vinola.

WINSTON — *anglo-saxão*: **Windestun** (da cidade de um amigo).

WLADIMIR — o mesmo que Valdemar, Valdemiro, Valdomiro. Melhor forma gráfica em português seria Vladimir, que já existe.

WOLFFANG — *germânico*: **Wulf** (lobo) e **gangan** (andar, caminhar), o que anda como lobo.

WULFRIDA — santa, natural da Inglaterra. Melhor forma gráfica em português seria Vulfrida, que já existe. Santa Wulfrida, festejada a 19 de janeiro.

O teu mal, mestre Cardoso,
Não é, por certo, a insistência
Com que atrás da presidência
Vais correndo sem repouso.
O que te faz tão odioso
É a tua mania antiga
De supor que alguém te liga,
Ou que te deve homenagem,
Só por teres (que bobagem),
Cartola, empáfia e barriga...

Moacir Piza

(S. Francisco) XAVIER

X

XANTIPA — forma feminina de Xantipo. Foi mulher de Sócrates; de gênio colérico, pôs muitas vezes em prova a paciência de seu marido. Todavia, lamentou bastante a morte de seu esposo.
Santa Xantipa, festejada a 23 de outubro.
Veja *XANTIPO*.

XANTIPO — *grego*: **Xantos** (amarelo) + **hippos** (cavalo), **logo**: cavalo ruço. Xantipo foi um general ateniense da expedição de Paros. Nome de outro capitão cartaginês.
Veja *XANTIPA*.

XAVIER — *basco*: **Javerri; Xaver** (proprietário da nova casa).

XENA — *grego*, cujo significado é: estrangeira.
Santa Xena, festejada a 24 de janeiro.

XÊNIA — *grego*: **Xenia** (a hospitaleira).

XENÓCRATES — *grego*, cujo significado é: força estrangeira.

XENOFONTES — *grego*: **Xenos** (estrangeiro, hóspede) + **phone** (matar), o que mata os estrangeiros, os inimigos. Filósofo, historiador e capitão da Grécia. Nasceu em Ática no ano 445 a. C., e morreu em Corinto, não se precisando bem o ano.

XENOS — *grego*: **Xenos** (estrangeiro ou hóspede).

XERXÊS — *persa*: **Ksathra** (guia; príncipe real).

XÍLON — *grego*: **Xylon** (madeira).

XIMENES — sobrenome ligado ao antigo **Ximeno**, de Ximeno.

XISTO — *latim*: **Xystus** (aléia, rua arborizada).

XITA — santa, festejada a 27 de abril.

Aí está um estudo para se fazer. A gente procura resolver os mistérios da Lua e de Marte, mas com os mistérios que pululam ao nosso redor ninguém se preocupa.

Rachel de Queiroz

YURI GAGARIN

Y

Y, letra que, embora não pertencente ao alfabeto português, é usada em nomes próprios estrangeiros no Brasil. Substituída por **i**, como **Yedda** (Ieda), **Yolanda** (Iolanda).

YEDDA — *anglo-saxão*: **Giddian** (cantor; cantar), corresponde ao nosso Ieda.

YEHUDI — *hebraico*: **Jehujidah** (Louvou ao Senhor).

YOLANDA — *grego*: **Iolanthe** (flor de violeta), corresponde ao nosso Iolanda.

YULE — *anglo-saxão*: **Geol** (nascido no Natal).

YURI — *russo*, diminutivo de **Georg**, correspondente ao nosso Jorge.
OBS.: *Yuri Gagarin*, cosmonauta soviético que primeiro efetuou um vôo espacial em torno da Terra.

YVES — *anglo-saxão*: **Ives** (filho do arco de teixo).

YVETTE — diminutivo de **Yvonne** (Ivone). Veja este nome.

YVONNE — *anglo-saxão*: **Yew-bow** (arco de teixo), corresponde ao nosso Ivone.

O bom nome é preferível às grandes riquezas.

Bíblia: — Prov. 22, 1.

ZOROASTRO

Z

ZACARIAS — *hebraico*: **Zekharyah** (o lembrado de Deus).
OBS.: Zacarias foi o pai de S. João Batista.

ZADA — *árabe*: **S'ad** (de sorte, aquele que tem sorte).

ZADOQUE — *hebraico*: **Tsadhoq** (o justo, o reto).

ZAFRIEL — anjo que, segundo a Astrologia, governa determinada parte do dia.

ZAIDA (ZAIDE) — *árabe*, cujo significado é: a saliente, a que sobressai.

ZAÍRA — árabe, cujo significado é: a que visita.

ZANETE — variante e diminutivo de Jane. Veja este nome.

ZAQUEU — *hebraico*: **Zacah** (puro), o que é puro.

ZARATUSTRA — profeta persa, criador da religião mais difundida da Pérsia.

É conhecido também pelo nome de Zoroastro.

ZÉ — diminutivo de José. Veja este nome.

ZEBEDEU — *hebraico*, cujo significado é: Deus deu, presente de Deus. Veja *DEODORO, TEODORO, DEUSDETE.*

ZEBILON — *hebraico*: **Zebulon** (local de moradia).

ZEBINA — santa, festejada a 13 de novembro.

ZEFERINO — *grego*, cujo significado é: dedicado ao deus do vento.
São Zeferino, festejado a 28 de agosto.

ZÉLIA — *grego*: **Zelos** (zelo). É também anagrama de **Eliza**.

ZELINDA — *germânico*: **Sieg** (vitória) + **lint** (escudo), o escudo da vitória.

ZELMIRA — *árabe*: **Zelamirah** (a radiante, a brilhante). O mesmo que Zulmira.
Veja *ZULMIRA*.

ZELOTES — *grego*: **Zelotes** (o zeloso).

ZENAIDE — variante de Zenóbia.
Veja *ZENÓBIA*.

ZÊNIA — variante de Zenóbia.
Veja *ZENÓBIA*.

ZENO — *grego*: **Zen, Zeus** (deus), logo significa: divino.
São Zeno, festejado pela Igreja, mas há vários santos com esse nome.

ZENÓBIA — feminino de Zenóbio.
Veja *ZENÓBIO, ZENAIDE, ZÊNIA.*
VAR.: *ZENAIDE, ZÊNIA.*

ZENÓBIO — *grego*: **Zenobios** (vida dada por Júpiter ou Zeus).
Veja *ZENÓBIA, ZENAIDE, ZÊNIA.*
VAR.: *ZENON.*

ZENON — variante de Zenóbio. Veja este nome.

ZETO — filho de Júpiter e de Antíope. Irmão de Anfion. Da mitologia.

ZEUS — *grego*: **Zeus** (pai dos deuses e dos homens).

ZEZITO — diminutivo de José. Veja este nome.

ZILÁ — *hebraico*, cujo significado é: a sombra.

ZITA — diminutivo de Rose, Rosa e Teresa. Veja estes nomes.

ZOÉ — *grego*: **Zoé** (vida).

ZORA — *eslavo*: **Zora** (aurora ou madrugada).

ZOROASTRO — *persa*, cujo significado é: o adorador dos astros.
Veja *ZARATUSTRA*.
OBS.: Zoroastro é o mesmo que Zaratustra.

ZÓZIMO — *grego*: **Zoé** (vida), o mesmo que Zoilo.

ZSA ZSA — diminutivo de Susana de origem húngara.
Veja *SUSANA*.

ZULEICA — *árabe*, cujo significado é: roliça, robusta.

ZULMIRA — *teutônico*, cujo significado é: excelsa, excelente.

ZURIEL — *hebraico*: **Zur-iyel (Deus, minha pedra ou rocha).**